历史新阅读丛书

唐朝那些事儿

太宗当政卷

贰

冬雪心境 著

中国工人出版社

唐朝疆域图

回
纥
小海
室
韦
黑
水
靺
鞨
粟末部
高
丽
新
罗
北庭都护府(公元702年—)
天
山
庭州
龟兹
安西都护府
疏勒
葱
岭
于阗
敦煌
突
厥
阴山
黄
河
唐
幽州
定州
邢州
长安
洛阳
扬州
宣州
杭州
越州
益州
长
江
泉州
广州
流求
黄海
东
海
南海
波
吐
蕃
柏海
逻些城
泥婆罗
天
竺
南诏
骠
国

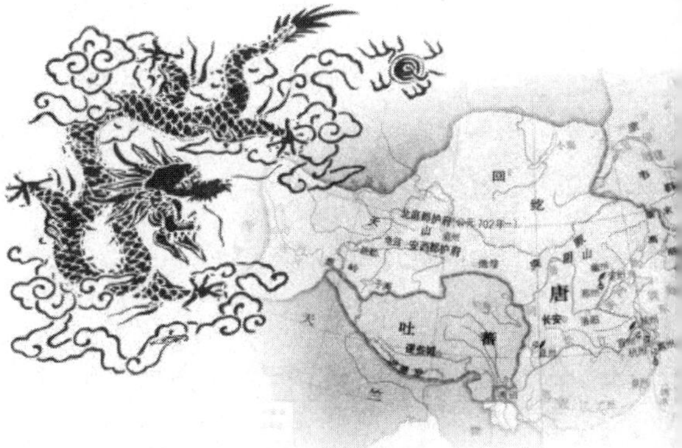

目录

引　子

新的一天开始了，李世民端坐在皇帝宝座上，俯视着这个帝国的一切。真是世事难料啊，虽然他曾在之前的“玄武门之变”中面临着危局，但此刻这个帝国已经真正属于他了，最终上天让他如愿以偿地登上了皇帝宝座，而那个早已人头落地的李建成和李元吉将毫无悬念地逐渐被人们所遗忘。

李世民得到了自己想要的一切，在今后很长的时间里，他可以甩开臂膀，用自己所得到的最高权力，去实现大唐帝国富国强兵的梦想。

千里之行，始于足下。

就此开始吧，一个盛世即将拉开帷幕。

这个帷幕是从一个决策和四个命令开始的。

第一章
开启贞观

决策

事实上，就在李世民刚刚被册立为太子，还没有正式登基的那段日子，他就意识到自己作为这个帝国的主宰者，应该表现出一种海纳百川的姿态，于是他做出了一个决策——赦免太子集团的人。

在“玄武门之变”之前，虽然原太子集团是李世民的敌人，但是从现在开始，敌人必须要转变，为我所用，因为要实现大唐帝国富国强兵的梦想，天下和解是最根本的前提。

为此，李世民一纸诏书宣布对东宫集团的人既往不咎，愿意跟着我干的，保留官位；不愿意跟着我的，发给盘缠，回家养老。

这一纸诏书一发布，便立即得到了很多人的拥护，很多分散逃亡的原太子集团的下属军官纷纷回到朝廷，表示愿意为新朝廷效力。在这些人看来，李世民的赦免诏书，其实是对自己曾经效忠太子的肯定，既然新皇帝已经肯定了自己，那为什么还死要面子活受罪，敬酒不吃吃罚酒呢？

人只要放下内心深处的纠结，其实可以活得很洒脱！

按说事情做到这个程度，已经证明了李世民确实是一位十分大度的帝王，而接下来他所做的事情，更可以用四个字来形容——气度不凡。因为他不仅赦免了原太子集团的人，而且对其中有才能的人加以重用。

在这些被重用的人中，有两个代表人物：薛万彻和魏征。

先说薛万彻。

这位仁兄在“玄武门之变”中，提出直接攻打秦王府，差一点儿坏了李世民的大事，可谓“罪大恶极”，所以失败后他立即逃往了终南山，成了草寇。但是，如果换个角度思考的话，能提出这个建议，说明薛万彻是有智谋的，绝对不仅仅是一介武夫，对于这样有才的人，李世民当然是很看重的。所以在“玄武门之变”之后不久，李世民就向薛万彻发出了和解信号，希望他回来为朝廷效力。

而薛万彻也明白，自己的旧主已死，再空谈忠义、守节未免过于迂腐，之所以先前逃出长安，就是因为怕李世民降罪，现在新朝廷已经接纳了他，更何况李建成和李世民之间的斗争根本就是皇室内部斗争，无论谁当政，自己效力的还是大唐王朝。基于这种指导思想，薛万彻最终回到了新朝廷，后来的事实证明，他的决定是正确的。在贞观时代，薛万彻实现了每个武将都拥有的梦想——创建军功。

在不久的将来，大家会看到薛万彻拼杀于北击突厥、西讨吐谷浑、东征高句丽的战场上，也许后来连李世民都没有想到，自己当初的一个决定，会成就一个武将的盖世功勋。

再说魏征。

魏征能够得到重用，除了本身有才，简单说起来是因为李世民看中了他的“耿直”，而耿直的人往往也大多是忠义之士。

“玄武门之变”八天后，李世民召见了魏征，两个人开始了一段对话。这次对话，让李世民第一次正面领教了魏征的耿直。

“你为什么要离间我和太子的关系？”

“呵呵，太子要是早听我的话，也不至于身首异处，今天更不会轮到陛下来当皇帝。”

这一问一答中其实暗含很深的玄机。

李世民的问话似乎很唐突，虽然魏征曾经为李建成提过建议，让其先下手除掉李世民，但是既然已经做出和解的决定，就不应该如此发问。而魏征的回答更加具有二杆子精神，颇有些破罐破摔的味道。

难道，李世民召见魏征就是为了吵架斗嘴吗？

答案当然是否定的。

在我看来，李世民的问话方式其实是有意试探魏征，如果魏征跪地求饶、一通表白的话，也许李世民会就此将魏征打入冷宫，敢做不敢当的人，我想换作谁应该都不敢重用。

关键时刻，魏征的耿直脾气救了他。李世民看重他的就是这点。

坦白直率，不狡辩，不掩饰，这正是李世民所需要的人。

不可否认，贞观时代的直谏之风，是以魏征为代表而开创的，这一点我们会在后边详细说到。也许就像薛万彻一样，李世民没有想到重用魏征会带来如此大的回报，但和薛万彻不同的是，李世民和魏征的君臣协作将注定成为千古美谈。

四个命令

如果说赦免太子集团，是为盛世的开启寻求一个稳定的前提，那么接下来李世民所下的四个命令就表现出了他作为新皇帝与众不同的魅力。

俗话说得好，新官上任三把火，李世民的这四个命令在某种意义上表达了他做皇帝的理念。

第一个命令：停止宗教改革。

武德九年(626 年)四月的时候，李渊曾经下过一个命令，削减淘汰全国的和尚与道士。这么做也是无奈之举，因为自南北朝到唐朝初年近两百年的时间，全国的和尚和道士人数逐渐呈增加趋势，据统计，和尚就有 20 多万人，再加上道士，全国整个的出家人应该在 50 万人左右。而唐朝初年国家刚刚建立，百废待举，实在是没有能力养活这些出家人，所以李渊一狠心，下令实行淘汰，被淘汰的出家人必须还俗，否则将被治罪。

这样一来就会减轻很多负担，而且还俗的出家人为了生存，进而转化成了劳动力，进而为国家服务。应该说这样的改革是有利于国家发展的，但为什么李世民上台后又强令废除改革呢？

最根本的原因只有一个：稳定。

因为在古代除了政府具有第一影响力，最具影响力的就属宗教组织了。很显然李世民废除了宗教改革，一定会得到宗教组织的一致拥护；而得到了拥护就意味着控制了宗教这个舆论，这对于新皇帝李世民来讲是颇为重要的。无论什么时候，人气都是不能丢的。

第二个命令：广开言路。

俗话说得好，三个臭皮匠顶个诸葛亮，政府想要做出一个正确的决策，仅凭皇帝拍脑门决定是不行的，很多时候还需要大臣们的群策群力。但是，面对皇帝的威严，有的大臣怕摸皇帝的老虎屁股，对于皇帝的决定大多不敢提反对意见，而皇帝也是人，不一定所有的决定都是正确的，久而久之难免会失误，严重时就会为国家带来损失。

李世民正是敏锐地看到了这一点，所以他下令除去一切隔阂和障碍，要求百官上疏言事，各抒己见，只要提出对国家有利的建议，一经采纳还会得到封赏和升迁。

李世民当然明白，政通人和的基础是创造一个宽松的政治环境。

第三个命令：百官务必勤俭，不可奢华。

李渊在位的武德时期，实事求是地讲，宫廷生活相对来讲是比较奢华的，大家应该还记得“玄武门之变”后，尉迟敬德进宫面见李渊时，李渊正在开凿的人工湖里泛舟，由此可以想象出武德时期宫廷生活是多么奢华，当然也可以想象得出老百姓的负担是不轻的。

而李世民上台后来了个一百八十度大转弯，这等于和武德时期的朝廷划清了界限。而且李世民还亲自起模范带头作用，释放了后宫饲养的大量鹰犬，并且下令停止各地上贡任何珍宝，开创了一个勤俭治国的好头，实在是得到了老百姓的拥护。

民心向背从来都是国家的根基所在。

第四个命令：释放宫女。

这个命令表面看起来似乎不如前三个命令那么有力度，不就是释放几个宫女吗？干吗大张旗鼓地宣传？在我看来这个命令是最具人性化的一个命令。中国古代宫女的命运其实是很悲惨的，进得宫来基本上一辈子就待在深宫内院之中，而且她们又不像那些嫔妃，可以得到皇帝的宠爱，但宫女也是人啊，也有七情六欲的啊，一辈子就这么孤苦伶仃地度过，这种精神上的折磨，其实才是最惨的。

李世民正是看透了人性，所以他下令释放宫女，让她们回家去过正常人的生活，在那个万恶的旧社会，作为一个封建帝王，李世民能够做到这一点，无疑是很伟大的。

一个决策、四个命令，李世民一亮相，就给朝廷带来一股清新的风气。人们隐约感觉到这个只有29岁的年轻帝王，很可能会有些不平凡的作为，至少在这个青年人身上，大家看到了他具有这样的潜力。

当然，前面的路还很漫长，盛世的开创是个艰苦的过程，它要求内外安稳。

李世民一亮相便迅速安稳了内政,可他万万没想到,接下来他将面临一场生死攸关的外患!

突厥袭来

武德九年(626 年)八月,就在李世民正式登基的几天后,突厥颉利、突利二可汗率兵十余万人直逼长安。其实突厥人最初对这次行动是很犹豫的,但最终下定决心前来,究其原因,是受了当时仅存的割据反王梁师都的忽悠。

梁师都的鬼算盘拨得噼啪响,看到唐朝逐渐安稳后,知道下一个对付目标肯定是自己,所以想利用突厥来震慑一下唐朝。当然突厥人绝对是"无利不起早",以前李渊总是和自己装孙子,现在李世民当了皇帝,不知道对自己是个什么态度,所以也想通过这次行动看看虚实。如果条件允许,那就搂草打兔子,抢它一通!

八月二十日,突厥人进兵渭水便桥,到了这里后,颉利可汗下令暂停前进。渭水便桥在长安城西北的二十公里处,颉利可汗在这里下令停止前进,是有很深的用意的。首先这里已经是大唐的国土,到了这里,说明突厥人已经侵占了大唐,这足以证明突厥人是强大的。其次,毕竟是客场作战,长安城守备森严,颉利可汗明白如果要打长安,再加上十万人也未必打得下,在没有弄清虚实之前,是不能轻举妄动的。

越界而不过分,这是颉利可汗这次行动的指导思想。

那么接下来所要做的就是派人去长安探听虚实。颉利可汗把这个任务交给了自己的心腹爱将执失思力。很长时间以来我对这个派遣很是费解,如果想要探听虚实,完全可以派出专业的外交使者前去,为什么要派一员愣头愣脑的武将去呢?如果和李世民言语不和被杀掉,岂不白白损失一员大将嘛?

也许突厥人的思维方式确实和汉人不一样,或者实在找不出更好的人选。不过这样一来,执失思力就成了冤大头,一员武将去当外交使者确实有点儿赶鸭子上架,这次他真的是命悬一线!

朝堂对峙

当李世民得知到突厥大军到达渭水便桥停止不前,执失思力即将到来时,他敏锐地察觉出突厥人这一次到来并不像往常那样来了就抢,抢完就走。他知道突厥人是想不战而屈人之兵。既然已经看穿突厥人的心思,所以李世民决定首先不能在气势上输给对手。

他明白,突厥人是虎狼,对待虎狼决不能仁慈,只有比虎狼更凶猛才能制服虎狼。当然,人家既然没率先开打,而是派人来谈判,所以还是先接待使者,看看态度再说。作为大唐皇帝,姿态还是应该有的。

尽管李世民的姿态很高,但是执失思力的姿态实在不是一般的低!

见到李世民后,执失思力率先来个下马威!

"我家可汗带领一百万骑兵已到渭水河岸!"言下之意就是,是战是和取决于李唐王朝,反正我们已经来了。

典型的二杆子,走到哪里都是二杆子!

听到这句话后,李世民的第一反应是震惊,一百万突厥骑兵兵临城下,这的确不是一件好玩的事情,搞不好刚刚走向平稳的大唐帝国,又会遭受生灵涂炭。但是,经过多年血与火锤炼的李世民,在震惊过后,瞬间恢复了理智,他推断执失思力口中一百万骑兵的数字是有水分的,当然没有一百万,十几万也还是有的。

面对对手的叫嚣,李世民的脑海中迅速思考着对策。是妥协还是对抗?选择妥协,那实在不是李世民的性格。选择对抗,此时的李唐王朝还没攒够与突厥人开战的资本!

唯一的办法只有——对抗中选择妥协!在接下来所发生的事情中,我们将会看到李世民的危机公关能力。

"大胆!没有礼数!朝堂之上竟敢如此嚣张!"李世民怒声呵斥执失思力。李世民的呵斥顿时让执失思力很没面子,自己好歹也是有身份的人,在人家朝堂之上这样大喊大叫,实在有失水准。

"我……"

"闭嘴!我大唐和你们突厥曾经有'和亲'之约,你们为何背信弃义?"李世民大声问道。

"这个……"执失思力顿时哑口无言。

"今日兴兵犯我唐境,你们可汗不觉得羞耻吗?来人!将执失思力暂时扣留于此,待我击退突厥,回来将其斩首示众,以壮我大唐声威!"

朝堂之上,当然不能丢李唐王朝的面子,所以面对执失思力,必须选择对抗。但是,面对渭水河畔的十余万突厥骑兵,就不能选择强硬的对抗方式了。在经过慎重的思考后,李世民决定亲自前往渭水河畔去会一会颉利可汗这个老对手。

渭水之盟

到达距离渭水二里的地方，李世民让大军停止前进。

“房玄龄、高士廉你们二人各带两名随从与我前往渭水河畔，其他人在这里守候，没有我的命令，不可轻举妄动。”

李世民这样部署的目的不言自明，那就是这一仗他并不想打，因为小不忍则乱大谋，一旦开战，无数黎民百姓将会遭受涂炭，最重要的是这一战李世民并没有必胜的把握。所以，在朝堂对抗执失思力过后，面对突厥的颉利可汗，李世民选择妥协。

有时候妥协并不是懦弱，而是为了更勇猛地前进。当然妥协的方式也很重要，至少要赢得对手的尊重。

面对李世民等七个人的到来，颉利可汗确实有些丈二和尚摸不着头脑。兄弟，这是唱的哪出戏啊？投降吗？不像！开打吗？怎么就七个人过来？

可是看到李世民身后大军旌旗摇摆，颉利可汗的第一反应是——有埋伏！所以，在他的心中，马上为自己确立了一个准则，不到万不得已绝不可轻举妄动！

事实上，李世民要的就是这个效果。

但是接下来，李世民和颉利可汗两个人究竟说了些什么，史书上没有明确的记载，所以我也不能杜撰。但是，我之所以说李世民是选择的妥协，是因为这个事情最后的结局是——突厥人撤兵了。

要知道，突厥人虽然很野蛮，但绝不傻，大老远地来一趟，绝不可能仅仅是观光旅游，不可能仅凭李世民的几句话，就被忽悠回去。所以我猜测在这次谈判中，双方一定是达成了某种协议。

而这个协议的关键点就是突厥人可能获得了某种好处。从以往唐朝和突厥的关系来看，很有可能在这次谈判中，李世民答应给突厥人财物，也许是一次性的给予，也许是定期的给予，所以得了好处的突厥人才迅速撤兵，而突厥人可能也向李世民保证，今后不再进犯唐境。

当然，这仅仅是我个人的猜测，至于真相究竟是什么，我们已经无法知道了。两天后，李世民与颉利可汗在渭水河畔斩白马为誓，双方和解，史称“渭水之盟”，此后，突厥人呼啸而去。

当然，所谓的政治协议，不过是暂时的握手言和，双方都明白，一场大战终将不可避免，不过对于唐朝来讲，哪怕是暂时的握手言和也是好的，至少有了休养生息的机会。

在李世民的心中，始终不会忘记这次的妥协。突厥人，咱们走着瞧，总有一天我大唐的铁骑，会踏平你的老巢。也就是从这一刻起，李世民开始下定决心，将来必须彻底解决突厥的问题。只不过，他现在不会想到，三年后，他真的实现了这个愿望。

真的是永别吗？

暂时解决了突厥的危机，李世民将目光又转向了朝廷内部。一个决策和四个命令，固然呈现出新朝廷的新气象，但是眼下李世民还必须要解决一个问题，那就是如何安排李建成和李元吉的后事问题。

虽然这个问题表面看上去和朝政无关，但是在我们这个注重伦理道德的国家，人们是十分看重一个人的品德的。无论这个人生前和你有多大的仇恨，只要他死了，一切一切就不应该再追究，如果你有安葬他的义务的话，一定要好生安葬。

在李建成和李元吉的问题上，李世民当然有好生安葬他们的义务。所以在魏征的建议下，李世民决定重新安葬李建成和李元吉，而且决定亲自去为兄弟二人送葬。同时下诏追封李建成为息王，谥号隐；追封李元吉为海陵王，谥号刺。

武德九年(626 年)十月，李世民和文武众臣亲自护送兄弟二人的灵柩到墓地，从下葬到以黄土填埋再到立碑，李世民目睹了整个的过程。在这个过程中，李世民终于抑制不住自己，泪水夺眶而出，进而号啕痛哭！

有很多人认为，李世民之所以会这样，是在作秀，都说葬礼是为了死人，但终归是给活人看的，也就是说李世民其实是在向众人表明一种姿态，实在是不能当真的。

我却不这样认为，也许做出安葬决定，虽然确实是出于作秀的目的，但是我依然认为李世民流下的泪水绝不是鳄鱼的眼泪，至少在下葬的那一刻，他的号啕痛哭应该是发自真心的。

李世民可以让史官修改史书，大肆诋毁李建成和李元吉，他也可以下令让朝廷所有的人都痛斥李建成和李元吉，更可以让全国的老百姓都认为这兄弟二人是十足的大坏蛋。但是，他终究左右不了一样东西。

这个东西的名字叫——良心。

就在李世民看到兄弟二人入土为安的那一刻,在他的内心深处,真正的不安才刚刚开始。

其实,“玄武门之变”的阴影一直笼罩在李世民的心头。我始终认为,那个轻松驾驭群臣,拥有至高无上权力,表面上看起来风光无限的李世民,其实有着不为人知的另一面。

在某个夜深人静的夜晚,“玄武门之变”的记忆一定会在李世民的心中忽然被唤起,进而“杀兄逼父”这个邪恶的词语迅速闯入他的脑海。然后便是良心上深深的谴责,也许他会唏嘘慨叹,甚至他会流下辛酸的泪水,只是这一切我们没有看到罢了。

而且我认为,李世民这种良心上的谴责,不会因为时间的消逝而逐渐淡化,相反,会随着时间的推移,随着自己年龄的增长会越来越强烈,尤其是当他晚年看到太子李承乾和魏王李泰斗得不可开交的时候,这种谴责可以说已经成了一种折磨。

从李世民后来的某些话语和言行来看,“玄武门之变”的阴影一直伴随着他,直到他离开这个世界的那一天。虽然逝者已经安息,但生者却是不安的。真的是永别吗?绝对不是。

从某种意义上来讲,李世民注定要为“玄武门之变”付出惨重的代价,这种代价是心灵上的伤痛,这种伤痛有的时候只要我们肉体活着就必须要承受。所以,在这个世界上无论你做什么,内心的平安才是最重要的。

封赏惹的麻烦

解决了李建成和李元吉的后事问题,等于是向过去画上一个句号。虽然良心上的谴责会伴随李世民一生,但是作为一个国家的皇帝,作为国家的标志性人物,李世民必须要全身心地投入到国家的建设之中,因为只有让大唐帝国在他的手中繁荣富强,才能向世人证明自己是最有资格继承皇位的人,否则,所有的人都会怀念那个早已入土的李建成。

为此,他必须奋力前进,哪怕前边是刀山火海,一刻也不能停留。还是那句话,拥有权力的同时,也拥有了义务。

通过一段时间的观察,李世民发现,如果大唐帝国真的要实现富国强兵的梦想,除了自己的努力,还必须打造一支高效廉洁的管理团队。目前这个管理团队，显然不能让李世民满意。

事情的起因是一次对群臣的封赏。

武德九年（626 年）九月的一天，李世民为了犒赏从晋阳起兵到现在的老臣和“玄武门之变”中的功臣，决定对这些人进行封赏，在他的心中当然有个排序，那就是“玄武门之变”的功臣排在老臣之前。

至于这个排序是否合理，是否科学，李世民并没有征求身边人的意见，当然这也可以理解，在他的心中，“玄武门之变”的功臣肯定占首位。

所以在打定主意之后，李世民就向这些功臣们宣布了这个结果，其中房玄龄、杜如晦、长孙无忌、尉迟敬德、侯君集五个人名列第一，封为国公，实封一千三百户。

这个结果宣布完，李世民最后说了一句话：“朕叙卿等勋赏或未当，宜各自言。”这句话的意思就是说，如果我的封赏有哪些不当的地方，还请大家为我指出来。很明显，这是一句客套话。一般上司在讲话的最后，总要和大家客套几句，说几句谦虚的话。其实上司都没拿这些话当真，所以其他人更不必当真。大家都明白这个道理，所以都没有人发言，但有一个人对李世民的封赏十分不满，而且在朝堂上公开发飙。这个人就是李世民的叔叔淮安王李神通。

“陛下，太上皇最初起兵的时候，臣可是第一个起兵响应的，而房玄龄和杜如晦不过是刀笔小吏，为什么功劳在臣之上？臣不服！”

李神通说罢拱手一揖，反正我说完了，爱咋咋地！

李神通痛快了，李世民郁闷了。

在他看来，李神通的不满其实是代表一部分人的，和当年刘文静表达的不满一样，做了皇帝的李世民其实也是十分忌讳功臣炫耀功劳的。李世民敏锐地觉察出，这是个十分不利的倾向，如果不加以控制，后果将不堪设想。

所以在李神通发飙过后，李世民开始发话：

“当初太上皇起兵时，叔父第一个响应确实不假，但我想叔父这样做，也是为了自保吧！叔父说自己有功劳，这个我认为是值得商榷的，和窦建德作战叔父全军覆没，镇压刘黑闼，您望风而逃，请问您的功劳有多大呢？”

既然你撕破脸皮，那就别怪我揭你的老底！想依靠皇族的长辈身份跟我摆谱，那是搬着梯子上天——没门！

这番话可以说是毫不留情，当着文武众臣将李神通奚落成个大红脸。作为皇帝，按说李世民完全可以为李神通留些情面，先在朝堂之上把事情敷衍过去，然后私下里再说这个事情,何况李神通还是自己的长辈。

那么我们不禁要问,李世民为什么非得当众奚落李神通呢?他这么做有必要吗?

在我看来,李世民奚落李神通,绝不是逞一时的口舌之快,而是有着很深思考的。他之所以这么做,其实是想震慑一部分人。

派系不同

前面我们说过,李世民想打造一支高效廉洁的管理团队,之所以会有这样的想法,是因为现有的管理团队的工作效率并不能让他满意。事实上之所以造成这个局面,是因为当时的朝廷中分为三大派系。

第一派:武德旧臣派。

代表人物是宇文士及、萧瑀、封德彝、陈叔达等人。这些人都是李渊的铁杆心腹,这一派的龙头老大是那个深受李渊宠爱的裴寂。

第二派:秦王府属。

也可以称为贞观功臣派,代表人物是长孙无忌、房玄龄、杜如晦、秦琼、程知节、侯君集等人,显然这些人是"玄武门之变"的功臣。在李世民当皇帝后,这一派可以说是咸鱼翻身,是当时朝廷中地位最高的一派。

第三派:太子集团旧党。

代表人物是魏征、王珪、冯立、薛万彻等人,在"玄武门之变"之前,这一派的人显然要比贞观功臣派们地位高,毕竟是辅佐未来皇帝的人。可是由于"玄武门之变"这个突发事件,使这一派地位一落千丈,在李世民当皇帝后,不得不转向为新政府效力。

当然,除了这三个派别,当时的朝廷中还有两个人属于"超然物外"的另类人物,这两个人就是李靖和李世勣,他们不属于任何派系,置身于朝廷斗争之外,属于埋头干活型。虽然当时的朝廷斗争中看不到他们的身影,但这两个人绝不可以被忽略,因为今后这两个人将为大唐王朝立下汗马功劳。如果说"贞观之治"的"文治"得益于房玄龄、魏征、杜如晦等人;那么"贞观之治"的"武功"则主要得益于这两个人。

后面我们还会详细讲述这两个人是如何北征突厥、西征吐谷浑的,这里暂且不表,回过头来接着说这三个派别。

三个派别中,太子集团旧党因太子的失败,地位一落千丈,基本分化瓦解,不得不依附于李世民，为新朝廷效力，贞观功臣派是李世民的嫡系，这两个派别基本上没有什么问题，最大的问题来自武德旧臣派。

武德旧臣派的人由于是老资格，而且在唐朝建国之初立有大功，所以在朝廷内总是以龙头老大自居。除了有意无意炫耀自己的功勋，还瞧不上贞观功臣派和太子集团旧党，在日常的工作中，时常排挤这两个派系的人，如封德彝就经常给房玄龄穿小鞋。

这次李世民之所以当众不留情面地奚落李神通，也是想震慑一下武德旧臣派，让他们摆正自己的位置。如果这些老臣能够识趣，主动配合自己的话，李世民并不想将这些老臣一并打入冷宫。

可事实证明，武德时期的这些老臣实在是令人失望，不仅工作效率低下，最重要的是他们的政治理念不适应唐朝未来发展的走向。邀功请赏可以理解，可在国家大事上丝毫不能马虎。对于不符合新政府施政理念的，李世民认为必须淘汰。

如果说李神通事件是李世民调整权力机构一个导火索的话，那么不久之后关于施政大讨论的事件，则让李世民彻底下定决心将武德旧臣一举淘汰。

第二章

调整班子

大讨论

李神通事件过后不久,武德九年(626 年)十月的一天,李世民召集文武众臣开会,这次会议讨论运用什么样的“施政理念”治理天下的问题。

由于篇幅所限,我就不把讨论的全部内容都写出来了。如果我都写出来,相信大家也没有耐心看下去,我只把其中的精华内容写给大家看。

李世民引起话题:“天下经历了长时间的动乱,现在刚刚太平,治理起来如果想很快看到成效并不容易啊。”

魏征应答:“不对!大乱之后,其实更容易治理,这就好比饿了很长时间的人更容易吃饱一样。”

李世民接着说:“你的意思我明白,可是现在天下这个样子,我看即使善于治理的人,想要看到治理的成效,估计也得在一百年之后。大乱之后,能指望很快就看到成效吗?”

还是魏征回答:“陛下所说的情况,虽然一般是这样,但是圣人治理天下,只要上下同心,三年就可以看到成果,这话孔子曾经说过。”

“嗯!爱卿所言极是啊!”李世民对魏征的回答表示满意。但是在众臣中,有一个人站出来反对魏征的说法,这个人就是时任尚书右仆射的封德彝。

“我反对!自从上古以来,人心逐渐地恶化,所以到了秦朝主张用严刑峻法治理,汉朝是王霸之道互相杂用,不是不想治理好天下,只是很难做到罢了。魏征是个书呆子，如果采用他的方法，国家只能是越来越乱。”

“封大人！你的说法未免过激，有一个词叫‘易代不治’，就是说不同的时代有不同的治理方法，所以大乱之后很可能会出现大治，历史上的黄帝、颛顼、商汤、周成王等，不都是在大乱之后达到大治吗？如果按照你的说法，人心逐渐恶化，那现在也就不存在人了，基本上只剩下鬼了。”魏征马上反驳。

封德彝无言以对。

这次讨论其实发言的人很多，大部分人倾向于封德彝的观点，只有长孙无忌、房玄龄、杜如晦等少数人倾向魏征的观点。姑且不论双方观点的对错，事实上，这场讨论已经超出了日常商讨国事的范畴，因为它在不经意间已经演变成唐初两种政治路线的斗争。那就是究竟该用“王道”，还是用“霸道”来治理天下的问题。

一个主张仁政治理，另一个主张严刑峻法镇压！

表面看起来，双方的观点都很有道理，都有各自的理论依据。但是，主张用“霸道”治理天下的人，显然忽略了一个很重要的问题，那就是皇帝李世民的想法。从后来的“贞观之治”来看，李世民用的是“王道”。有人说刚开始的时候，李世民心里也是没有准主意的，只是听了魏征的建议后，才采用的“王道”，对于这种说法，我是不太赞同的，至少我认为这实在小看了李世民。

李世民出身高贵，有文化，有思想，对于历史上的经验教训，可谓烂熟于心，秦朝主张用严刑峻法，十五年就灭亡了；汉朝倾向于“王道”治理而立国四百余年，这一切李世民肯定是知道的。而目前就好像当年秦汉的局面一样，面临着大乱之后该怎样治理的问题，你说他主张用哪种方法呢？

在我看来，李世民召集众臣讨论这个问题，其实是为了试探众人。他的心里早已经下定了决心，只是想通过这次讨论，看看究竟有谁不符合自己的施政理念，很可惜只有少数人比较符合，这让李世民很是失望，于是他决定调整权力机构。

决定

该从哪里下手呢？

朝廷官员众多，如果把那些主张用“霸道”的官员全部免掉，估计朝廷也就没人干活了。作为皇帝不可能具体管到每个官员，真正管理官员的其实是宰相。虽然在唐代是不设宰相之位的，但是宰相的职能是存在的，听起来好像很矛盾。

想弄清这个问题，我们要说一下唐代的行政制度。

唐初中央的管理，承袭隋代的三省六部制。三省分别是中书省、门下省、尚书省。其中中书省负责草拟诏书，制定方案；门下省负责驳正违失，审核盖章；尚书省具体执行。其中尚书省的权力是最大的，负责全国的行政事务，而且六部直接受它的领导。

六部分别指吏、户、礼、兵、刑、工六部，这六个部门所管辖的事务，基本上囊括了一个国家的总体事务。

而唐初所谓的"宰相"其实就是三省的最高长官，中书省长官叫中书令，门下省长官叫侍中，尚书省长官叫尚书令。其中尚书令这个官职因为李世民即位前曾经担任过，所以他当皇帝后，不再设尚书令一职，而改设左右两个仆射。除此之外，凡中央官员头衔有"同中书门下三品""平章政事""同中书门下平章事""知机务""参知政事"等称呼的，都算作"宰相"。可以说，在唐初，"宰相"其实是个组合。

前边我们说过，三省中要数尚书省的权力最大，所以李世民决定首先拿两位仆射开刀。当时尚书省的两位仆射分别是左仆射萧瑀和右仆射封德彝。

写到这里相信大家一定会说，李世民肯定先拿封德彝开刀，因为这个家伙是主张用"霸道"治理天下的。事实上，并非如此。先"挨宰"的人是萧瑀。

萧瑀的暴脾气

李世民之所以首先拿萧瑀开刀，除了他也主张用"霸道"治理天下，还有一个重要的原因就是萧瑀的人缘不是太好。

封德彝虽然和李世民的施政理念不相符，但和同僚之间至少还是能沟通相处的，虽然有人诟病他的虚伪，有人指责他两面派，试问官场中人有几个不是这样呢？而萧瑀就不同了，虽然出身高贵，但这个人最大的缺点就是脾气暴躁。在官场中混，暴脾气是绝对不行的。

虽然在刘文静案件中，萧瑀明显倾向于李世民，和李世民的关系也算不错，但是同僚都对你有意见的话，上司也是没办法用你的，没办法开展工作啊，再加上施政理念和上司不相符，所以对不起，您只能高高挂起了。

萧瑀由于脾气暴躁确实得罪了不少人，如和同为武德旧臣派的封德彝关系就不好。

两个人同为尚书仆射，但萧瑀的位置比封德彝稍微高出一点，这就引起了封德彝的嫉妒，所以封德彝就找机会为萧瑀挖坑。

例如，李世民以前问两个人："今天中午吃什么啊？"

封德彝和萧瑀耳语几句商量后，萧瑀因为地位稍高，所以开口说："我们两个人一致认为今天吃面条好，因为很久没吃面条了。"封德彝表示赞同，毕竟是两个人商量的结果。

但是，现在由于封德彝嫉妒萧瑀，所以他开始出卖萧瑀。还是李世民提问："今天中午吃什么啊？"

两个人商量后，萧瑀说："我们两个人一致认为吃面条，因为很久没有吃面条了。"但是，封德彝却开口说道："我不同意，我认为应该吃米饭，因为面条做起来太麻烦！"

这就引起了李世民的强烈不满！

萧瑀你怎么能说你们两个一致认为呢？虽然你的位置稍高于封德彝，但是也不能把你自己的意志强加于人啊，既然已经商量好了，为什么封德彝忽然不同意呢？还是没商量好嘛，而你的位置稍高，没商量好那就是你的责任。一来二去，李世民开始对萧瑀产生反感。

刚开始的时候，萧瑀并没有在意封德彝的做法，可是时间长了，他忽然发现原来自己被耍了，这令萧瑀大为光火，可他又不是那种背后给人捅刀子的人，再加上一腔怒火无处发泄，终于忍无可忍和封德彝决裂，有时候在朝堂之上就和封德彝大吵大闹，搞得李世民也很无奈。

暗中争斗也就罢了，公开撕破脸皮就不好了，至少应该维持表面上的和气。

不仅如此，萧瑀也很看不起房玄龄和杜如晦等贞观功臣派的人，总是对他们指指点点，有时还会奚落房玄龄和杜如晦等人，弄得这些人很没面子。而李世民恰恰是倾向房玄龄等人的，所以他对萧瑀由反感上升到厌恶！

没过多久，李世民找了个机会将萧瑀免官，捎带脚儿地将那个同样是武德旧臣派的超级写手陈叔达也一并"打入冷宫"。

贞观元年（627 年）六月，封德彝突然病故身亡，两个仆射一个免官、一个去世，一下子把李世民晾在了那里，这让李世民措手不及。为了稳定朝政，李世民不得已把萧瑀再次请出来，让他继续担任尚书左仆射，同时任命长孙无忌为尚书右仆射，辅佐萧瑀。

长孙无忌本来是萧瑀的下级，时任吏部尚书。

罢免

长孙无忌属于贞观功臣派，又是李世民的大舅哥，所以当上尚书右仆射在情理之中，问题的关键是，萧瑀并不这么看。

萧瑀认为，封德彝死了，接替他的人应该也是武德旧臣派的人，贞观功臣派的这些后起之秀，是没有资格做仆射的。萧瑀有这样的想法，只能证明他不懂政治。

皇帝能够再次给你机会，已实属不易，岂能容你挑三拣四。有句话叫性格决定命运，萧瑀的性格决定了他在这个位置上坚持不了多长时间。

不可否认，萧瑀是个好人，是个正直的人，可在官场中混，仅仅具备这些是远远不够的，很快他就体会到了这一点。

长孙无忌接替封德彝担任尚书右仆射的同时，突厥正逢内乱，李世民对于是战是和拿不定主意，于是征求两位仆射的意见："两位爱卿，现在突厥正逢内乱，你们说是利用这个机会兴兵征讨，还是继续奉行与突厥和好的政策呢？"

要说萧瑀的确是个急脾气，不等和长孙无忌商量就开口说道："臣主张兴兵征讨，自古以来都是强国兼并弱国，明君统一天下，陛下是明君，应立刻攻打突厥！"

萧瑀说这番话根本就没经过大脑思考，他说这话的时候距离上次"渭水之盟"还不到一年的时间，要是有十足的把握，上次李世民还会选择妥协？

所以，萧瑀说完，李世民没有表态，而是把目光转向了长孙无忌。

只见长孙无忌清了清嗓子开口说道："开战也不是不行，但现在国家刚刚稳定，一切还是应该以休养生息为主，特别是我们的三军将士，经过长年的征战，现在更加应该休养，臣认为突厥要是不主动来攻，我们还是应该奉行和他们和好的政策，但同时也应该严加戒备，以防不测。"

对比萧瑀刚才的发言，长孙无忌显然圆滑很多，一切从国家利益出发，而不仅仅是泄私愤。

如果没有长孙无忌在旁边，或许萧瑀的话李世民还能接受，但有时真的是人比人气死人，听完了长孙无忌的话，李世民对萧瑀刚才的发言简直是厌恶透顶，在他的心中，萧瑀实在不应该是这个样子的。同为尚书仆射，说话的差距怎么就这么大呢？

萧瑀实在很难堪，他忽然发现，长孙无忌是个很可怕的人，封德彝或许只会要阴谋诡计,而长孙无忌却是个治国的良才,就是要阴谋诡计也未必比封德彝差。

萧瑀郁闷了,在他看来自己的前途已经开始变得黯淡,他虽然正直,却不是傻子,他忽然意识到即将到来的这个时代,或许有一大批老臣将被会淘汰。也许这就是一朝天子一朝臣吧。

虽然萧瑀继续着自己的工作,但是在工作中,他已经失去了平和的心态,和长孙无忌、房玄龄、杜如晦等人的矛盾越来越深,甚至有时候一个人要面对着贞观功臣派的合力打压。

往往在这个时候,萧瑀是非常希望李世民能够主持公道的,可总是事与愿违。史书记载:"每有评议,玄龄等不能抗,然心知其是,不用其言, 弥怏怏。"

萧瑀的心彻底凉了,他明白李世民是在有意重用贞观功臣派的人,而自己之所以还没有被拿下,是因为自己的权力过渡任务还没有完成。他清楚,自己的任务很快就会完成。

是的,的确很快,贞观元年(627 年)十二月,李世民再次下令免去萧瑀尚书左仆射的职务,而这个命令距离上次萧瑀复职不过半年的时间。从此萧瑀再未回到三省之内,虽然被免官后,李世民还是把他当作德高望重的名臣,以礼待之,但对于萧瑀这样的老臣而言,政治生命已经终结。再鲜艳的花朵,终有凋谢之时,站得再高的人,也终有倒下的一天。所以,我们每个人都应该对此保有一份宁静的心态!

继续调整

在李世民的心中,这次的权力调整不过是个开始,目前的人选,距离他打造高效管理团队的理想还有很大的差距。在不断的实践中,李世民也在不断地进行整合和完善。

贞观二年(628 年)正月,新上任的尚书右仆射长孙无忌主动请辞。史书上并没有记载他请辞的原因,在我看来绝不是长孙无忌的能力有问题,而是因为他的身份。

长孙无忌是贞观功臣派的首席人物,也是李世民的大舅哥,换句话说,他的身份是外戚。自古以来外戚掌权乱政的事情层出不穷,李世民和长孙无忌心里都很清楚。作为皇帝,李世民虽然重用长孙无忌,但是在内心深处也会时刻防范着他。

长孙无忌内心也非常清楚，自己作为贞观功臣派的首席人物，李世民一定是会重用自己的，这一点从提拔他当尚书右仆射就可以看出，但长孙无忌也明白，在受重用的同时，皇帝一定会用一双警惕的眼神在暗中监视他。谁也不想大权旁落，何况“外戚”这个字眼，实在是太敏感。

一句话，外戚的身份不允许长孙无忌在这个位置上待得太久，不然的话，很可能会惹祸上身。最根本的原因是，李世民不是汉献帝，这个皇帝实在太过强大。

所以，我认为，长孙无忌请辞，其实是看穿了李世民的心思，同时也是明哲保身，因为他相信，只要自己不掌握大权，凭着自己“外戚”的身份，也一样尊贵。后来李世民逝世前将长孙无忌列为顾命大臣之一，就充分证实了这一点。

有的时候，上司和下属需要有心灵上的默契，这种默契也许会促成双方共同的利益，但更多的时候，其中的一方必须做出牺牲，而做出牺牲的一方，往往是下属。

虽然长孙无忌辞职了，但是还有后来人。

从贞观二年(628 年)二月到贞观三年(629 年)二月，整整一年的时间，李世民不断调整朝廷的中枢机构，先后提拔杜如晦(尚书右仆射)、李靖(兵部尚书)、魏征(秘书监)等人进入中枢机构。

一直到了贞观四年(630 年)，经过反复调整，李世民才基本上完成了对中枢机构的改组，建立了以房玄龄(尚书左仆射)、李靖(尚书右仆射，当时杜如晦已去世)、温彦博(中书令)、王珪(侍中)、魏征(秘书监参与朝政)、戴胄(吏部尚书参与朝政)、侯君集(兵部尚书参与朝政)等人所组成的宰相班子。

值得注意的是，在这个班子中，除了没有武德旧臣派的人，其他两个派系的人都有，而且还有个不偏不倚的李靖，更有新人戴胄，可以说李世民基本上平衡了两个派系的平衡，而且注入了新鲜血液。

这些人大多具有进取之心，而且敢于直言进谏，从而能够矫正李世民的过失。对于一心要开创盛世的李世民来讲，这正是他所希望看到的。

事实证明，李世民不愧是一代杰出的帝王，从即位初始，就切中要害，改组中枢机构，使当时的朝廷明显区别于武德时期。其中最大的特点就是具有明显的朝气和革新的精神！

当然，李世民并没有就此放松自己。在他看来，武德旧臣派的人虽然已经退出了中枢机构，但是并没有连根拔除，至少有一个人地位还是十分尊贵的，以至于貌似无人能撼动。而这个人物,在李世民看来却是十分碍眼的,有他在,武德旧臣派就没有彻底倒下,很有可能会春风吹又生。

相信大家猜到他是谁了。

裴寂!

就在李世民着手改组中枢机构的同时,他并没有忘记"关照"这位和太上皇称兄道弟的老臣。

策略

武德时期的裴寂那是怎一个"牛"字了得!

可以和李渊同床共卧,凭借自己的几句话就可以忽悠李渊杀掉刘文静,说裴寂是一人之下,万人之上也是一点儿不过分的。可是这一切,随着李世民的登基而逐渐发生变化。

贞观时期的裴寂是怎一个"熊"字了得!作为武德旧臣派的首席人物,裴寂在李世民当皇帝后渐渐失宠,处境似乎不妙,归根结底有四个原因。

一、裴寂确实没有什么真才实学,这和李世民重用能臣的理念是背道而驰的。

二、刘文静案件使裴寂和李世民之间产生了很深的矛盾,这种矛盾虽然在李渊当皇帝时,暂时处于蛰伏状态,可是要知道刘文静是李世民的嫡系,李世民现在大权在握,冷落裴寂似乎也很正常。

三、李世民是绝对不允许任何人挑战自己权威的,而裴寂作为老臣权势过大,所以李世民必定冷落他。

四、在李建成和李世民的斗争中,裴寂倾向于李建成一派。

如果仅仅是冷落也就罢了。作为裴寂来讲,他已经达到了权力的顶点,不再期望继续攀登人生的新高峰。只要保住自己的权势,安享幸福的晚年,他就已经很知足了。

但是,裴寂万万没想到,他的这个美好愿望终究化作南柯一梦。

事实上,李世民从即位那天起,就一直酝酿着该如何扳倒裴寂,当然扳倒裴寂很简单,一纸诏书下令免去他的一切官职和俸禄,裴寂就会立刻傻眼。不过,李世民不想这样做,他要做得顺其自然,不露痕迹。

斗争是必需的,策略是很重要的!

李世民的招数实在是高,大致归纳起来用四个字概括:"欲取先予"。如果单看表面，李世民刚当皇帝的时候，他还是很尊重裴寂的。贞观元年(627 年)，裴寂实封一千五百户，名列群臣第一。

贞观二年(628 年)，李世民前往南郊祭祀，让裴寂和长孙无忌与自己一同乘坐龙车前往。裴寂还是很识趣的，知道皇帝的龙车是不能随便上的，很可能是皇帝试探你的，所以他极力推辞。李世民却对裴寂说："因为您有辅佐王命的功勋，长孙无忌功劳也很大，现在你们一同乘坐龙车，您不坐又有谁来坐呢？"

可以肯定的是一直到贞观二年为止，虽然裴寂的地位似乎没有受到什么冲击，但是他不知道，这正是李世民扳倒他的一个策略。

贞观三年(629 年)，裴寂的命运急转直下。出现这个局面，是缘于一个叫法雅的和尚。

转折

法雅和尚不是一般的和尚，他是个宫廷和尚。在和尚行业中，能够混到进入宫廷做事的，绝非等闲人物。

一般来说，和尚在皇宫里做事，其主要任务就是为皇帝和大臣讲讲经。还有，哪个后妃生下皇子公主了，就请他们去念经祝祷；哪个大臣家里有了丧事，就请他们去超度亡灵。

要知道王公贵族都是阔气的人物，哪个出手都不会寒酸，这些和尚一年到头能捞到不少钱，所以在当时很多和尚都向往着有机会进入宫廷做事。但自从李世民登基，没多久为了让大臣们奉行节俭，就下令禁止和尚出入皇宫，让他们回到自己以前的寺庙。

这样一来，很多在武德时期可以自由出入皇宫的和尚，被断了财路，所以有的人就心生怨言，开始发起牢骚。而法雅就是其中一个。

贞观三年，法雅被兵部尚书杜如晦下令逮捕，罪名是妖言惑众。当时发牢骚的和尚有不少，但法雅居然被捕入狱，我想这位仁兄一定是言语过激，是牢骚大军中的战斗机，具有典型的代表意义。

那么，法雅究竟说了哪些"妖言"呢？对于这个问题史书上并没有明确的记载，但在审讯法雅的过程中，这位仁兄供出了一个重要人物。这个人就是裴寂。法雅供称裴寂知道自己所说的话，为此引发了裴寂的辩解。

裴寂说他所听到法雅口中的"妖言"不过是长安可能会爆发大规模的传染

疾病,其他的一概没听说。

从裴寂的辩解词来看,我们可以分析出法雅的"妖言"实在不算什么。如果事态真的严重,相信以裴寂的政治敏感来讲,一定会重视起来。

问题是,李世民并不这么看!

要知道,当时天下刚刚平定,需要的是一个稳定的政治环境,对于制造混乱的人,李世民是相当反感的。法雅的话所引发的后果,也许没那么严重,但在那个特定的时代,法雅所说的话的后果就是相当严重的。

可以说,法雅在错误的时间、错误的地点,说了一句错误的话,这句话为他带来的后果是斩首示众。而裴寂虽然比法雅的结果要好一点,但终究晚节不保,被李世民免去一切官职,食邑减去一半,逐出长安,回到老家蒲州(今山西永济)居住。

同时,李世民下了另一道命令:为死去的刘文静平反昭雪!含冤十年的刘文静终于在贞观三年恢复了名誉。

虽然这个公道来得实在有些晚,但是晚来的公道依然是公道。

至此谁都看得出来,李世民是在借法雅事件报复打击裴寂。不过话说回来,裴寂的运气也实在是糟糕,让李世民抓住这么一个把柄,从而终结了自己的政治生涯。

裴寂的霉运并没有结束,回到蒲州后,忽然有一个叫信行的人向李世民告发:曾经有人说裴寂有皇帝命,而裴寂没有向朝廷坦白报告。结果倒霉的裴寂遭到李世民的发配,目的地:交州(今越南和广西交界)。

也许是考虑到裴寂年龄大了,没有功劳也有苦劳的缘故,李世民在颁布命令后,忽然改变了主意,将发配地点改为静州(今广西昭平)。

从地图上看,静州只比交州近了一点点。

一点点也是好的呀,裴寂的心中还是很满足的,至少说明皇帝还是照顾自己的,不可否认裴寂虽然和李世民有矛盾,但他确实是忠于李唐王朝的。就在静州,裴寂率领自己的家人还平定了当地羌族的叛乱。

最后的微笑

李世民虽然报复打击裴寂,但实事求是地讲,他并没有想置裴寂于死地,因为他明白裴寂忠于李唐王朝这一点,是毋庸置疑的。所以在裴寂平定羌族叛乱没多久,李世民念及裴寂毕竟曾经对李唐王朝的建立有过功勋,所以下令让已经六十岁的裴寂返回长安。

裴寂听到这个消息后，脸上终于露出了微笑，在他看来，李世民终于和自己和解了，而这种和解意味着他可以终老长安了。这是他现在最大的愿望，也是唯一的愿望。

但这个愿望最终破灭了，就在他接到李世民的赦免令后不久，长途奔波的劳累最终摧垮了他的身体，裴寂一病不起。最终，裴寂还是没有回到长安，病逝于静州，时年六十岁。

裴寂，幼年孤苦，长大后凭借自身八面玲珑的功夫，混到晋阳宫副监的位置。他这辈子最幸运的事就是遇到了李渊，虽然才学不高，但因为能够了解李渊的内心，而被李渊视为最亲密的战友。

和李渊称兄道弟，位极人臣，斗倒刘文静，支持李建成，最终因法雅事件而被李世民罢免，人生最后的希望是终老于长安，未果！

对于裴寂，我想说的是，每个人都应该有自己的原则，忠于李唐王朝就是裴寂一生的原则，但有的时候并不是仅仅坚持原则就万事大吉的，更多的时候，其实考验我们的是处理具体事务的能力，裴寂在这方面有他的短处。

斗倒刘文静，只是赢得了暂时的胜利，并未长远考虑。而本不属于太子集团的他，公开支持李建成，裴寂的政治经验略显不足。

幸好，李世民是个开明的皇帝，不然的话也许裴寂早已死无葬身之地。裴寂最后的那个微笑，也从另一个侧面表明，他最终理解了李世民。

第三章
北征突厥

突厥的历史

虽然李世民按部就班地做着自己该做的事情，但是他的心中始终没有忘记那个北方的强大对手——突厥。

突厥这个崛起于公元5 世纪的游牧民族，随着自身的不断发展和壮大，逐渐建立起了一个各部落联合的幅员辽阔的草原帝国，从北魏分裂之后，一直到隋朝建立之前，在一百多年的时间里，中原王朝基本无人能与之抗衡。

一百多年中，所有的中原王朝解决突厥问题的方式几乎一模一样，那就是“和亲”加贡钱。

可是“和亲”这种解决方式也是治标不治本，至亲关系尚且剑拔弩张（如李建成和李世民），更何况是姻亲关系，贡钱这种方式则更加助长了突厥人的贪欲，所以中原王朝在不断讨好突厥人的基础上，还得忍受突厥人间断性的抢劫。

中原人就这样和突厥人共同经历了近一百年的岁月，一直到581 年隋朝的建立。

隋文帝杨坚是个希望不断开疆拓土的君主，中原人忍受突厥的欺负，使他感到深深的耻辱，他一直希望用武力解决突厥问题，一雪中原人之耻。可是就在杨坚积极准备对突厥动武时，突厥内部发生了内讧。

隋开皇三年（583 年）五月，突厥沙略可汗命令阿波可汗大举进犯隋朝，结果被隋军重创，阿波可汗率军撤退。沙略可汗非常不满，认为阿波可汗消极怠工，所以率领大军突袭回撤的阿波可汗。这样一来，阿波可汗等于遭到两次重创，无奈之下只能投奔西部的达头可汗。两人最终联合建立了西突厥，与东部的沙略可汗分庭抗礼。

也就是从这时开始，突厥的部落联合帝国终于分裂，沙略可汗的部落在隋朝的正北方向，称为东突厥，达头可汗的部落在隋朝的西北方向，称为西突厥。

分裂其实也意味着力量的削弱，力量的削弱就意味着中原人反击突厥的机会来了。

在隋朝灭陈统一全国之后不久，隋文帝杨坚迅速出兵，连续攻打东西突厥，迫使东突厥成为隋朝的属国，又强迫西突厥迁往河套地区。

两次出兵，大败突厥，一雪中原人百年之耻！

可以说，隋朝初年，正是中原人对突厥强势的时期，而突厥的势力则暂时陷入了低谷。可惜这种局面没有维持多久，杨广即位后，突厥又开始强势起来。

其标志性事件就是我们在本书第一部中所说的“雁门被围”事件，制造这个事件的是东突厥人。

归根结底是因为杨广没有重视突厥人，而且这位仁兄在位时，全国各地基本没有消停，何况东征高句丽已经让他把他老爹打下的基业挥霍殆尽。所以，杨广无力对抗突厥，当然他也确实无暇顾及突厥的问题。

从“雁门被围”事件开始，突厥人重新恢复了自信，同时他们也明白了一个道理：在与中原人的对抗中，要想保有强势的地位，就不能让中原出现统一、稳定的局面。所以我们也就明白了为什么在隋末中原大乱的局势下，突厥人不断支持刘武周、梁师都、刘黑闼等割据势力了。

当然，我们同时也明白了李渊当初起兵时，为什么那么点头哈腰地跟突厥人装孙子了。

装孙子实在非我本意，无奈实力不济。

给个理由先

李渊装孙子，李世民即位之初同样也不例外，虽说“渭水之盟”，突厥人撤兵而去，但是也仅仅说明李世民这个孙子装得比较体面而已。

“渭水之盟”使李世民落下了一个心结，他仿佛觉得突厥人就像条巨蟒一样，时刻缠绕着自己，不知在什么时候会收紧，然后将大唐帝国挤压得粉身碎骨。

在李世民的心中，一直憧憬着自己能像隋文帝杨坚一样，千里征讨突厥，将突厥人打得毫无还手之力，然后让大唐的子民再狠狠地踏上一万只脚，让突厥人永远翻不过身来。

但是，"渭水之盟"始终困扰着李世民，毕竟双方已经达成了协议，如果公开撕毁条约，会使大唐的名誉一落千丈。

要想出兵突厥，必须找到一个合适的理由，思前想后，李世民决定从朔方的梁师都入手。

要说梁师都确实也不容易，这位仁兄自隋朝末年随着诸多反王一拥而起，充当一把造反的弄潮儿，没想到那么多年后，当李密、王世充、窦建德、刘黑闼等人一一倒下后，他居然还能撑下来。

李世民明白，梁师都的靠山是突厥，如果仅仅依靠其自身的力量他根本无法与唐朝相抗衡，所以他决定出兵灭掉梁师都，而突厥一定不会坐视不管。如果突厥出兵相助梁师都，自己就找到了对突厥用兵的理由。

贞观二年(628 年)四月，李世民命令右卫大将军柴绍和殿中少监薛万均率军进攻梁师都所在的朔方，同时命令夏州司马刘兰成在朔方城东附近，做好迎击突厥的准备。

事实证明，李世民的判断是正确的，就在柴绍和薛万均出兵的同时，梁师都迅速向突厥求援，看来他还是有自知之明的，离开了突厥这杆大旗，自己玩命也是抵不住大唐的铁骑的。

突厥人是很够意思的，得到梁师都的求救信后，马上派出援军赶往朔方。突厥出兵同时也就意味着先前的渭水之盟已经破裂。

虽然唐朝和突厥几乎是同时出兵，但是当柴绍和薛万均把朔方围得水泄不通的时候，突厥的援军却遭到了刘兰成的强烈阻击。最终，突厥人也没能靠近朔方城，撤兵而走。真是乘兴而来，败兴而去！

当然，这样一来最倒霉的就是梁师都了。贞观二年四月二十四日，在唐军多日的包围下，朔方城严重缺粮，最先撑不住的是梁师都的堂弟梁洛仁。要知道没饭吃的滋味是很难受的，无论你是皇帝老子，还是达官贵人，在"饥饿"两个字面前，都是那么不堪一击。饿极了的梁洛仁最终为了能吃上一顿饱饭，义无反顾地将自己的堂哥梁师都诛杀，向唐军献城投降。至此，隋末唐初最后一股割据势力，终于被平定。

天下合久必分，分久必合！

虽然平定梁师都并没有耗费李世民的很多兵力，而且李世民终于找到了出兵突厥的理由，但是仅仅有理由是远远不够的，最终决定是否出兵突厥的还是两个字——实力。

不可否认，大唐帝国在李世民的手中，逐渐地有了这个实力。

李世民即位后，尤其到了贞观三年(629 年)，其国力已经与武德时期不可同日而语。在经过了李世民偃武修文的治理下，唐朝已经依稀有了些盛世的模样，所以李世民决定尽早解决突厥问题。虽然李世民是希望自己能够亲自挂帅出征的，但是此时的身份已经不允许他亲自东征西讨了，所以要想武力解决突厥的问题，他必须找一个自己的代替者。

这个代替者要有丰富的作战经验，还要有做三军统帅的领袖气质，并且还要有和自己一样的作战性格。综合以上三个条件，李世民选中了李靖。

为此，在贞观三年初，李世民让李靖接替杜如晦担任兵部尚书参与朝政，这个职位相当于宰相，从这一点可以看出，他是在有意识地考察李靖，看看他是否真的是解决突厥问题的合适人选。

从后来决定李靖为主帅这个结果来看，李世民对李靖在考察期的表现还是很满意的。而事实证明，正是李世民的这个决定，进一步成就了李靖的军事伟业！

扶植

理由有了，合适的人选也具备了，但李世民依旧在等。很多大臣对此很不理解，在这些人看来，李世民应该不是个拖泥带水的人，只要看准的事情，就会义无反顾地去做，为什么这一次会这么优柔寡断呢？事实上，在李世民的心中一直有一个整体的战略设计，那就是从四周孤立突厥，准确地说是孤立东突厥。

要弄清楚这个问题，我们首先简要介绍一下当时各个国家的地理位置。在突厥（东突厥）的南边是唐朝，西边是西突厥，北边是诸多部落，东边是契丹。也就是说，东突厥是被很多国家包围在中间的一个国家。当时东西突厥已经决裂，契丹因为实力弱小也臣属于唐朝，可以说唐朝、西突厥、契丹三个国家画一个半圆将东突厥罩住。而李世民的设想是要用一张网将东突厥死死地扣住，缩小东突厥的生存空间，要想做到这一点，东突厥北边的诸多部落是关键棋子。

最初这些部落是依附于东突厥的，但颉利可汗很是瞧不起这些部落的人，总是对他们吆五喝六，所以时间一长，这些部落的人就心生反感，总想找个机会脱离东突厥。但这些部落也明白，一旦宣布脱离东突厥，仅靠自身的实力是无法与东突厥相抗衡的，东突厥迟早会一个个地把他们消灭。所以，他们决定在实力最强的部落中选出一个头领，来领导大家一起对抗东突厥。

当时在这些部落中，实力最强的部落是薛延陀部，其首领的名字叫乙失夷男。

对于各部落的联合推选，乙失夷男固然很高兴，做可汗当然是很风光的，但同时做了可汗也就意味着明天东突厥很可能打进家门，而你必须要带领大家抄家伙和东突厥火拼。这实在是个艰难的任务，因为东突厥的实力实在是太强大了，连唐朝这么强大的国家都非常忌惮突厥，更何况是这些实力弱小的部落。所以对于部落的联合推选，乙失夷男连连推辞，因为他明白，这些部落如果没有大靠山，无论如何是无法对抗东突厥的。乙失夷男也许想不到，就在此时，远在千里之外的长安，有一个人将目光瞄准了他，这个人就是李世民。

李世民明白，要想用一张网罩住东突厥，突厥北边的诸多部落是不能忽略的，现在这些部落已经有了反叛突厥之心，而且也有了合适的首领人选。万事俱备，只欠东风，这个东风就是要让他们有一个大靠山。

那就让我大唐做你们的靠山吧！我们的目标只有一个，消灭东突厥！

随即，李世民命令游击将军乔师望北出长安，避开东突厥的耳目，前往乙失夷男的驻地。李世民让乔师望带去的是给乙失夷男封爵的诏书，同时还有大量的金银珠宝。

也就是从这一刻开始，乙失夷男在唐朝的支持下，正式成立了薛延陀汗国，并且成为唐朝的属国。

薛延陀汗国后来发展到东至靺鞨、西邻西突厥、南接东突厥、北达俱伦水，成为一个超级大国。当时谁也不会想到，多年后，这个曾经在唐朝扶植下成立起来的国家，最终成了唐朝的敌人，双方大打出手。当然这一切都是后话，此时双方还是十分友好的。

至此，李世民也真正意义上完成了对突厥的整体战略包围，他相信薛延陀的存在一定会让东突厥感觉如芒刺在背。

嗯，是时候了，解决突厥的问题就在不远的将来。

出兵

贞观三年(629 年)八月,代州都督张公瑾上疏,请求出兵讨伐突厥。他的奏疏列举了讨伐突厥颉利可汗的六条理由:

一、纵欲逞暴、诛忠良、幸奸佞。

二、欺凌薛延陀等诸多部落,致使其反叛。

三、无故处理突利可汗,致使其遭受不白之冤。

四、突厥国内粮食匮乏。

五、颉利可汗疏远本族人,而重用胡人,相信唐军一到,胡人必生乱。

六、从前中原人到突厥的不少,可是因为被突厥人欺负,所以聚众占山为王,如果唐军出兵讨伐,这些人一定会响应。

其实,即使没有张公瑾的上疏,解决突厥也是早晚的问题,但我相信张公瑾的上疏一定不是偶然,也许他就是出自李世民的安排。自上而下是为命令,自下而上则是一种民意的体现。

面对张公瑾的上疏,李世民立即批准,其实用不着六个理由,一个理由足矣,那就是,大唐如果要想开创一个完整的盛世局面,就一定不能再给突厥人装孙子。为了这个目标,必须消灭东突厥!

理由充分,人选合适,出兵!

贞观三年(629 年),十一月二十三日,李世民任命兵部尚书李靖为定襄道行军总管。并州都督李世勣为通汉道行军总管,华州刺史柴绍为金河道行军总管,灵州都督薛万彻为畅武道行军总管,任城王李道宗为大同道行军总管,检校幽州都督卫孝杰为恒安道行军总管,五大行军总管都受李靖统一指挥,统领十万大军,分道北征突厥。

这是李世民即位后,首次对外作战,所以此战不容有失,所有人都明白这一战将打响大唐开启盛世的头炮。每个人都深知责任重大,当然感觉肩头担子最重的还是李靖,因为他是本次作战的总指挥官。

李靖现在的心情是复杂的,在“玄武门之变”中,自己置身事外,对于李世民来讲,是寸功未立。李靖明白,李世民即位后之所以没有排挤自己,正是看中了自己的军事才能,因为大唐帝国的盛世局面除了文治,还必须要有武功。可是如果北征突厥一旦失败,自己的政治生涯或许就将终结。

李靖,为了一个富国强兵的梦想,这北征突厥的重任,就由你来完成。

相信我，虽然在你夺取皇位的道路上，我寸功未立，但是这一次，我将实现你多年的愿望，也是我大唐子民的愿望——打败突厥。

带着必胜的信念，怀着一颗感恩的心，李靖就此踏上征程！

深入

应该说唐军的进展非常顺利，就在六路大军刚一出征的时候，就传来了好消息：十一月二十八日，任城王李道宗在灵州击败突厥。

十二月初二，在薛万彻的进逼下，突利可汗不得已投降唐朝，并且率众来到长安，向皇帝李世民行叩拜大礼。

虽然柴绍、卫孝杰、李世勣三路大军还没有和突厥大规模地正面交战，但是也时不时地打击一下突厥的小股势力。总体来说，唐军的形势一片大好。

而李靖当时所在的位置是马邑，自从长安出发后，李靖这一路的行军路线是出马邑向北，进击突厥腹部。李靖这一路面对的正是颉利可汗率领的突厥主力部队，在他两边不远处分别是李世勣和柴绍的部队。

马邑再往北就是突厥的地盘了，李靖在这里停下了脚步，下令让全军原地待命。

面对着北面辽阔的大漠，李靖的心中不禁感慨万千，多年前平定萧铣和辅公祏，基本上靠的是水战，而这一次的反差实在太大，难道自己真的是军事奇才，水战、陆战样样精通？李靖不禁对自己产生了怀疑。但是，为了完成自己神圣的使命，这一次，李靖必须迎难而上。

李靖明白，纵横大漠，最缺的就是水源，而且一旦战事陷于僵局，唐军劳师远征，后勤补给也很困难，所以此战的要点在于：速战速决。

而突厥人不是棉花一吹即散，速战速决的道理谁都明白，问题的关键是如何速战速决。

大军一拥而上，和突厥人拼杀一场吗？如果突厥人退避三舍该怎么办？这个问题让李靖很是头疼，如果突厥人在自己的地盘和你打游击，那估计唐军一定会哑巴吃黄连——有苦说不出。

如果换了别人，一定会为此战发愁到掉头发不行，但李靖不是别人。

经过冷静的分析，李靖认为要想速战速决，必须集中优势兵力，打一场歼灭战，消灭突厥的主力部队。

想到这里，李靖命令校尉给附近的柴绍和李世勣送信，让他们率领大军向定襄城(今内蒙古自治区林格尔县西北)附近靠拢。

贞观四年(630年)正月,李靖带领三千轻骑兵,出马邑,直奔恶阳岭(今内蒙古林格尔县南)。

恶阳岭的北边不远处就是突厥重要的军事据点定襄城。

身为军事统帅,居然只带领三千人来到敌人的军事据点,按照正常的用兵之道来分析,李靖是犯了孤军深入的大忌。

但有时候实践告诉我们,对与错在一定条件下是会互相转化的。

李靖不是愣头儿青,之所以敢孤军深入,是有着很深的思考的。他的想法是:用三千轻骑兵突袭定襄城,拿下定襄后,用三千人死守定襄,颉利可汗必然率大军前来围攻定襄,然后自己和柴绍、李世勣两路大军,内外合围,就地歼灭突厥大军。

事实证明,这个设想,李靖只成功了一半。

正月二十日,李靖以迅雷不及掩耳之势突袭定襄城,驻守定襄的突厥大将康苏密还没有回过神儿来,唐军的旗帜就已插在定襄城头。慌乱之中,康苏密败走颉利可汗的突厥大营。

进入定襄城的李靖显得十分兴奋,在他看来,很快颉利可汗就会落入自己精心设计的圈套。

"李、柴二位总管现在何处?"李靖回身问随军校尉。

"启禀将军!两位总管正率大军向定襄靠拢。"

"嗯!密切注意突厥大军的动向,如有突厥人来袭,立即报与我!"

到目前为止,一切都按照李靖的预想进行着,他坚信,不久的将来,突厥人就会将定襄城围得水泄不通,而到那个时候,将是突厥惨败之时。

虽然李靖就这样耐心地等待着,但是令他想不到的是,在他进入定襄城一天后,探马为他带来一个让他感到很意外的消息。颉利可汗不进反退,现已退至碛口(今内蒙古善丁呼拉尔)。

离间

面对李靖的突然袭击,颉利可汗大为惊恐。

在他看来,李靖只身率领三千骑兵孤军深入,绝不是贸然行动,他敏锐地察觉出,在李靖的周围或许有唐军的主力部队,也许定襄城现在就是个巨大的诱饵,李靖正在大开城门等着自己靠上前去。或许,唐军的主力部队现在已经开始向自己逼近,也许明天早上醒来,自己就会落入唐军的包围之中。

想到这些,颉利可汗不禁倒吸一口凉气,定襄城固然是一个很重要的军事据点,但是此刻绝不是夺回定襄城的最佳时机,兵法云:知己知彼,百战不殆。可是颉利可汗现在实在摸不透李靖的周围究竟有多少唐军,所以在慎重的考虑后,颉利可汗选择退避三舍。

李靖有本事你就再带三千人到碛口来找我!

颉利可汗的确是只老狐狸。正是因为他的退避三舍,让李靖的算盘落了空。

战争的双方除了斗勇,还需要斗智。颉利可汗的退避三舍其实也为李靖出了一道难题,是继续追击?还是原地驻守?

继续追击,说实话,仅凭着手中的三千人,李靖实在没有把握,等和李世勣、柴绍会合再进军吗?这样做固然能保证军队的数量,但是深入突厥腹地作战,终究于己不利。如果原地驻守的话,那么基本上本次行动宣告徒劳。

实际上,在继续追击和原地驻守两种选择之外,还有一种折中的选择——离间。

在没有必胜的把握下,暂且按兵不动,通过离间的手段,来扰乱敌人的军心,其实是一种很有效的方法。熟读兵书的李靖岂能想不到这个方法?但是,离间计的要点在于要有合适的离间对象,突厥阵营中谁才是最合适的对象呢?

答案是:康苏密。

要说康苏密实在是个倒霉蛋儿,这位仁兄在李靖突袭定襄城时,被迫撤回突厥大营,相当于被打了一记闷棍。当然他拱手将定襄城让给李靖,也是实属无奈,因为李靖来得实在太过突然,他根本没有时间去了解对手,为了保存实力,在经过一阵抵抗后,不得已而撤退。

但就是这个举动,恰恰成就了李靖的离间计。

于是在选定人选后,李靖开始实施计划。李靖首先派出间谍前往突厥大营周围散布假消息:唐军之所以很快能攻下定襄城,其实是早已经和康苏密商量好的。

背黑锅倒没什么,问题这是个要命的黑锅,更严重的是,综合康苏密在定襄一战中的表现,颉利可汗真的开始怀疑起康苏密。凭着你的实力,至少可以守住定襄城,为什么这次那么不堪一击?

第一步顺利实施。第二步:策反。

在康苏密看来，自己并不怕背上黑锅，身正不怕影子斜，只要作为一把手的颉利可汗明白这是李靖的离间计就好，他坚信以颉利可汗的精明一定会明白的。

事实证明，他错了。

自古以来，上司和下属都是一对矛盾体，更何况又是在战争的敏感时期。当年蔡瑁、张允的结局，就是最好的例子。

颉利可汗越来越信不过康苏密，这让康苏密觉得不寒而栗，或许某一天自己真的会成为蔡瑁、张允。李靖正是看准了这一点，所以不失时机地策反康苏密。最终，恐惧、无奈之下的康苏密选择投降了大唐，而跟着康苏密一起来到唐朝的就有我们前边说过的萧皇后，除此之外还有杨广的孙子杨政道。萧皇后的结局我们前边已经说过，不再赘述，在这里我们顺便说一说杨政道。

作为杨广的孙子，齐王杨暕的遗腹子，杨政道其实命很苦。江都兵变的时候他还没有出生，没有亲眼看见自己的父亲和两个哥哥被宇文化及杀死，出生后就和萧皇后一起被突厥人掠去，一直到康苏密降唐才回到中原，被李世民封为员外散骑侍郎。

后来，虽然杨政道的事迹不再见于史籍，但是他有个十分有趣的儿子，名字叫杨崇礼。这位仁兄在唐朝一直保存着一项纪录，那就是在唐朝二百九十年的历史上，他是退休时年龄最大的官员。

多大岁数？

90 岁！

看来杨老先生的身体实在不错，或许老天爷为了弥补他老杨家惨遭横祸，让他过足了官瘾。但是，对于杨政道来讲，我想他这辈子在心底重复最多的话也许是：愿生生世世勿生帝王家！

求和

康苏密降唐，颉利可汗十分震惊。

令他不明白的是，康苏密是如何从自己眼皮底下溜走的，或许是因为他神经绷得太紧的缘故，或许他从来根本就没有重视过这员手下大将。现在中了李靖的离间计，颉利可汗在震惊之余，也很是郁闷。照此下去，不知道会有多少人像康苏密一样降唐，颉利可汗立即决定继续后撤，目的地：阴山以北。颉利可汗的意图非常明显，继续引诱唐军深入。

很快，李靖得到颉利可汗继续北撤的消息，到那时他始终不明白，为什么颉利可汗这次的表现这么差劲,全然没有了四年多前在渭水便桥的威风。其实这个问题很好回答,那就是现在的唐朝已经不再是四年多前的唐朝,强敌敢犯,虽远必诛!

不过眼下,李靖还是摸不到突厥主力大军,这让李靖很是扫兴。因为以李靖手中的三千人马,无论如何是不能再前进了。难道就此错过这打败突厥的绝好机会吗?

不!李靖,远在长安的李世民还在等待你胜利而归,如果不战而退,该如何向大唐的子民交代?为了洗刷曾经臣服突厥的耻辱,这一战必须打下去。

"拿地图来!"摊开地图,李靖仔细地看着突厥撤退的地点,然后将手指向了地图上的"白道"(今内蒙古呼和浩特西北)。

"传我将令,命并州道都督李世勣带领本部人马,火速赶往白道,力争截击突厥。"

李靖说完后,沉吟了一会儿,然后抬起头来继续说道:"让张公瑾带领人马火速到我这里来。"

李靖的意图是,张公瑾带领人马来到后,自己火速赶往白道与李世勣会合。这个命令颇有些赌博的味道,因为现在只有李世勣距离白道是最近的,而且兵马齐整,可对于能否截击到突厥,李靖并没有把握。李靖明白,这一战是不能强迫李世勣的,因为时间实在是紧迫。

但是,只要有一线希望,就要付出百分百的努力。懋公!这一次就看你的了,希望不久之后,能听到你的好消息。

五天后,消息传来,李世勣在白道大败突厥!

李世勣在经过了两天两夜的急行军后,终于追上了突厥主力部队的断后人马,如此看来,突厥的撤退速度并不快,他们根本没有想到唐军会以极快的速度追上来。

可能是疏于防范,当碰到李世勣的突袭时,突厥溃不成军,颉利可汗拼死杀出条血路,带领数千人退至铁山(今内蒙古白云鄂博一带)。

唐军的突袭让颉利可汗惊恐不已,在他看来,或许自己已经深陷唐军的重围之中,不然的话,李世勣怎么可能像从天而降一样。不过,让颉利可汗更为沮丧的是距离"渭水之盟"不过四年的光景,唐朝为什么变得如此强大。

渐渐地他明白了,自己还是原来的自己,但唐朝已不再是从前的唐朝。如果继续打下去,颉利可汗觉得自己很可能会败得很惨。所以在经过慎重的思考后,他决定暂时向唐朝求和。求和是为了赢得短暂的喘息,待到草青马肥之时,重整旗鼓,卷土重来。

于是,颉利可汗继四年前渭水之盟后,再一次派执失思力到长安,只是这一次不再是挑衅,而是谢罪请降。

唐朝跟你装了 N 多年孙子,现在也该轮到你了吧。

二月初三,执失思力来到长安觐见李世民,面对突厥的低头认错,李世民表示可以原谅,同时派鸿胪卿唐俭和执失思力一同前往突厥大营进行抚慰。

难道唐朝和突厥这一战会以这样的方式而告终吗?

不! 事实告诉我们,在平静的背后,必定隐藏着一股激流。

出击

就在李世勣截击突厥的同时,张公瑾从马邑赶到了定襄。张公瑾一到,李靖立即带领本部兵前往白道和李世勣会合,他生怕李世勣一旦遇到突厥主力部队,会有什么闪失。

在半路上,得到了李世勣大胜的消息,李靖很是兴奋。所以和李世勣会合后,两人开始商议如何深入阴山以北,将颉利可汗彻底打败。

可是就在此时,皇帝李世民的特使来到白道。特使带来李世民的诏书,命令李靖率兵迎接唐俭,并且要求派人一路护送唐俭到突厥大营。

面对突变的形势,李靖和李世勣理不出任何头绪,在他们看来,自己打败突厥或许只能成为一个梦想。

皇帝的命令是必须要执行的,而在护送唐俭走后,李靖陷入了沉思。打败突厥一直是皇帝李世民这些年的目标,现在眼看就要大功告成,面对突厥人不怀好意的示弱,皇帝为什么轻而易举地相信呢?

李靖百思不得其解。如果就此撤兵,李靖实在是不甘心。但与此同时,李靖的心中还有另一个疑问:在皇帝的诏书中,为什么没说撤兵的事呢? 这让李靖十分困惑,下一步究竟是战还是和呢? 为此,李靖找来李世勣共同商议。

“这一战到目前为止,颉利可汗虽然败了,可是其远在漠北的实力还很强大,如果皇上和他议和成功,他撤回漠北,再想彻底打败他就不容易了。”李世勣说道。

李靖摇摇头,然后缓缓地说道:“不! 我觉得皇上虽然和颉利可汗议和,但没说让我们撤兵啊,我觉得这里边一定有很深的用意。”

“什么用意?”

“有句话叫‘将在外,君命有所不受’,何况现在皇上没有撤兵的命令。”李靖抬头看了看李世勣,脸上露出了一丝微笑。

“你的意思是……”

“继续打!”

“继续打?”

“是的!”

“我同意!现在唐俭前往突厥大营抚慰,颉利可汗一定想不到我们还会打过去。唐俭到了后,我们随后搞个突然袭击,相信此战必胜!”李世勣坚定地说道。

李靖缓缓地点了点头,然后他恍然大悟,说道:“懋功啊!你所说的很像当年韩信灭田横之策啊!”

“可是这样一来,唐俭的安全就不能保证了啊!”李世勣微微皱了皱眉头。

“唐俭……”李靖犹豫了一下。在短暂的沉默之后,猛然间他大声说道:“为了打败突厥,即使牺牲一个唐俭这样的文臣也在所不惜!”说完之后,李靖的眼中放射出精光。

二月初四,李靖留下李世勣统领全军断后,自己带领一万名骑兵,预备二十天口粮,连夜出发,向铁山疾驰,在他看来,突袭依然是最好的方式。

完胜

二月初六,在经过了两天两夜的长途奔袭后,李靖到达了阴山脚下,再往北就是颉利可汗驻扎的铁山,到达阴山后,李靖让部队放慢了速度。因为他知道,在前方将很快就能遇到突厥的部队。

果不其然,在行进了不到二十里之后,他们遇到了几拨突厥的小股部队,李靖二话没说,上去就打,结果俘虏了很多突厥人,李靖对待他们的方式是——充军。

当然,李靖这边的大动作,并没有瞒过颉利可汗。不过,在颉利可汗看来,这些实在不算什么,因为唐朝的抚慰使唐俭现在就在自己的营帐之中,无论如何唐朝也得顾及自己人的安全吧。

事实证明,正是这种惯性思维使颉利可汗放松了警惕。仅仅两天后,他就将迎来自己人生中最惨重的失败。

二月初八，大雾。

李靖在经过两天的休整后，大雾的天气，终于让他迎来了打败突厥的最好时机。

“先锋官苏定方听令！”

“末将在！”

“你领二百骑兵，利用浓雾疾驰先行，直冲颉利可汗中军营帐，以迅雷不及掩耳之势，杀他个措手不及，我大军随后便到！”

“末将得令！”

苏定方，名烈，字定方，以字行世，后人皆称其为苏定方，冀州武邑（今河北省武邑县）人，曾经是窦建德和刘黑闼的部下。刘黑闼失败后，苏定方回到家乡当了农民。李世民当了皇帝后，朝廷又重新起用了他，让他在李靖手下效力。

我之所以要说出这个年轻人的名字，是因为虽然他现在还只是李靖手下一个小小的先锋官，但是多年后，尤其是李治当了皇帝后，他注定将成为一个不世出的名将。

苏定方就这样带着两百名骑兵率先疾驰而去，他坚信凭着自己的能力，一定会圆满完成李靖交给的任务。

应该说大雾的天气，确实帮了苏定方不少忙。在半路上，虽然他遇到不少突厥的小股部队，但是苏定方利用浓雾虚张声势，基本上不费吹灰之力，就把这些人打得七零八落。苏定方就这样一路疾驰，渐渐地靠近了颉利可汗的大帐。

坦白地说，连日来的疾驰让苏定方确实有些疲惫，于是在距离突厥中军营帐十里的时候，苏定方停下了。

再往前不远处就是颉利可汗的中军营帐，到目前为止，由于大雾的原因，突厥的主力部队还没有发现他们。

前方一片白雾苍茫，苏定方正了正头盔，他缓缓地拔出剑来，将剑锋指向了前方，然后他坚定地高声喊道：“与我冲进颉利的营帐，活捉颉利可汗！”

“活捉颉利可汗！”两百名骑兵将士跟着高声喊道。

就这样，以苏定方为首的先锋部队向突厥人发起了有力的冲击。

苏定方的速度是相当快的，快到什么程度？距离颉利的营帐只有 7 里的地方才被发现。

“唐军来袭！”突厥哨兵一声高喊，话音未落，苏定方的长剑已插进他的胸膛。

冲击，继续冲进！

坚决不给颉利可汗还手的机会!

突厥哨兵的高喊,很快传到了颉利可汗那里,虽然此刻唐俭还坐在他的身旁,但是颉利可汗已经顾不上唐俭了,惊恐之下,他想到了两个字——逃跑!因为此刻苏定方距离他的营帐实在是太近了,他根本没有时间组织抵抗。

短暂的惊恐之后,颉利可汗在侍卫的保护下,退出营帐。颉利可汗选了一匹上等的好马,率领少数人向碛口方向撤去。而苏定方这边,一通猛杀猛砍,与此同时,李靖的大部队迅速跟了上来。

结果不言自明,唐军大胜,歼敌万余人。

当时身在突厥大营的唐俭,居然在颉利可汗逃跑的同时,反应十分迅速,也跑出了突厥大营,不过他逃跑的方向和颉利可汗不同,他的目的地是李靖的大部队。

乱军之中,一个文臣居然能处乱不惊并做到自保,可见唐初的朝廷之中,牛人真是不少。

录功赦罪

大败的颉利可汗很是郁闷,他实在想不到李靖居然会牺牲自己人来冒险突袭自己,幸好侥幸逃出,否则后果不堪设想。现在他的手中只有千余人,眼下也只有暂时退回漠北,以求东山再起。

可是就在他刚刚走过碛口,就遭到了李世勣大军的截击,看来李世勣的确是个痛打落水狗的专业户。遭到了李靖的当头一棒,又挨了李世勣的一记板砖,颉利可汗实在是叫苦不迭。

四年多前那个不可一世的颉利可汗,现在终于低下了他那高昂的头颅,在他看来,自己已经不能和唐朝相抗衡了。可是他终究是不甘心的,他相信这一切都只是暂时的,自己终究有一天还会回来的。所以他决定西出灵州,前往沙钵罗部落,投奔吐谷浑,借助吐谷浑的力量,卷土重来。

可惜,命运终究让他的这个愿望落空了,在灵州的地界上,颉利可汗被大同道行军副总管张宝相俘获送往长安,不久之后郁郁而终。

正是应了那句话:人在倒霉时,喝口凉水都塞牙。综观颉利可汗的一生,我只想说一句话:物极必反,盛极必衰,亘古不变的真理。

北征突厥大获全胜,六路大军凯旋。这一战彻底解决了北方东突厥的威胁,李世民很是高兴,下令嘉奖全军将士,尤其是李靖,李世民当然不会忘记这位统领六路大军的大功臣。正是他的正确指挥，才使唐军十二月出征，第二年二月就取得北征突厥的胜利。所以，在所有人中，李世民当然要给予李靖最高的奖赏。

虽然御史大夫温彦博上疏弹劾李靖，认为他军纪不严，造成突厥大量的珍宝散落在乱军之中，但是李世民依然给予了这位功臣很高的奖赏：赐绢两千匹，加拜尚书右仆射。这就意味着李靖进入了宰相班子。

什么是明君？李世民对李靖说过："隋将史万岁破达头可汗，有功不赏，以罪致戮。朕则不然，当赦公之罪，录公之功！"

臣若有功亦有过，录其功而赦其过，我想这是衡量皇帝是不是明君很关键的一点。

贞观四年（630 年）五月，西北部族请李世民尊号"天可汗"，这不能不说与打败突厥有很大的关系，在周边国家看来，现在的唐朝俨然是一个超级大国。是岁，全国丰收，判死刑者仅为 29 人。

应该说贞观四年这一年，是唐朝繁华乐章的起始。所有人都开始仰望着这个崛起的帝国。

第四章

玄奘之路

2006 年 10 月 15 日，“中印友好年”大型文化考察活动——重走“玄奘之路”全程行活动在西安大慈恩寺正式启动。这次活动的意义在于，通过重走当年玄奘法师的道路，去探寻玄奘那历久弥真的精神，以及在今日世界的地位和价值。

一个普通的僧人，没有显赫的身世，没有高贵的血统，却凭借坚韧不拔的毅力，历时十九年，只身完成了从长安到印度那烂陀寺的佛教探寻之旅。

玄奘的旅程是一段传奇故事，之所以说是传奇，是因为在当时没有人相信他能够完成这个任务，在很多人看来，玄奘基本上是十死无生，而他却实实在在地完成了，最终成就了一段中国人跋山涉水的传奇。

在我之前，虽然有很多人说过玄奘的故事，相信在我之后还会有人继续说，但是我依然想用自己的方式，来说一说这位伟大的僧人，写下我对他无限的敬仰之情。

舍身求法，千古一人，中国脊梁！

——鲁迅

身世

玄奘，汉传佛教史上最伟大的译经师之一，中国佛教法相唯识宗创始人，俗姓陈，名祎，洛州缑氏（今河南偃师）人。祖父陈康是北周的国子监博士，父亲陈惠终身不仕，专攻学术。

按说玄奘的出身虽然不显赫，但也算是官宦之后，一个官宦家的孩子怎么会出家成了僧人呢？

其实玄奘当初并不是很简单地进了寺庙，剃了光头，受了戒，而成为僧人的，他最终出家其实是经历了循序渐进的过程，而最初把他领进佛门的是他的二哥。

玄奘的二哥法名"长捷"，俗名已经不可考，我们就把他称为长捷法师吧。玄奘10岁的时候，很不幸父母双亡，无奈之下，身为兄长的长捷法师，就肩负起照顾自己弟弟的重任，当然要完成这个重任，最好的办法就是把10岁的弟弟放在身边，于是10岁的玄奘就跟着自己的哥哥进了洛阳净土寺开始学佛。

进了寺庙并不意味着你就能够成为一名僧人。在寺庙佛教氛围的影响下，10岁的玄奘逐渐对佛学产生浓厚的兴趣，而且学习十分刻苦，但在当时不是刻苦就能出家的。在隋唐时期，要想成为一名僧人，须经过官方的剃度，要经过严格的选拔考试，那个时候出家人的数量是受到官方控制的，因为僧人不用种田、不用服兵役，如果不加控制，大家都跑去当和尚（尼姑），那估计大家都没饭吃了。

所以，玄奘要想成为一个僧人，必须等待时机，等待着当时朝廷的选拔僧人考试。

很快，这个机会出现了，在玄奘进入寺庙的三年后，隋炀帝杨广下令让大理寺卿郑善果到洛阳剃度僧人。

当然，13岁的玄奘因为年龄太小，是没有资格参加剃度的，但也许真的是机缘巧合，就在郑善果完成僧人的剃度，即将走出大殿时忽然看到有个小孩子在外边不断往里张望。

这个小孩子正是玄奘。

玄奘向里面张望其实是出于好奇，毕竟京城里来了大官，而且平生第一次赶上剃度僧人的仪式，所以玄奘想看看剃度僧人到底是个什么样，这一望不要紧，郑善果一眼相中了他。

凭着多年剃度僧人的经验，郑善果觉得这个孩子不一般。

“你叫什么名字啊?”郑善果笑着问。

“回禀大人,我叫陈祎,我爷爷叫陈康,父亲叫陈惠,曾祖颍川人氏。”玄奘回答道。他之所以要回答得这么完整,是因为在古代自报家门要报自己往上四代人。

“哦,要说起来你也算是名门之后了啊。”

“大人过奖了。”

“愿意出家,以后成为一名得道的高僧吗?”

玄奘马上点点头,说:“愿意”!但是,随后他又微微皱了皱眉头,开口说道,“只是我年龄太小,学习佛法时间不长,恐怕不够资格。”

“哈哈哈,你还很谦虚嘛!”玄奘的谦虚态度更加赢得了郑善果的好感,他轻轻地抚摸着玄奘的额头说:“这个没关系,不过你先告诉我,你那么愿意出家,今后有什么打算吗?”

玄奘的回答只有十个字:“意欲远绍如来,近光遗法!”

这句话翻译成白话就是:远的目标是继承我佛如来的佛法,近的目标是将佛教发扬光大!

刹那间,郑善果惊呆了,他实在没有想到,一个13岁的孩子居然会有这么伟大的抱负。

“好!好孩子!就冲你这句话,我破例允许你出家为僧!”

就在那一刻,玄奘笑了,一个13岁孩子的笑容是那样的灿烂。在他看来,自己就要与曾经告别,即将开始一段全新的人生旅程。

虽然当时也有人提出反对意见,认为把一个宝贵的出家名额给了一个乳臭未干的小孩子,实在是一种浪费,但郑善果却始终坚持自己的做法,直觉告诉他,这个孩子未来有可能会做出惊天动地的大事情。

于是,他说出了一句在我看来十分经典的话:诵业易成,风骨难得。

是的,没错,其实何止是佛门,各行各业又何尝不是如此呢?天才从来都不是应试教育的产物。

辗转四方

与郑善果的不期而遇,成就了玄奘出家的梦想,不过到现在为止,玄奘出家还只是处于实习阶段;也就是说,郑善果给了玄奘实习的机会,要想转正,还得经过一个漫长的过程。

根据史料记载，在郑善果走后，玄奘在19岁之前，一直在洛阳净土寺研修佛法，除此之外，还经常与其他寺庙的高僧进行交流。在学习和交流中，玄奘的佛学日益精进，在洛阳当地逐渐崭露头角。

如果照此下去，他最多也就是在洛阳熬资历，然后到了一定年龄，成为一个寺庙的住持，仅此而已。

但是，上天注定了玄奘不会是个普通的僧人，在他19岁的时候，当时的天下已经乱成了一锅粥，当时正是大业十三年——武德元年间(618—619年)，相信大家一定还记得当时玄奘所在的洛阳是个什么情况。

此时的洛阳，李密和王世充正在这里打得不可开交，洛阳周围一片废墟，老百姓纷纷逃亡，在逃亡的队伍中也包括玄奘和他的哥哥长捷法师。

没办法，赶上战乱任凭你是什么得道高僧，也得躲着点刀枪剑戟，此时畅谈什么弘扬佛法，丝毫没有意义，因为弘扬佛法的前提是——你得活着。

无奈之下，玄奘和他的哥哥前往四川躲避战乱。在当时来讲，那里是唯一没有战乱的安宁之地，而且随着中原大量僧人前往那里去躲避战乱，使当时的四川逐渐成为一个佛学中心地区，这对于玄奘学佛当然是十分有利的。在四川，玄奘继续刻苦研修佛法，而且常常达到废寝忘食的地步。随着时间的推移，玄奘的名声逐渐由洛阳扩展到四川，进而在四川名声大噪。

当时四川著名的高僧道基法师就称赞玄奘，说自己一辈子接触过这么多僧人，还从来没见过玄奘这么具有仙风道骨的僧人。

能够得到高僧的认可是不容易的，要知道当时的玄奘还不到20岁，而且还不是真正的僧人。在玄奘的心中，一切赞誉都不比成为真正的僧人重要。

为此，他时刻奋斗着。

上天并没有让玄奘等待太久。在到达四川的一年多后，玄奘受了具足戒。具足戒是成为真正僧人的仪式，也就说受了具足戒，你就具备成为"比丘"的资格和条件，而且会成为国家在编的僧人。接受这个仪式，是每一名僧人的梦想，当然从接受具足戒的那一天开始，也就意味着你须遵守二百五十条戒律，这可不是一般人能做到的。从这一点就可以看出，能够接受具足戒的僧人都是僧人中的佼佼者。

在这里需要说明的是，所谓在编的僧人是隋唐时期的特殊产物，在编的僧人在政府部门都有登记，而且在唐初，在编的僧人还可以得到朝廷30亩地的赏赐。

玄奘受具足戒当然不是为了那30亩地，在他的心中始终没有忘记八年前曾经对郑善果说的那十个字。于是在接受具足戒的三年后，玄奘决定前往长安。

玄奘明白，四川虽然安宁，佛教氛围也还不错，但是终究不如长安。长安作为全国的首都（当时唐朝已经建立），影响力是首屈一指的，如果想混个寺庙的住持，偏安四川一隅也就罢了，可玄奘的理想是弘扬佛法，成为一个具有全国影响力的高僧。要实现这个理想，四川显然不是他心中的理想之地。于是在经过长时间的思考后，玄奘谢绝了哥哥长捷法师的挽留，只身前往长安。他相信在长安，经过自己的努力，心中的理想一定会实现。

此刻他还没有想到，他的这个理想居然是以一种传奇的方式实现的。

来到长安的玄奘心情是激动的，不久之后他听说印度来了一位名叫波罗频迦罗密多罗的高僧，到长安来讲经，好学的玄奘当然不会错过这个机会，虽然当时佛教在印度已经趋于衰落，但毕竟人家那里是发源地，在外邦人的心中，印度依然是佛教的中心地。

对于玄奘来讲，这是首次听印度高僧讲经，是增长见识的绝好机会。在这个过程中，玄奘第一次了解了中土之外的佛学，感受到了印度作为佛教发源地的神圣。这让玄奘大开眼界，正是从这时起，玄奘开始有了远赴印度探求佛教圣地的想法。

年轻的玄奘热血沸腾，为此，他立即召集一些志同道合的僧人，上书朝廷，请求西行印度。

但就在玄奘满怀希望等待朝廷的批准时，一盆冷水向他泼来。

有诏不许！

初遇险阻

朝廷不允许玄奘西行，其实也是有苦衷的。当时唐朝刚刚建国，和周边的吐蕃、突厥等国关系比较紧张，并且刚刚经历隋末动乱的唐朝，急需劳动力，为了不使劳动力流失到国外，唐朝政府不得已下令禁止国民出境。

对于那些寻求安稳环境的人而言，这固然是个非常好的政策，但对于玄奘来说，此时的心情一定是拔凉拔凉的。但是，因为一个政策而使自己的希望破灭，玄奘是不甘心的。

在经过反复的思想斗争之后，玄奘做出了他一生中最重大的决定，当然也是最伟大的决定——偷渡出境。

之所以说重大，是因为西行的路上苦难艰险不是所能预料的。即使这样，玄奘依然下定决心，所以说玄奘也是伟大的。

从下定决心那一刻起，玄奘就一直等待合适的机会，只要时机一到，他就会义无反顾地走出长安，踏上那茫茫未知的旅程。

终于，机会来了，贞观元年(627 年)八月，长安城周围因为霜降成灾，庄稼歉收。为了缓解饥荒的压力，朝廷被迫下令长安的老百姓自由奔走，到庄稼收成好的地区就食。于是玄奘抓住了这个时机，混在灾民的队伍中，离开了长安城。

那一年，玄奘 28 岁。

我们都知道《西游记》中唐僧的原型就是玄奘。在这部作品中，唐僧离开长安时，皇帝李世民率领文武百官一直将唐僧送到长安城外，而历史的真实情况却是玄奘一个人偷偷地走出长安，因为作为一个非法的偷渡者，他是不能让任何人知道的。

没有孙悟空、猪八戒、沙和尚的一路保护，有的只是那九九八十一难的煎熬!

虽然走出长安时的玄奘是信心百倍的，但是很快他就遇到了困难。在经过凉州时，玄奘就收到了身为凉州都督李大亮的禁出令，勒令玄奘立即回到长安。李大亮是封疆大吏，玄奘是个普通的僧人，二者的地位相差太远，那么玄奘偷渡出境的意图，李大亮是怎么知道的呢?

虽然现有的史料并没有明确记载李大亮是如何知道玄奘要偷渡出境的，但我猜测，玄奘很有可能在凉州停留了一段时间，在这期间结识了一些僧友，随着交往的加深，玄奘很有可能向他们透露了自己要偷渡出境的意图，而这些僧友中间很可能有人抱着一种投机的心理，向李大亮告了密。

不过让玄奘感到幸运的是，在李大亮给自己发出禁出令后，这位都督大人或许因为政务繁忙，将这件事忘在了脑后，并没有派人强行押送玄奘回长安，这就给了玄奘逃离的机会。

当然玄奘逃离的方向并不是东部的长安，而是继续向西。

或许李大亮根本就没有想到，接到自己禁令的人还敢往前走，所以当他知道玄奘在自己的眼皮底下溜走时，异常震怒。他知道自己这是严重的失职，朝廷要是追究起来，自己可是要吃不了兜着走，于是在震怒之余，他向周围地区发出了通缉令:“有僧名玄奘，欲入西蕃，所在州县宜严候捉。”

当这份通缉令下发到周围地区时，玄奘已经到达了瓜州(今甘肃瓜州县)。

瓜州的刺史名叫令狐达，但当时负责治安的是州吏李昌。李昌是朝廷命官，同是他还有另外一个身份——虔诚的佛教徒。

当李昌接到通缉令后，他顿时有些左右为难。在此之前，他已经听说从长安来了一位高僧，虽然通缉令上没有玄奘的画像，但是多年的职业敏感告诉李昌，这个来自长安的高僧很有可能就是玄奘。

人有时确实要面对两难的抉择，一边是自己虔诚的信仰，一边是自己的前程，乃至饭碗。

于是，在经过慎重的思考后，李昌带着通缉令率领手下人，前往玄奘的住处。李昌见到玄奘后，打开通缉令，给玄奘念了上边的内容，然后问了句一语双关的话：

"师父，您不是吧？"

这句话实在是大有深意，是什么呢？通缉犯？还是暗示玄奘一定要矢口否认？毕竟通缉令上没有画像。

玄奘虽然听出了话外之音，但他实在不知道该怎么回答，如实回答，就意味着要被押回长安，如果打诳语，又违背佛教的戒律。所以，玄奘选择了一个不是办法的办法——闭口不语。

玄奘的这个做法，让李昌有一种莫名的感动，从玄奘的脸上，李昌看到了一种信仰的力量。虽然自己也是虔诚的信仰者，但是和玄奘比起来，李昌感觉自己是那么渺小，终于他被玄奘的决心打动了。

于是，在经过长时间的沉默后，李昌终于做出了他一生中最重要的决定。

"请师父一定和我说实话，如果您是通缉令上的人，弟子愿意帮助师父。"

刹那间，玄奘震惊了，他实在没有想到在这个偏僻的地区，居然会遇到信仰的知音。

玄奘开口了，他颤抖地说了一个字："是。"

"嚓！嚓！"在玄奘刚刚说完后，李昌就将通缉令撕得粉碎。

"师父您是个实在人，我今天为了成全师父的心愿撕了通缉令。"

李昌这么做是有理由的，因为当时朝廷规定通缉令下发后，如果抓不到人或者没收到通缉令，还会继续下发，李昌的想法很明显，那就是死不认账，打死也说没接到通缉令。

玄奘的眼睛湿润了，他双手合十，在李昌的面前深深地恭敬地施了一礼，"阿弥陀佛！愿菩萨永远保佑大人一生平安"。

李昌点点头，说："师父，此地不可久留，如果时间久了，刺史大人知道就麻烦了，您现在快走吧"！

于是，玄奘简单收拾行李后，匆匆走出了住处，在走到门口时，他依依不舍地转身又向李昌深深地施了一礼，"希望有生之年能和大人再相见"！

刹那间，两个人的眼泪都夺眶而出！

走出边关

在李昌的帮助下，玄奘顺利地离开了瓜州，前方是一片方圆八十里的沙漠。我们无法想象玄奘当时忍受了多少折磨，克服了多少困难，但结果是毋庸置疑的，他走出了这片沙漠。

通过史书记载，我们知道这是玄奘西行经过的第一个沙漠，也就是在此时，玄奘第一次切身感受到了西行的艰难，比人为的阻碍更加艰险的是——与大自然的抗争。

玄奘，你要坚持，风沙的侵袭能磨炼你的意志，缺水的折磨会更加坚定你的信仰，只要你的决心不动摇，相信西行的路上，你一定会克服重重艰难险阻，胜利到达你心中理想的彼岸！

走出八十里沙漠，前方就是边关五烽，过了五烽就意味着走出了唐朝国界。

"五烽"顾名思义就是五座烽火台。这五座烽火台不是连在一起的，中间一共相距六百里的沙漠。

在唐朝初年，烽火台除了具有警戒作用，还具有负责监视偷渡者的重任，而守烽的将士当时发明了一个很好的方法，那就是监视水源。当时五烽的水源都在各自烽火台的警戒区内，因为只要来到这里的人，第一个任务就是寻找水源，只要看住水源，偷渡者一个也休想过去。

当然玄奘也不例外，在即将到达第一烽火台时，水囊彻底空了。

前方还有六百里的沙漠等待着自己一步一步地穿越，玄奘决定冒险在第一烽火台下取水。这是个危险的任务，因为搞不好很有可能就被守烽的将士发现，拘押回长安倒是不错的结局，赶上守烽火台的将士是个二杆子，一箭射穿自己的胸膛，命丧于此也说不准。

但玄奘还是决定试一试，此时支撑玄奘的正是他那坚定的信仰。

希望佛祖保佑吧！

事实证明，玄奘的运气总体说来还算不错。

经过权衡,玄奘决定夜间取水,这样可以利用夜色掩护自己。但他不知道,坚守水源是守烽将士的职责,相比于白天,夜晚只能更会让他们集中精神死死地盯住水源。

最初玄奘利用夜色的掩护成功靠近了水源,这让玄奘大喜过望,但也许是过于兴奋,在取水的时候玄奘的动作有些过大,这就一下子吸引了守烽将士的注意。

就在玄奘为水囊灌水时,"嗖",一支冷箭从玄奘的膝盖旁射过去,惊恐下的玄奘将水囊扔在了地上,不过此时理智告诉他,千万不能乱动,如果乱动一定会被射死。

是的,这一箭是守烽将士的警告,以他们精湛的箭法,要想射死玄奘,估计此时的玄奘早已倒地一命呜呼。

"我是出家人,从京城长安来的,你们不要用箭射我啊!"玄奘高声喊道。

"牵着你的马赶紧过来,如果胆敢逃跑,格杀勿论!"守烽的将士高声命令玄奘。

无奈之下,玄奘只得牵着马老老实实地走进第一烽内。

第一烽的守烽校尉名叫王祥,和李昌一样,王祥也是个佛教徒。我想守烽的将士之所以没一箭射死玄奘,也许就是他的授意。

王祥仔细端详着眼前这个白净的僧人,此前他已经听说有个偷渡的玄奘和尚,王祥刚要开口询问,这一次玄奘却率先开口:

"大人听说有一个和尚叫玄奘从长安来,到天竺求法了吗?"

玄奘的问话,有些出乎王祥的预料,在王祥看来,玄奘有些破罐破摔的味道。王祥点点头,说道:"听说了,不过我还听说玄奘已经回长安了,怎么会到这里来呢?"显然,消息传到王祥这里时,已经完全变了味道。

玄奘听后,马上亮出了自己的度牒,所谓的度牒就是朝廷给当时在编僧人的身份证。

王祥确认了玄奘的身份后,不禁大笑起来。王祥的大笑让玄奘很是丈二和尚摸不着头脑,一头雾水的玄奘呆呆地看着王祥,在他看来,结果只有一个——押解回长安。

但让玄奘万万没想到的是,王祥在笑过之后,说出了匪夷所思的话。

"西行之路艰难险阻,师父虽有决心,但绝不可能到那里,我是敦煌人,师父不如和我去敦煌吧,那里有一名高僧叫张皎,此人求贤若渴,我想他看见师父一定会非常高兴。”

一个朝廷命官居然敢和偷渡者谈判，真是瓜子嗑出来臭虫——什么仁（人）儿都有！

王祥的话让玄奘的心绪稍稍平复一些，毕竟不是将自己遣送回去。但同时他马上意识到，如果按照王祥的说法，自己将彻底滞留于此。玄奘当然是不能答应的。

于是，玄奘鼓起勇气抱着不成功则成仁的态度，对王祥说道：“贫僧出家在洛阳，而且在中原我也算是知名的高僧，如果仅仅想要出名，何必要去小小的敦煌？”

这句话说得确实很生硬，以至于王祥脸面上有些挂不住。看到王祥不高兴，玄奘马上又补充道：“但是，我知道现在中原的佛教典籍还有很多缺失的地方，所以我发誓前往天竺，去寻求那些缺失的典籍，大人你非但不鼓励我，反而让我滞留于此，这是追求涅槃的境界吗？”

这句话说得很有学问，玄奘通过王祥说送自己去敦煌，判断出王祥很可能是信佛之人，所以孤注一掷说出了这句话。玄奘的意图很明显，利用激将法试探王祥。

就在王祥刚要开口时，玄奘接着说道：“现在我已在此，大人要打要罚，贫僧去天竺的决心绝不会动摇！”说罢，玄奘闭上了双眼。

王祥沉默了，就像李昌一样，他也被玄奘的决心和气魄所感动。当然归根结底，玄奘到目前为止碰到的两个人都是佛教徒，如果碰到二杆子，估计玄奘早已经在长安的监狱里了。

如此看来，玄奘的运气真不是一般的好！

沉默过后，王祥开口了：“我看师父是累了，先在这里休息吧，明天我亲自送师父，为您指路。”

说完，王祥转身离去。

留在原地的玄奘早已经惊呆了。

王祥的确没有食言，转天便送玄奘向西而去，并且为玄奘指了一条捷径——可以不经过第二烽和第三烽，直接到第四烽。

而且王祥告诉玄奘，第四烽的守卫校尉王伯陇是自己的好兄弟，到了第四烽只要说出自己的名字，王伯陇一定会全力相助。

史书记载：玄奘和王祥就此相泣而别。

到了第四烽，在王伯陇的帮助下，虽然玄奘最终顺利地通过了第五烽，但是未来的道路绝不是一马平川，接下来玄奘所面对的将是对人类极限的挑战。

大漠孤影

走出了五烽，也就基本上算是走出了唐朝的国界，而这时距离玄奘从长安出发已经整整一年了。

玄奘的心情实在很复杂。作为一个偷渡者，虽然最初他是有决心的，但是他想不到自己会经历险阻最终走出国门。踏出国门那一刻，玄奘的眼泪不禁掉了下来。他回身向东方凝视了一阵，然后他正了正衣襟，向着长安的方向双手合十，一躬到底！

我还能回来吗？

但愿能回来吧！

玄奘你一定会回来的，当你回来的时候，你的名字将会光耀千古！

玄奘就这样一直走着，终于，他走进了著名的莫贺延碛，“碛”的意思是沙漠，也就是说玄奘走进了莫贺延沙漠。这是一片广袤的沙漠，方圆八百里！

上无飞鸟，下无走兽，又无水草！

虽然玄奘曾经走过一片八十里的沙漠，但是和莫贺延碛比起来，那不过是小巫见大巫，说玄奘是在这里挑战人类的极限一点儿也不过分。

玄奘牵着自己的马，一步一步地向着大漠的深处走去，当时是顾影唯一。后来的诗人李贺有过一句描写沙漠的诗句：“大漠沙如雪。”诗人因为有情感的依托，所以看到什么都可以写得很诗意，但玄奘当时真实的处境除了面临风沙的侵袭，还有因为劳累、缺水而引起的幻觉。

人在虚弱的情况下，幻觉绝不会是美好的。史书记载，当时玄奘脑海中出现了很多妖魔鬼怪从四面八方向他袭来的画面，当然玄奘是不会被吓倒的，他明白一切皆是幻想，他心中始终默念《心经》，虽然《心经》并不能为他驱除幻觉，但正是这内心强大的信念，促使玄奘下定决心不退缩一步。

虽然玄奘的决心不容置疑，但是在他进入莫贺延碛的两天后，他却迷路了！

其实，在沙漠中迷路是很正常的，但此刻玄奘因为迷路而产生了急躁情绪，在他取出水囊饮水时，因为内心焦急，不小心将水囊打翻在地上。

玄奘的反应还是很快的，他马上拾起了水囊，但已经晚了，皮囊里的水已经瞬间被沙漠吸干。

这下麻烦了，迷路了可以依靠天上的太阳、星星辨别方向，可没有水，无异于自杀。

玄奘看了看空空的水囊，缓缓地闭上了双眼，他无奈，他悔恨，为什么自己这么不小心，将这个珍贵的水囊打翻。

真是千里之资，一朝失罄！

但悔恨是没有用的，接下来他该何去何从呢？可以肯定的是，继续往前走，玄奘等于是慢性自杀。

在这样的一种困境下，经历了一年的艰难险阻丝毫没有退缩的玄奘，此刻真的打起了退堂鼓，不可否认，这一次他违背了自己曾经"终不东移一步，以负先心"的誓言，他勒转马头向着来时的路走去。

但是，当他走出将近十里时，玄奘后悔了，他勒紧缰绳，矗立在大漠之中，胸中犹如翻江倒海！

玄奘，你为什么到这来？

为了到天竺寻求失落的佛法！

是啊！你曾经不是发过誓吗？为什么又退缩了呢？

我……

继续向西吧，就像涅槃的凤凰一样，重新展翅飞翔吧！

宁可就西而死，岂归东而生？

玄奘再一次掉转马头，继续向西而去！

这是玄奘在西行的路上第一次产生动摇，当然也是最后一次！

此时的玄奘早已经将生死置之度外，在他的心中，只有一个信念，那就是穿过莫贺延碛，但是不久之后，他倒下了。

玄奘倒下去的时候，他已经整整五天滴水未进，前方依然是茫茫黄沙，头顶是炙热的太阳，五天的时间，玄奘每一刻都在迎接着挑战，除了忍受难耐的饥渴，还有漫卷的沙尘和妖魅般的鬼火。

史书记载：夜则妖魅举火，灿若繁星，昼则惊风拥沙，散如时雨。

虽然玄奘用尽全身的力气，想努力地站起来，但是他失败了，毕竟是血肉之躯，他能坚持到现在，已经是个奇迹了。

玄奘绝望了，他静静地躺在大漠中，等待着死亡的临近！

只是他不甘心，难道自己就要被这黄沙无情地湮没吗？

佛祖啊，佛祖！菩萨啊，菩萨！你们忍心看着弟子这样吗？

你们真的忍心吗？

于是，绝望的玄奘口中再次念起了《心经》，目前他唯一的希望就是通过默念《心经》来平复自己内心的煎熬，使自己尽量死得安详一些。

“观自在菩萨，行深般若波罗蜜多时，照见五蕴皆空，度一切苦厄……”

玄奘的声音开始虚弱了，他的眼睛渐渐模糊了……

突然之间，一阵凉风吹来，玄奘感到了一丝凉爽，要知道凉风在炙热的沙漠中对于行走的人们是多么宝贵。

玄奘顿时觉得清醒了很多，只是他还是没有力气站起来，就在他清醒的瞬间，忽然间他仿佛看到一道白光。根据《大慈恩寺三藏法师传》的记载，玄奘看到了一位面相凶狠的神仙，这位神仙恶狠狠地瞪着玄奘，然后开口说道：“你怎么还躺在这里，赶快起来，接着往前走！”

这段记载的确有些玄，但我们没有必要非得找出什么科学依据，我们完全可以认为这依然是玄奘出现的幻觉，事实证明正是这个幻觉救了玄奘。

玄奘一下惊醒了，眼前依旧是一片黄沙，但他相信这一定是佛祖在点化自己。

对！接着往前走，绝不能放弃！

玄奘依靠着这个幻觉为他带来的那股信念，跌跌撞撞地走出了将近十里，就在他又将倒下去的时候，一直跟在他身旁的老马突然发出一声长嘶，然后向前飞奔而去。

玄奘敏锐地意识到，这匹马一定是发现了什么。

顺着马匹奔跑的方向，玄奘抬眼望去，一片绿色映入了眼帘。

是的，沙漠绿洲！

……

玄奘倒下去了，在倒下去的同时，嘴角露出了一丝微笑，他长舒一口气，因为他知道自己终于看到了生命的希望！

在短暂的缓冲后，玄奘铆足力气站起来，向那个绿洲一步步地走去！

高昌境遇

在濒临死亡的绝境中，玄奘幸运地发现了沙漠绿洲，于是依靠在这片绿洲补充的水源，他终于艰难地走出了莫贺延碛。

这是西行的路上玄奘最受煎熬的一段路程，更是坚定他排除万难、一心西去的一段路程。

穿过了莫贺延碛，玄奘到达了伊吾（今新疆哈密），伊吾当时臣属于高昌国，应该说高昌国是玄奘走出唐朝边境后，途经的第一个国家。

高昌国虽然地处西域，但是和中原有着很深的渊源，这个国家内部设置的官职名称完全依照中原而定，甚至可以说和中原是一模一样的，而且隋炀帝杨广在位时，国王伯雅曾经入朝进贡，被封为左光禄大夫、车师太守、弁国公。

玄奘到达这里的时候，伯雅已经死去，此时统治这个国家的是他的儿子文泰。高昌国是一个信仰佛教的国家，在古代，信仰佛教的国家对于得道高僧都是极为重视的，都希望把这些高僧们请到自己的国家讲经说法，甚至为了得到高僧发动一场战争也在所不惜。

玄奘前脚刚走进伊吾，文泰便得到了消息，于是他马上派出使者去伊吾邀请玄奘到高昌来。

对于文泰的邀请，玄奘本来是想谢绝的，毕竟自己西行心切，但是考虑无论如何一国之君是得罪不起的，把人家惹毛了，送你回长安也是很有可能的，所以经过权衡之后，玄奘还是接受了文泰的邀请，决定礼节性地到高昌王城走一遭。

玄奘万万想不到，在高昌王城他遭到了文泰的刁难，但正是这场遭遇，促成他和文泰结成兄弟。

在最初见到文泰的时候，玄奘得到了很隆重的礼遇。玄奘一连在高昌王城待了十几天，文泰除了给玄奘好吃好喝，还让当时高昌国有名望的几个高僧向玄奘请教佛法。应该说接待玄奘的规格还是很高的，而文泰这么做是有很深的用意的，除了敬仰玄奘，其实他希望玄奘能留在高昌。

对于文泰的用意，玄奘心里是很清楚的，不过文泰不明说，玄奘自然也不会点破。

十几天后，当玄奘向文泰告辞西行的时候，文泰终于坐不住了，他亮明了自己的观点：

“师父留下吧，不知师父愿意吗？”

“您愿意留下我，是您看得起我，但我留在这里就违背了来这里的初衷了。”

文泰嘴角露出了一丝微笑,在他看来,玄奘不肯留下,很可能是因为高昌地少人稀,不过他是能理解玄奘的,毕竟人家是从大国来的。

于是,文泰在短暂的沉默后,继续开口说道:“法师您可不要小看我高昌国,我和先王曾经去过中原,也算是见过世面,而且见过很多高僧,我都不在意他们,今天能够见到您这样的高僧,是我的荣幸,我可以一辈子供养您,让高昌的子民都做您的弟子,让他们每个人都听您讲经,只是希望您能留在这里,不要继续西行了。”

应该说,文泰的话是发自肺腑的,自古以来一个国家的元首能和一个和尚这样掏心窝子地讲话,实在是不多见的,如果换了一般人,相信此刻也就答应了。但玄奘不是一般人,他的回答不卑不亢:

“我这个卑微的人怎么能够受得了大王的厚恩呢?贫僧不是为了供养,而是因为觉得本国的经义有很大的欠缺,所以才决定西行求法。我这一路经历了不少艰难,却丝毫没有动摇西行的决心,现在不动摇,将来更不会动摇。”

玄奘的话丝毫没有商量的余地,这让文泰感觉很尴尬。文泰认为玄奘的确是个与众不同的人,自古以来还没有面对如此丰厚条件而不动心的人,或许这是玄奘在考验自己的诚心,于是他毫不气馁,接着开口说道:

“弟子对您的敬仰之情,即使葱山移动了,我也不会变,我留下您的决心也不会有任何改变。”文泰的态度同样坚决。

“我明白您的心意,您不必这么表白自己,我西行的目的就是求法,求法不成,决不能停下来,希望您能理解我。您的祖上功德无量,所以您才能做得国王,但您以为只有老百姓依靠您吗?不,您错了,其实佛祖要弘扬佛法也要依靠您啊。所以您知道我要西行求法,应该支持我才对啊。”很明显,玄奘是想以理服人。

“弟子其实不想阻碍师父西行,是因为我国没有像师父这样的高僧来弘扬佛法,所以想让您留下来。”

你以理服人,我用弘法说教,双方各不相让。

接下来,玄奘实在不知说什么好了,索性像上次在瓜州一样,双眼紧闭。

“师父怎么不说话了?”

“师父说话啊!”文泰摇摇玄奘。

玄奘一动不动。

这下,文泰彻底震怒了,在他看来,玄奘颇有些死猪不怕开水烫的味道。

“两条路您任选，一是留在高昌，二是把您送回长安！”文泰终于撕破了脸皮。

渐渐地，玄奘睁开双眼，眼泪随之而出，文泰本以为玄奘会妥协，可接下来玄奘说的话，让文泰彻底死了心！

“玄奘来者，为乎大法，今逢为障，只可骨被王留，识神未必留也！”

连死亡都不惧怕，还有什么可怕的呢？

文泰无语了，这一次轮到他紧紧地闭上双眼，然后轻声地叹口气说道：“师父您先休息一下，再考虑考虑吧！”说完，文泰转身离去。

面对文泰的离去，玄奘已经抱定抗争到底的决心。具体的方法就是绝食。

一连三天，玄奘水米未进，对于绝食玄奘还是有功底的，有了在莫贺延碛的经历，三天对于玄奘实在不算什么。但这样一来，却把文泰吓坏了，他实在不愿意看到一个高僧被自己折磨而死。如果玄奘死在自己的手上，佛祖是会降罪于自己的。无奈之下，文泰只好答应玄奘放他西行，而且要和玄奘结为兄弟。

事实上，在我看来，文泰或许是出于无奈，或许是被玄奘的决心所感动。无论如何，最后的结果是好的。一个月后，文泰亲自送玄奘出城。

临别时，文泰向玄奘提了个请求，那就是东归之时，在高昌停留三年，接受供养。

玄奘答应了。

离别之际，不免伤感，两个人含泪告别，相约东归之时再见。但是，此刻他们或许都没有想到，此去一别，今生再没有相见！

……

辩论

离开高昌，玄奘牵着他的马继续向西而去。在经过阿耆尼国（今新疆焉耆回族自治县）后，玄奘到达了西域另一个著名国家——龟兹（今新疆库车县）。龟兹是一个很有特点的国家，虽然也信仰佛教，但和高昌受中原文化影响不同，龟兹是受印度文化影响的，具有很强的异域风情，而且这个国家的人以扁头为美。人们会在新出生婴儿的头顶上紧紧地绑上一层木板，以求日后头形稍扁。

当然龟兹在西域诸国中，最著名的要属音乐。玄奘后来就称赞龟兹是“管弦伎乐，特善诸国”。

在这里要说的是，唐朝的音乐风格就深受龟兹乐的影响。唐朝的佛曲大部分都是从龟兹乐演变而来的，著名的《兰陵王入阵曲》《霓裳羽衣曲》，包括前边我们说过的《秦王破阵乐》，其中都融入了龟兹乐的元素，而且唐朝将乐工划分为四个部，其中的一个部就叫“龟兹部”，可见唐朝与龟兹在音乐上具有很深的渊源。

当时唐朝作为一个开放的国家，其音乐风格受了周边很多地区音乐风格的影响，如西凉、天竺、高句丽、疏勒等，但龟兹绝对是最具有代表性的。

玄奘来到这里的时候，正是国王苏伐叠在位的时候，当时龟兹和唐朝的关系非常好，苏伐叠经常向李世民进贡马匹，由此受到了李世民的嘉奖。

对于玄奘的到来，苏伐叠是很欢迎的，为此还为玄奘举行了一场盛大的欢迎仪式。应该说从玄奘离开长安到目前为止，龟兹是玄奘待得最为舒心的地方，没有官方的通缉，没有国王强行挽留，玄奘悬着的心终于放了下来。

但事实告诉我们，玄奘在龟兹还是遇到了阻碍。当然这个阻碍，不是人身安全方面的，而是关于大乘佛教声誉的。事情完全是因为一个出家人的傲慢态度引起的。这个人的名字叫木叉毱。

木叉毱是当时龟兹国的佛教领袖，在印度留学多年。龟兹国当时信仰小乘佛教，所以也可以说木叉毱是其国内小乘佛教的代表人物，而来自东土大唐的玄奘信仰的是大乘佛教。

依据国王苏伐叠的安排，玄奘还要去拜访木叉毱。到了木叉毱的寺庙后，问题来了，谁也没有想到双方的对话，居然会引起一场关于佛学教义的辩论。在这里我们先简单说一说大乘佛教和小乘佛教的区别。

在释迦牟尼圆寂后的一百多年间，佛教在印度发展得十分迅速，在不断发展的过程中，由于受到了印度各地政治、经济、文化的影响，导致了佛教内部对教义和戒律产生了很多分歧，最终导致分裂，形成了很多部派。

最先分裂出来的部派是主张改革的大众部和主张维护现状的上座部，后来的大乘佛教就是建立在大众部的基础之上，而小乘佛教则建立在上座部的基础之上。

大众部和上座部之间有很多分歧。如大众部认为释迦牟尼从出生就具有神性，成佛之后更是具有无边的法力，所说的每一句话都是佛法；而上座部认为释迦牟尼虽然是佛教之主，但是也有平凡人的烦恼，所说的话未必都是佛法。

当然，两个部的分歧有很多，后来各自演变成大、小乘佛教后，双方在修行观上也有分歧。大乘佛教认为应度一切苦厄，也就是说普度众生，而小乘佛教认为只要把自己度成功就可以了，其他的人不用管。

在这里需要说的一点是，大乘佛教和小乘佛教没有高低之分，双方是并行发展的，时至今日，东南亚地区就仍旧盛行小乘佛教。

或许是从心底排斥大乘佛教的缘故，木叉毱在见到玄奘后，显得不那么友好。

“我们龟兹国《杂心论》《俱舍论》《毗婆沙论》等典籍都有，你在这儿把这些典籍如果都学透彻了，绝对够受用一生的，何必非得到天竺去?”

自大也要有个度，很显然木叉毱有点儿自大得不着边际。

虽然玄奘明白这是在挤对自己，但是他并没有顺着木叉毱的逻辑回答，而是单刀直入地问了一个问题：“这里有《瑜伽论》吗?”

玄奘所说的《瑜伽论》是佛教一部非常著名的经书，在当时所有的大乘佛教高僧都相信这是一部由佛教弥勒菩萨亲自叙述而记录下的经书，其地位在大乘佛教中是至高无上的。玄奘之所以跋山涉水决意前往天竺，很大程度上就是为了寻找这部典籍。

玄奘既是提问，也可以说是一种反击，辩论就此开始。

木叉毱听完哈哈大笑，接着说道：“高僧何必要问这么一部都是邪妄之语的经书呢？在我看来，真正的佛家弟子是不会学这部经书的。”

挤对玄奘还可以原谅，说《瑜伽论》都是邪妄之语，这就很过分了。毕竟都是佛教的典籍，你这样说佛祖也是不答应的。

玄奘是何等聪明之人，马上抓住木叉毱言语的破绽，继续反击道：“《瑜伽论》可是弥勒菩萨亲口所述，您说《瑜伽论》都是邪妄之语，那就是说弥勒菩萨满口都是邪妄之语了？您不怕死后下地狱吗?”

玄奘的声音虽然轻缓，却掷地有声。

木叉毱心中一惊，他没有想到会让玄奘抓住把柄，但他毕竟是见过世面的人，于是话锋一转，说道：“《毗婆沙论》那几部经书高僧还未必能明白，又怎么知道它们不高深呢?”

木叉毱的意图很明显，以自己之长碰玄奘所短，涉及小乘佛教的具体典籍，相信玄奘未必能胜过自己。

“您了解了吗?”玄奘反问。

“我当然已经非常了解了！”

至此，木叉毱已无任何回旋的余地。

等着人家提问吧。

事实证明，在玄奘的不断提问下，木叉毱破绽百出，逻辑混乱，词不达意。其实玄奘并没有问过于宽泛的问题，只是针对《俱舍论》进行提问。

不过，玄奘是抱着把木叉毱问蒙的态度而提问的，基于这种思路，相信木叉毱总会有回答不上来的时候。

要知道在知识领域，没有全知全能的人！

这场辩论虽然不是当时龟兹官方组织的，甚至可以说完全是两个人在斗嘴，但我依然要说，这的确是一场辩论，最终谁胜谁负并不重要，最重要的是在这场辩论中我们看到了玄奘的睿智。

远在异国他乡，一人敢挑战当地的佛教首领，玄奘是勇敢的。同时也说明，一个人能称为勇敢，是因为在他的心中一直抱有必胜的信念。轮回也是战场，菩萨就是勇敢的战士！

印度见闻

和木叉毱辩论的两个月后，玄奘离开了龟兹国，继续西行。

一路上玄奘经过姑墨国（今新疆阿克苏）、穿过海拔 7 千米常年积雪的大凌山（今葱岭北部）、绕过大清池（今俄罗斯伊塞克湖），途经康国（今乌兹别克斯坦撒马尔罕）、史国（今乌兹别克斯坦加尔支城）、活国（今阿富汗昆都士）、梵衍那国（今阿富汗巴米扬城）、迦毕试国（今阿富汗喀布尔）以及诸多小国后，于贞观三年（629 年），终于进入了印度的国界。

我上边的叙述只有几行字，而玄奘当时所走过这些国家加起来有两万多里的路程。这段路程是玄奘走出唐朝国界后，所走的地形最复杂的一段路，除了城邦，还有沙漠、雪山、草地、湖泊。我想长时间的艰难跋涉，玄奘也一定经历了病痛的折磨。

无论怎样，终于走进了印度，来到心中向往的圣地，玄奘无疑是激动的。我说玄奘当时进入了印度的国界是指古印度的国界，不是现在印度的国界。虽然进入了印度，但是距离那烂陀寺还有很长的一段路要走，所以对于玄奘来讲，前途漫漫，仍有许多未知的困难在等着自己。

当时虽然佛教在印度已经衰落，但是各地方还是有不少佛教的遗迹，所以在进入印度后，玄奘有意识地放慢了脚步，目的是多瞻仰这些佛教遗迹。

玄奘到达印度后，经过的第一个国家名字叫滥波国。这个国家虽然不大，却十分有名。托勒密的《地理志》上都有关于这个国家的记载，但该国佛教遗迹实在不多，所以玄奘在这里没有停留，直接进入了那揭罗曷国的醯罗城。

醯罗城虽然不大，却是佛教圣地。在城西南的小山上有一个山洞，传说凡是和佛陀有缘的人都会在这个山洞中看见佛陀的影子，对于一心向佛的玄奘来讲，当然不会错过这个机会。

据史料记载，玄奘来到山洞之后，虽然虔诚地进行礼拜，但是很久后，并没有看到佛影，这让玄奘很失望。在他看来也许自己是个与佛无缘的人，于是"自责障累，悲号懊恼"，在冷静下来后，玄奘忽然觉得也许是自己还不够虔诚，所以又拜了将近一个时辰，终于看见了佛影的出现，却转瞬即逝。就是这一闪的佛影，让玄奘既喜悦又伤感，喜悦是因为终于能看见了佛影，悲伤的是佛影显现的时间太短了。

其实不用我说大家也明白，佛影显现纯粹是子虚乌有。之所以会出现佛影，是因为这个山洞有缝隙，依据采光的原理，光线从缝隙照进来后，照在有水汽的洞壁上，立刻就会有影像出来。

当然，我们不必因此就责怪玄奘是凭空捏造。作为一个一千多年前的出家人，玄奘这样记载是很正常的。我们姑且就认为这是一个出家人对自己信仰的一种美好向往吧。

"看见佛影"的玄奘更加坚定了自己的信仰，而且这也为他坚决到达那烂陀寺求佛起到了积极的作用。

在离开那揭罗曷国之后，玄奘又经过了健陀逻国，领略了健陀逻艺术的魅力。值得一提的是，我们中国关于佛教的石窟、壁画、雕塑等都受到了健陀逻艺术的深刻影响，并且延续至今。

在健陀逻国，玄奘还参观了迦贰色迦王建立的大佛寺。我们前边提到的《毗婆沙论》就是佛教史上著名的如意大师在这里亲自写下的，而玄奘能有幸参观这座寺庙，也算是和如意大师有缘吧！

离开健陀逻国，渡过印度河，途经乌仗那国，玄奘来到了迦湿弥逻国。这个国家是玄奘西行的路上除了那烂陀寺所在地摩羯陀国，停留时间最长的国家。玄奘在这里整整停留了两年的时间，之所以停留那么久是因为这里有比较完整的佛教经典，而且迦湿弥逻国是佛教历史上第四次集结佛经的地方。

所谓集结，是指佛教徒们经过一段漫长的岁月后，大家集中起来，针对佛教经典进行校对，一起互相念诵，求同存异，然后经过表决，将佛经的版本固定下来，继续流传。

在国王的精心照顾下，玄奘在这里认真研究各种佛教经典，而且开始进行翻译工作，可以说玄奘后来翻译了那么多经书，其翻译功底就是在这里打下的。

贞观三年(629 年)，玄奘离开了迦湿弥逻国，经过桀迦国、婆罗吸摩补罗国、羯若鞠国、阿逾陀等国家，在前往阿耶穆国的道路上遭遇了西行以来最凶险的劫难。

沙漠缺水不曾使玄奘丧失信心，雪山的严寒没有让玄奘退缩半步，但这一次连他自己都认为这一关恐怕是迈不过去了。

推上祭坛

在前往阿耶穆国的路上，玄奘结识了一批商人，这些商人总共不到一百人，但也算是一支庞大的队伍，他们和玄奘一同乘船沿着恒河顺流而下。恒河两边的风景是十分优美的，茂密的树林，加上层峦叠嶂的山峰，让人很是陶醉其中。

但就在船开出一百多里的时候，从岸边树林里突然窜出十几条船，迅速将玄奘等人的船围在中间。这十几条船上站着很多彪形大汉，手里提着各式各样的兵刃。关于这些人究竟是什么身份，我们后边再说。

这十几条船上的彪形大汉将玄奘所在的船劫持到岸边，然后命令玄奘和那些商人将所有的金银财宝拿出来，而且脱掉这些人的衣服进行搜身。有的人因为隐藏了部分金银首饰，而惨遭这些彪形大汉的杀害。

写到这里，很多人会认为这些彪形大汉的身份就是打家劫舍的强盗，其实他们的身份不只如此，因为接下来，他们所做的事证明了这些人还有另外一个身份。

就在玄奘等人惨遭洗劫过后，这些强盗的首领忽然来到玄奘的旁边，不断上下打量玄奘，然后回身对手下人说："我们祭祀马上就要过时间了，到现在为止还没有找到合适的人，这个和尚看上去很不错，用他来祭祀，大家说好不好啊？"

"好！"手下人异口同声地高喊道。

一群杀人不眨眼的强盗难道也有信仰吗？他们也要祭祀什么吗？

是的。事实证明：强盗也是可以有信仰的。

在《大慈恩寺三藏法师传》中，记载了玄奘这次遭遇强盗的事件，书中说这些强盗“素事突伽天神”，也就是说这些人信仰突伽天神。

那么突伽天神是怎样的一位神仙呢？

突伽天神是位女神，在中国她有另外一个名字叫难近母，“难近母”这个名字取自她所消灭的罗刹“难于接近”。在藏传佛教中，难近母可谓声名赫赫，后来的喇嘛教吸收她为护法神。传说她是梵天、毗湿奴和其他部分小神不断喷火而生的，她的主要功绩是消灭了杜尔格摩、巽婆和尼巽等凶残的罗刹。

直到现在，每年九月至十月举行的难近母节还是印度东南地区最隆重的节日。信徒们将特制的难近母像供奉 9 天后沉入水中，并举行大规模的游行和庆祝活动。

但是在古印度，突伽天神的信仰者要定期举行祭祀仪式，这些仪式的程序很烦琐，而其中最恐怖的一道程序就是人祭。每年秋天突伽天神的信仰者要选一个身材好、相貌好、皮肤好（基本上属帅哥类型）的人来进行人祭。

而玄奘到这里的时候，正赶上祭祀突伽天神的时间，而阿耶穆国周围的地方又是突伽天神信仰者最多的地方。如此看来，玄奘实在有点儿背。

不过，我们还应该看到，这么多人不选，强盗们偏偏选中玄奘，应该说玄奘还是与众不同的，这正好和当年郑善果的眼光不谋而合，从而更加证明了玄奘长相出众。

面对一群彪形大汉，玄奘毫无反抗之力，在其他人都四散奔逃后，玄奘被这些强盗捆绑着来到了祭坛前。

这是个高大的祭坛，祭坛上供奉着突伽天神的神像，威严而庄重。祭坛之下，她的那些强盗信仰者们将玄奘高高地抬起，一步步地向祭坛之上走去。

玄奘紧闭着双眼，没有丝毫的反抗，他明白这些虔诚的信仰者不会因为自己的反抗而放过自己，同时，玄奘也没有露出丝毫恐惧之色，他更明白，也许这就是自己的宿命。

所以，在理智的控制下，玄奘决定用另一种努力方式来试图挽救自己。

“各位施主，我这么丑陋的人能充当天神的祭品，实在是我的荣幸，可是我礼佛、求法还没有完成，你们现在就这样杀了我，佛祖知道了会不会怪罪啊？”

“抱歉，我们就知道突伽女神，不知道佛祖。”

强盗们没有理会玄奘所说的话，抬着他一步步继续向祭坛上走去，他们面无表情，目光呆滞，似乎这一刻他们的灵魂已经被祭坛上的突伽女神所慑。

走上祭坛后,强盗们将玄奘放下来,然后给他松绑,当然还是有两个人押住玄奘,防止他逃跑,除此之外,类似于执行祭祀仪式的人开始做一件事——磨刀。

切腹剖膛,祭我突伽女神!

玄奘表面依旧十分平静,但内心却是翻江倒海,他并不惧怕死亡,只是还有很多遗憾,在这一刻他想到了一路上克服重重艰难险阻,却想不到在即将到达目的地时,生命会走到尽头,他想到了在离开唐朝的国界时,那转身的一瞥,如今想再回去,真成了一个无法实现的愿望。

想到这里,玄奘不禁放声大哭起来。只是这样的哭声丝毫不能打动那些强盗,不远处传来的依旧是磨刀声。

“请你们给我点儿时间,不劳你们动手,我自已欢喜化灭吧!”玄奘惨笑着说道。然后,他双手合十,默念经文。

就在这时,一场狂风忽然吹过,史书记载:黑风四起,折树飞沙,河流涌浪,船舫漂覆!

所有的人都四处躲避,只有一个人例外,这个人就是玄奘!

他依然坐在祭坛之上,像一尊石像岿然不动,莫非真的已经化灭?不远处那尊突伽女神像渐渐地已经蒙上了一层厚厚的尘土。

……

或许这场狂风来得实在太诡异,让这些信仰突伽女神的强盗们开始害怕起来。

莫非选这个和尚献祭是错误的?莫非这个和尚不是普通人?

所以当狂风停息后,这些强盗们战战兢兢地走到玄奘跟前,用一种异样的眼神看着玄奘,玄奘依然纹丝不动。

“死了吧?”其中一个强盗小声说道。

“看来真的化灭了啊!”

就在他们准备将玄奘抬下祭台时,玄奘忽然间睁开眼睛缓缓地说道:“时候到了吧?怎么还不动手?唉……跟你们说不要打扰我,想自已化灭都不行啊?”

直到现在为止,这些强盗终于认识到玄奘真的不是一般人,不然的话,面对突如其来的狂风绝对不可能有如此定力。

“师父,我们知道您是神人,请原谅我们吧!”所有的强盗“扑通、扑通”跪倒在地，纳头便拜。

“唉……你们本来都是好人，因信仰不当，终至犯下滔天大错，阿弥陀佛，今后万不可再动杀机。”

说完后，玄奘站起身来，准备转身离去。

“师父！弟子愿入佛门！”强盗们拉住了玄奘。

玄奘停下了脚步，回过身看着这些人，心中不禁感慨万千。

善与恶其实只有一线之隔，究竟是善还是恶，取决于你内心刹那间的抉择。

玄奘长叹一声，然后说了五个字：“电光朝露啊！”

是的，人生苦短，转瞬即逝，但愿每一个人从此珍惜自己的人生。

最终这些强盗在玄奘的剃度下，都成为了出家人，先前十恶不赦的强盗终于变成了行善积德的善男子。玄奘终于迈过了西行路上最凶险的劫难，前面将是一马平川。

努力吧！玄奘，那烂陀寺在向你招手！

载誉归来

贞观五年(631 年)，在经过五年的跋山涉水，徒步走了十万多里路后，玄奘终于到达了心中的佛学圣地——摩羯陀国(今印度巴特那)的那烂陀寺。

这一年，玄奘 32 岁！

那烂陀寺虽然在 1200 年左右毁于战火，但在玄奘生活的时代，那里绝对是驰名中外、如日中天的地方，用玄奘自己的话说是：德重当时，声驰异域！

那烂陀寺之所以在当时这么受世人关注，是因为这个地方是佛教领域藏经最多的地方，大师云集、高僧辈出，而且留下众多求学僧徒的足迹，在玄奘之前的义净、慧轮、智弘、道稀等人都曾经到这里求学过，而玄奘无疑是这些人中最出名的一个。

玄奘在那烂陀寺一共停留了近十年的时间，师从本寺住持戒贤法师，研习多种佛经，其中包括《瑜伽师地论》《中论》《百论》《俱舍论》《顺正理论》《显扬圣教论》《对法论》《集量论》等五十多部佛教经典，以及因明学、声明学等，同时又兼学各种婆罗门书。

与此同时，玄奘还到那烂陀寺周围的寺庙进行访事参学，参加了大量的学术研讨活动，随着时间的推移，玄奘在当地声名鹊起。

在这期间，玄奘应东印迦摩缕波国（今印度阿萨姆地区）国王鸠摩罗的邀请讲经说法，据传当时听玄奘讲经的有近1000人，而正是这次讲经使玄奘受到了当时印度各国的盟主戒日王尸罗逸多的关注。

当时印度的形势，很像中国的春秋战国时期，同时并立着许多国家，而这些国家都同时拥立一个盟主，这个盟主就是戒日王。戒日王在位期间，印度历史上称为戒日王朝。由于戒日王励精图治，所以他在位的五十多年间，是印度历史上的盛世时期。

戒日王给予玄奘的待遇是很高的，除了让他为信徒讲经，戒日王还经常亲自向玄奘请教佛学问题，而且为玄奘举办了当时印度18个国王、3000个大小乘佛教学者和外道2000人参加的曲女城辩论大会，俗称辩经大会。

在这次辩经大会上，一连十八天全印度的佛教高僧无一人敢站出来迎战，这也说明了玄奘当时在印度无人与之匹敌。曲女城大会使玄奘在印度的声名达到了顶点。

我的梦想终于实现，在这里我已别无所求。

带着无限的荣耀，同时带着对故土的眷恋，在曲女城辩论大会结束后不久，玄奘谢绝了戒日王的盛情挽留，毅然返回了祖国。

贞观十九年（645年）正月，玄奘回到了阔别已久的长安，此时归来的他已经不再是十九年前那个偷渡出境的玄奘了。他在印度声名如日中天，也让远在万里之外的唐太宗李世民有所耳闻。

玄奘到达长安时，据史料记载是万人空巷，人们争相目睹这位在异国他乡为自己的祖国人民争得荣誉的高僧。当时太宗皇帝李世民身在洛阳，所以玄奘在进入长安稍事休息后，立即前往洛阳晋见李世民。

玄奘当年西行出境，李世民没能重视，现在深感遗憾，为此他劝玄奘还俗出仕，玄奘婉言谢绝。因为在玄奘的心中，还存有一个伟大的梦想，那就是翻译佛经。

从贞观二十年（646年）一直到唐高宗麟德元年（664年）正月玄奘逝世的前一个月为止，他一直都默默地在寺庙里翻译从印度带回来的佛经，共计经论75部，总计1355卷。

同年二月，玄奘圆寂，终年64岁。

好了，玄奘的故事就讲到这里，让我们回到本章的开头。

“玄奘之路”全程行活动正式启动后，考察团一行人历时40余天完成了玄奘当年的行程,与玄奘不同的是考察团的人开的是越野汽车,玄奘当年则是徒步。

当然徒步到印度的人还有很多,而人们之所以对玄奘情有独钟,是因为他在西行路上所遇到的不可预知的风险,以及他为我们这个伟大的国家带来的无限荣耀。最重要的是,他的一生为我们诠释了一个坚定的信仰者那不畏艰险的决心和勇气。

由于玄奘早年出家,终身未娶,虽然没有留下后代,但是他有很多学生,这些学生继承了玄奘的遗志,将佛学发扬光大。

在玄奘去世的八百年后,一个叫郑和的人带领着他的舰队七下西洋。如果说郑和开创了一段海上传奇的话,那么玄奘就开创了一段中国人的陆上神话。是的,我们这个伟大的民族,从来都不缺少精神坚毅者,玄奘是,郑和也是,相信未来还会有更多这样的人。

玄奘,再回眸一眼你所走过的道路吧。你的精神已经被传承,你的伟大将被世人所铭记!

第五章
声名远播

开放的胸怀

让我们回到李世民的贞观时代。在皇帝李世民和一班治世能臣的治理下，唐朝大踏步地向着盛世繁荣继续迈进。套用一句时髦的话来说就是，此时的中国正以崭新的姿态重新屹立在世界的东方，那个时候欧洲各个国家打得不亦乐乎，拜占庭帝国已经是江河日下，阿拉伯半岛的穆罕默德还处在创业阶段。如果说唐朝那时是世界上最强大的国家，似乎并不过分。

在经历了南北朝两百多年的动乱后，隋朝初年，在隋文帝杨坚的精心治理下，中华大地再次焕发出青春。可惜，随着杨广的登台亮相，先前的一切美好都化为泡影。隋末割据势力混战的时候，周围的很多国家都趁火打劫，突厥就是其中最具代表性的，而且这期间中国基本上和其他国家已经失去联系，当然更别提让人家来进贡了。

唐朝建立后，尤其是李世民即位后，励精图治，努力恢复生产，剪除边患，国力渐渐强盛，老百姓安居乐业，尤其是贞观四年唐朝消灭东突厥后，大唐帝国更是扶摇直上，威名远播。先前提到的周围各个国家公认李世民为“天可汗”，就是最好的证明。

不仅是唐朝周围的国家，当时世界上很多国家都与唐朝保持着友好的往来。玄奘西行求法时，所经过的国家中就有很多因为从玄奘那里听到唐朝的威名，而特意前来进贡，而且这些国家当时还有很多移居长安的侨民，他们大多数是往来于中原和中亚、印度各国的商贾，也有不少来中原求法的僧侣，还有少部分的画师、乐工和舞姬。

此外，当时唐朝和西亚各国也有联系，尤其是和伊斯兰教保持着友好的关系。在武德时期，伊斯兰教就已经开始在中国东南沿海地区民间进行传播。贞观六年(632 年)，穆罕默德的舅母称旺各师，亲自到长安宣诵《古兰经》，而且受到了李世民的礼遇，允许其在长安建立大清真寺，从而开启了双方的官方往来。

除了伊斯兰教，在长安还同时并存着三大教派，它们分别是摩尼教、袄教(拜火教)和景教，这三种宗教都是从伊朗的萨珊王朝传入中国的。值得一提的是，在唐初袄教徒是很受优待的，从武德四年(621 年)开始，唐朝开始尊奉袄教，凡是伊朗人在华的聚集地都建有袄教寺。在这些袄教寺中，建立时间最早的，也是最著名的，就是客死长安的萨珊王朝国王伊嗣依之子卑路斯于贞观三年(629 年)建立的袄教寺。袄教在唐朝曾经的辉煌，从另一个侧面也印明了中伊两国的文化交流的确源远流长。

伊朗、阿拉伯虽然距离唐朝很遥远，但当时和唐朝有来往的诸多国家中，最远的其实是印度洋西岸的东非诸多国家。据史料记载，武德九年(626 年)十月，非洲的殊奈国(今索马里南部)曾经派使者在海上航行了 6 千海里，辗转来到长安觐见皇帝李世民，并且带来了当地的特产，让李世民和朝臣一时间大开眼界。

当然，与唐朝关系最为密切的，是直到今天为止，依然保持着唐风韵味的国家——日本。对此，我们是应该仔细说说的。

中国和日本是一衣带水的近邻。在长达两千多年的岁月中，两国在政治、经济、文化等诸多领域互相影响，而且影响之深刻，影响之广泛在世界交流史中都是罕见的。但在两国最初的交往中，中国对日本的影响可以说是决定性的。

这一切其实都始自唐朝。准确地说，是从贞观时代开始的。

贞观四年(630 年)，日本第一次派“遣唐使”来唐朝，所谓遣唐使并不是指某一个人，而是一个组织。“遣唐使”这个组织规模很庞大，最多可以达到五六百人，分为正使、副使、录事、翻译、医药师、僧侣及阴阳师等；还有水手、杂役人员等。

从贞观四年一直到唐昭宗乾宁元年(894 年),日本共 17 次派遣唐使来唐朝。遣唐使的人员来到唐朝的任务并不是旅游观光,而是每个人依据自身的职责和特长,接触唐朝各个领域的人,学习中国的文化,再将从中国学到的文化理念以及各个领域的技术带回本国。唐朝对于日本的遣唐使很是欢迎,每次都毫无保留地向日本人传授着各方面的成功经验。

那么日本向唐朝学习,究竟为日本国带来了什么样的影响呢?

贞观十六年(642 年),日本孝德天皇下令全国革新,而这种改革的参照对象就是唐朝。之所以如此,是因为听取了贞观初年派往唐朝的遣唐使高向玄理、南渊请安的建议。由于这一年是日本的大化二年,所以称为大化革新。

这次改革是依照唐朝制度自上而下进行的,相信如果没有遣唐使在唐朝学到的知识,日本是不可能进行这样的改革的。在这次改革中,日本效仿唐朝的三省六部制设立官职,在法律方面,仿效《唐律》,颁布《大宝律令》,其中规定的五刑、六议、八虐可谓唐代刑法的山寨版本。经济方面,打破日本传统的氏族制,仿照唐朝的“均田”制和“租庸调”制,将土地收归国家所有,土地租用者向国家负担义务。除此之外,在饮食、服饰、建筑等方面也向唐朝学习。例如,当时日本京都的建筑完全仿照长安的建筑修造,甚至说京都的街道几乎和长安完全一样,也有“朱雀大街”“东市”“西市”等名称。我们今天看到日本皇族所穿的和服,其实就是唐朝的服装,称为“唐服”。

大化革新追慕唐风,其延续时间近一百五十年之久,直到后来的奈良时代才宣告结束。而在这一百五十年的时间里,日本削弱了奴隶主的保守势力,逐渐形成了中央集权制的封建国家,而且通过大化革新,天皇被奉为最高的权威者。

如此看来,日本的进步,实在不应该忘记中国这位“老师”。可惜,一千多年后,日本这个“学生”,实在有负师恩,居然将重重的拳头砸向曾经的“老师”,难道他们不懂“一日为师,终身为父”的道理吗?或许他们懂,或许在他们的心中,曾经的老师只是一个被利用者。

在孝德天皇下令改革的二十年后,中国和日本就迎来了历史上的首次交锋——白江之战,这次交锋以唐朝全胜而告终。不过在贞观初期,日本还是很老实的。

此时的唐朝是全世界瞩目的地方,在长安,你可以看见中亚人、日本人、阿拉伯人、印度人、波斯人。是的,长安,一座万世瞩目的城市,因为它那豪放豁达的胸襟,因为它那海纳百川的胸怀。

渊源

但凡事总会有特殊性，当时在世界上所有的国家都仰慕大唐的威名时，有一个国家“勇敢”地跳出来挑战大唐的权威。这个国家的名字叫吐谷浑。

吐谷浑也叫吐浑，本是辽东鲜卑慕容部的一支。西晋末年，首领吐谷浑率部西迁到罕（今甘肃临夏），先后统治了青海、甘南和四川西北地区的羌、氐部落，建立国家。吐谷浑的孙子叶延即位后，用爷爷的名字作为国号，并且一直沿用到唐代。南北朝时期吐谷浑和中原王朝来往密切。隋朝建立后，隋炀帝杨广联合铁勒汗国打败吐谷浑，当时的吐谷浑可汗伏允不得不流亡国外，随后杨广将吐谷浑设为西海、河源、鄯善、且末四郡。隋朝末年，伏允在中原大乱、隋朝无暇顾及西部的时机，趁机复国。

应该说，隋朝建立后，吐谷浑和中原的关系一直比较紧张，要不是隋炀帝杨广将天下搞得一团糟，吐谷浑也许永远不会有复国的机会。所以在当时吐谷浑人的心中，对于中原人实在是没什么好感。

唐朝建立后，吐谷浑屡犯唐朝边境，唐初由于忙着进行全国统一实在无暇顾及，所以对于吐谷浑的扰乱，基本上是睁一眼闭一眼。只要不大举进犯，让它抢些东西，满足一下自己的虚荣心也就罢了。但是，到了贞观九年（635 年），一切都改变了，吐谷浑的好运即将终结。

事情的起因，是因为一个人的进言。这个人就是伏允身边的大臣天柱王。天柱王究竟叫什么名字，史书已不可考，在当时来讲，天柱王是伏允的第一宠臣，我们只要记住他那“蒋干式”的计谋就可以了。

贞观八年（634 年）六月，天柱王上疏伏允，请求出兵进犯唐朝的廓州（今青海化隆）和兰州，理由是这两个地方物产丰富。在我看来，天柱王其实犯了一个严重的错误，那就是没有考虑此举带来的后果。

先前吐谷浑进犯唐境，基本上都是攻打一些小城镇，抢一大堆东西然后兴高采烈地回国，而这一次天柱王计划攻打的廓、兰二州是唐朝的西北重地，除了物产丰富，这两个地方还是唐朝通往西域的咽喉之地。如果这两个地方失守，那么唐朝将彻底失去河西走廊地带。

当然，这个局面是皇帝李世民所不能接受的。但是，伏允却接受了天柱王的计划。所以遭到了李世民的坚决反击。

十月，唐将段志玄在经过四个月的准备后，远征吐谷浑，将其打败后，又连续追击八百余里，一直打到距离青海湖三十里的地方才停止追击。这一战，让伏允及其臣民大为惊恐，纷纷向西撤退。考虑唐军是劳师远征，所以在打败吐谷浑后，李世民下令班师。

这次吐谷浑的进犯，让李世民前所未有地重视起自己这个西邻大唐的小国。这个国家的地理位置实在太过特殊，是紧紧扣住河西走廊的通道，如果这个国家一旦强大起来，它将会是唐朝西部边境一个强劲的对手。

但同时，李世民并不想仗着自己“天可汗”的威名，去欺负一个周边小国，他相信，通过这一战，伏允应该能够老实一阵。但事实证明，狗是改不了吃屎的。一个月后，伏允卷土重来，进犯凉州。

真是好了伤疤忘了疼！

面对吐谷浑的再次进犯，李世民决定要彻底解决这个来自西部的威胁。最好的办法就是让其灭国。

我曾经给过你机会，你无情地错过。伏允，这一次，你不会再有机会了。

追？ 还是不追？

贞观八年(634 年)十二月初三，李世民诏令右仆射李靖为西海道行军大总管，统率兵部尚书、积石道行军总管侯君集，任城王、鄯善道行军总管李道宗，凉州都督、且末道行军总管李大亮，岷州都督、赤水道行军总管李道彦，利州刺史、盐泽道行军总管高甑生和归唐的东突厥契苾何力等军进击吐谷浑。

在这份长长的名单中，有两个人是值得注意的，一个是李靖，另一个就是侯君集。

李靖作为大唐第一名将，让他统率三军是没有争议的，但此时的李靖已经六十五岁的高龄。在此之前，老将李靖正在家中休养，所以对于是否启用李靖，李世民有些为难。李世民实在担心李靖的身体，万一在征途上李靖有什么闪失，这个遗憾将是永远无法弥补的。

但是，当李靖知道唐军将要大举征讨吐谷浑的消息后，他主动请缨出战。他明白，这是皇帝李世民被尊为“天可汗”之后的第一战，这一战绝对不容有失。

军人！当马革裹尸，或弃尸于草野之间！在李靖的心中，自己的生命早已和战场紧密相连。

这是李靖最向往的一战，因为这一战，大唐的威名将会远播四方。这也是李靖的最后一战，经历了一生戎马生涯，也确实该歇歇了。

侯君集，豳州三水（今陕西旬邑土桥镇）人，以勇武自称，很早就追随李世民南征北战，多立战功，历任左虞侯、车骑将军，封全椒县子。在“玄武门之变”中，他跟随李世民参与了整个政变，是贞观功臣派的重要人物，但论资历他是无法和李靖、李世勣相比的。

在贞观四年北征突厥后，由于温彦博的弹劾，李靖主动辞去了兵部尚书的职务，而继任者就是侯君集。从贞观四年一直到贞观八年，侯君集在这个职位上稳稳地待了四年。可见这个人除了勇武，为官之道也很有一套。要知道能在言官中间屹立不倒，是很不容易的。

这次李世民让侯君集跟随李靖远征吐谷浑，其实是在有意培养他。李靖虽然能征善战，但毕竟已是65岁的高龄。大唐的开疆拓土不可能永远依靠李靖一个人，而侯君集又是李世民的嫡系，所以在李世民的心中，有意培养侯君集成为未来大唐第一名将。

李世民确实没有看错人，侯君集将在这次征途中，表现出一个军事天才的决断力和意志力。

李靖带着四万唐军浩浩荡荡地向西而去，伴随着唐军西进的脚步，时间进入了贞观九年（635年）。

在经过三个月的行军后，唐军进入了吐谷浑境地。四月初八，先锋部队李道宗部在库山（今青海湖东南）遇到伏允的主力部队。李道宗一通板砖拍下去，吐谷浑军队损失惨重，伏允当机立断，烧尽粮草，放弃辎重，带领部队轻装退入沙漠地带。

准确地说，伏允撤退的方向是柏海（今青海鄂陵湖、札陵湖一带）。在伏允看来，从库山到柏海，中间基本上全是荒漠，唐军一定会像上次一样，不会贸然进兵，等唐军撤走，再出来继续抢掠。

不知道伏允是否读过《孙子兵法》，敌进我退、敌退我进的策略，他倒是运用得很是熟练。伏允的这种做法，的确给唐军带来意见上的分歧。

伏允撤退的三天后，李靖带领大军在库山与李道宗会合，会合后，李靖干的第一件事就是开会。

“诸位！伏允现已退入其腹地，我军劳师远征，不可久居于此，是追还是不追，请大家说说各自的看法。”李靖率先发问。

“不能追！”李道宗站起来说道，“伏允撤退柏海，我们不能确定他到底在什么地方，而且我们现在到达这里已经算是极限了，再往西走，就是黄河的源头了。自古以来很少有人到那里，可以说那里对于我们来说完全是陌生的，而且从这里到柏海，中间全是荒漠，水源也是个问题。”

“你的意思是……”李靖开口问道。

“先前我已重创伏允，相信他不会再骚扰我们的边境了，我认为应该撤退。”李道宗坚定地说道。

“我同意！”

“我也同意！”

高甑生和李道彦表明了立场。

李靖沉默了，实事求是地讲，李道宗所说的做法不是李靖的作战风格。很长时间以来，无论是东征江淮，还是北征突厥，李靖都习惯去突然袭击，以迅雷不及掩耳之势，将敌人彻底击败，而按照李道宗所说的，唐军就会失去有利战机。

李道宗或许不明白，这一战不仅仅是御敌于国门之外，而是要将吐谷浑变成大唐领土的一部分。

李靖犯难了，这次出征虽然李道宗是自己的部下，但其皇族的身份，是不能忽视的。王爷发话，是要谨慎对待的，何况李道宗的意见得到了部分将领的赞同。

李靖瞄了一眼李道宗，然后说道：“还有什么意见吗？”其实，他是很希望有人站出来反对李道宗的。

“我反对！”一个清脆的声音忽然说道，说话的人是侯君集。

“上次段志玄连续追击了八百里而撤兵，结果怎么样呢？还没等他到长安，伏允的军队又袭击了鄯州。这次虽然任城王重创了伏允的主力部队，但是我觉得吐谷浑的整体实力并没有受损，如果我们就此撤兵，伏允很可能还会卷土重来。我认为应该乘胜追击，彻底打败伏允，让他没有机会翻身！”侯君集说完，在桌子上狠狠地捶了一拳。

“如果我们错过这个机会，等到伏允缓过神来，我们将悔之晚矣！”侯君集的目光转向李靖。当与侯君集四目相对时，李靖顿时觉得这个人可能会取代自己成为大唐的第一名将。

这一刻，李靖是欣慰的，因为他终于看到大唐新一代名将的诞生。

侯君集,努力吧,你具备成为名将的实力。我相信,你同样具备成为名将的意志力!

终于,李靖做出了选择,这个选择将让他一生的戎马生涯完美谢幕。

“诸将听令!大军分为南北两路,李大亮、薛万均、薛万彻、契苾何力与我一路自北进军。侯君集、李道宗、高甑生、李道彦从南路进军,两路大军在伏俟城会合,这一次誓灭伏允!”

千里奔袭

两路唐军齐头并进,事实上,境遇是很不同的。

先说北路的李靖。

四月二十三日,李靖在馒头山(今青海日月山)忽然发现伏允的踪迹,没等伏允缓过神来,李靖就让部将薛孤儿发动袭击,结果伏允大败。这一战除了斩杀很多吐谷浑的王族,更重要的是夺取了大批物资,包括马匹、水、粮草等,这对于唐军来讲是极为有利的。

伏允虽然打仗很水,但逃跑的技术绝对处于世界领先水平。馒头山一役后,他迅速带着部队接着逃跑。伏允比较倒霉的是,李靖是个擅长追击战的老手。

四月二十八日,伏允到达牛心堆(今青海湟中)。正当伏允准备稍事休息的时候,李靖就追了上来,毫无悬念,伏允又是惨败。

为什么一碰到唐军,伏允肯定是战败呢?其实,不是吐谷浑军队的战斗力不行,而是缺乏必胜的信念。或许李靖的名头实在太响亮,以至于未战先怯;或许在骚扰唐朝边境的时候,他们根本没有想到,这次唐朝居然动了真格的。

自从和唐军交手后,伏允无一胜绩,其实他也在反思,到目前为止,始终是唐军在追,自己在逃跑,究竟逃跑到什么时候是个头呢?伏允忽然觉得,自己先前的想法可能是错误的。他总是侥幸地认为唐军绝不会深入自己的腹地,所以一直没有采取坚决的抵抗。可是随着战局的发展,他发现形势对自己越来越不利。所以,伏允决定,改变战术,由被动撤退,改为伏击战。

地点就选在赤水源(今青海恰卜恰河上游)。事实上,这一次伏允距离成功只差一毫米的距离!

接连的胜利，让唐军士气大振，为了不给伏允喘息的机会，李靖命令薛万均、薛万彻兄弟和契苾何力带领一万名骑兵为先锋部队，先大部队而行去追击伏允。

在薛氏兄弟先行没多久，李靖似乎预感到了什么，于是他让校尉追上薛氏兄弟，告诫他们，一切要小心谨慎，万万不可轻敌。同时，李靖决定，加快自己的行军速度。多年的征战经验让李靖隐约感觉到，前方或许不会是一片坦途。

对于李靖的告诫，薛氏兄弟最初确实是记在心里的，丝毫不敢大意，但随着部队的前行，没有遇到任何抵抗，薛氏兄弟开始放松下来，再由放松到懈怠。终于，这种懈怠让薛氏兄弟付出了惨重的代价。由于轻敌贸进，一万名骑兵一步步地进入伏允的伏击圈。

在看到唐军的旗帜后，伏允迅速下令让弓箭手向唐军猛烈地射箭，一时间箭矢如雨，唐军伤亡惨重。这就是骑兵的劣势，虽然机动性强，但同样目标也过于明显。

唐军一时大乱，面对着纷纷倒下的士兵，薛氏兄弟瞬间不知所措。他们唯一能做的就是一边抵挡飞来的箭矢，一边高声告诉士兵不要惊慌。

在一通猛射过后，伏允手下的天柱王迅速带领两万步兵，向唐军发起猛烈的冲击。转眼间，一万名骑兵还剩下不到三千人。

“快撤！快撤！”薛万均高声喊道。他还没说完，一名吐谷浑士兵突然砍倒薛万均的坐骑，薛万均顿时跌落马下，落地的瞬间，一支长矛已经斜刺过来。

“铛！”薛万彻见势不妙，急忙用刀将长矛挡开护住哥哥。

转眼间，几十名吐谷浑士兵已经将兄弟二人团团围住。

就在这千钧一发之际，契苾何力骑着马忽然从不远处杀过来。仗着坐骑快速的冲击力，契苾何力将围住薛氏兄弟的吐谷浑士兵瞬间冲散，利用这个时机，将薛氏兄弟救出重围。

这一仗，唐军彻底惨败，一万名唐军骑兵损失殆尽。不过幸运的是，对于战败的薛氏兄弟，伏允并没有追击，或许先前的多次失败，让伏允心有余悸。所以这一次的胜利，伏允已经十分知足了。

他觉得，李靖应该有所收敛了。问题是，李靖并不这么想！

当李靖看到满身血污的薛氏兄弟时，他就知道先前的预感已经变成了现实。李靖并没有责怪这兄弟俩，也许本来救兵应该分兵出去。作为全军主帅，李靖觉得自己是有责任的。

胜败乃兵家常事，一次失败并不会丢掉整个战争的主动权，但前提是意志不可动摇。

一代“军神”李靖当然明白这个道理，他认为伏允这次小胜一场，必然会有所松懈，所以他当机立断，全力迅速追击。

前方目标：吐谷浑王城伏俟城！

至此李靖的这场追击战，实在有一些“疯狗精神”，不咬你个狼牙狗啃誓不罢休！在李靖“疯狗精神”的震慑下，伏允一败再败，从积石山败到河源，再从河源败到且末，最终败到伏俟城下。从积石山到伏俟城，李靖横扫吐谷浑境地数千里，如今总算“咬”到了伏允的门口。

伏允是很聪明的，在退到伏俟城下时，并没有进城。他知道自己是守不住这座城的，所以留下天柱王代替自己守城之外，独自带着数千名精兵，远走西部的突伦川。

李靖的北路军就此暂时完成任务，当然他是绝对不会放弃“疯狗精神”的。不久的将来，伏允将彻底迎来他失败的命运。

我们暂且放下李靖的北路军，来说一说侯君集的南路军。

连闯三关

与李靖北路军不同的是，南路军遇到的除人为的困难之外，还有自然灾害。

就在和李靖分兵之后不久，侯君集和李道宗率领两万名唐军进入了一片荒原。这片荒原没有名字，但是它有一个恐怖的长度——全长两千里。

侯君集和李道宗带着这两万唐军在这片荒原中足足行进了二十多天的时间。迷路了，他们依靠太阳、月亮、北斗星和风向来辨别方向。西域的气候多变，荒原之中更是阴晴不定，两万唐军将士迎着炙热的骄阳，漫卷的风沙，一步步地向前走着。虽然气候恶劣，但是没有一个人退缩。

因为所有的人都明白，这是一场只能进不能退的行军。因为他们是大唐的士兵，为了大唐的威名远播，绝不退缩！

就这样，侯君集和李道宗以及两万唐军将士一步步地走出了这片两千里的荒原。当他们走出荒原的时候，两万人齐声欢呼，他们知道自己不仅战胜了自然的侵袭，更战胜了自己内心的脆弱。

但是，接下来侯君集和李道宗却遇到了一个棘手的问题，天降霜雪！而更加严重的是，唐军士兵穿的都是夏天的服装。虽然侯君集和李道宗打仗一等一的在行，可是对于西域恶劣的天气，还是有些估计不足。

如何克服这恶劣的天气呢？侯君集下令，全军加快行军速度！

这个方法虽然不是很高明，但至少比行军慢了，所有的人挨冻要好。仗着这种以多运动促进血液循环的方式，唐军又一次成功闯过了一关。但当他们到达破逻真谷（今青海大非川东）的时候，南路军遭遇了一路上最为难闯的一关。破逻真谷这个地方，的确像它的名字一样很破，居然破到连一滴水也没有。侯君集无奈之下，下令人吃冰，马吃雪，依靠老天爷施舍的这些东西，勉强继续前行。

俗话说得好，火车跑得快，全凭车头带。通过连闯三关，我们也确实见识到了侯君集和李道宗的意志力，而作为南路军总指挥官的侯君集无疑是唐军能够连闯三关的功劳最高者。要知道在两种情况下，军心是十分容易涣散的。一种是打了败仗，另一种就是遭遇极端的恶劣天气。

而这一次，唐军在侯君集的总体指挥下，连闯三道难关，从中可以看出，侯君集是一个稳定军心的高手。稳定军心不一定非得是封赏许愿，有的时候思想工作更有效。

虽然史料上并没有记载侯君集是如何稳定军心的，但我认为在那个艰难的环境中，侯君集一定对手下人说了很多感人肺腑、激励人心的话，从而让手下的将士，有信心从容不迫地笑对艰难的处境。向前，就会看到希望，再向前，就会到达胜利的彼岸。

五月初一，南路军到达乌海（今青海东给措纳湖），迎头与吐谷浑王族梁屈突率领的人马相遇。

王族算什么？在两千里的荒原中，老天爷都不能奈我何！怕他？

这一仗毫无悬念，梁屈突基本算是白给，不仅打败，而且被生擒活捉。刚刚摆脱了恶劣环境的困扰，梁屈突就奉献上一份大礼，大大振奋了唐军的士气。

凭借着这股士气，唐军从乌海一路打到星宿川（今青海黄河源头附近）。很可惜吐谷浑没有星宿老怪那样的高人帮忙，一败涂地。唐军又奋起直追，出柏海，经积石山，一路翻山越岭，所遇之敌尽皆溃逃。

最终，南路军在经过三千多里的一路拼杀后，在伏俟城东成功与李靖会合。侯君集正是凭借着这次追击战的突出表现，而成功跻身唐初名将之列。

在不久的将来，侯君集将接过李靖手中的旗帜，独自带领大唐的铁骑，在西域广阔的土地上驰骋，去实现他那军神之梦！

慕容顺的时来运转

在侯君集即将到达大非川的时候，李靖已经开始准备对伏俟城展开进攻。伏允已经开溜，把守卫王城的重任交给了最信任的人天柱王。天柱王对于守城还是兢兢业业的，但他没想到，就在自己努力完成伏允交给的重任时，一双冰冷的眼睛，在背后注视着他，这个人就是伏允的长子慕容顺。

慕容顺虽然身为太子，却是个苦命之人，只因为他的身份有些特殊。

他的母亲是隋朝光化公主，也就是说慕容顺有一半是汉族血统。当年隋文帝杨坚为了笼络吐谷浑人，将光化公主“和亲”给了当时吐谷浑的首领世伏，后来世伏被手下人杀死，他的弟弟伏允即位。伏允不仅继承了王位，顺便将哥哥的老婆一并接手，从此之后光化公主成了伏允的妻子。

在我们看来，似乎伏允的行为让人有些不齿，其实在当时的少数民族地区，哥哥死了，弟弟娶嫂子；老爹死了，儿子娶后妈的事情是很正常的。这是一种风俗，所以我们不必用汉族人的道德观念来衡量他们。

大业三年(607年)，伏允派慕容顺到长安去朝贡。由于当时杨广正想出兵征讨吐谷浑，所以将慕容顺扣留，太子转瞬之间变成了人质。

不过，随着对中原的逐渐了解，慕容顺对中原文化产生了深厚的感情，最后竟不愿离去，甘愿留在隋朝为官，时间一直延续到武德二年(619年)。长期待在中原，使慕容顺增长了很多见识，但同时也让他失去了一样东西——太子的地位。

由于长期不归，伏允渐渐地对这个宝贝儿子失去了信心，最重要的是，自己必须要有继承者。如果哪天自己突然撒手西去，到时国家没有主人，那将会乱成一锅粥，所以无奈之下，伏允从其他儿子当中找出一个还算比较优秀的，立其为太子。

武德二年，李渊将慕容顺送回国内。回到国内的慕容顺忽然发现自己做了多年的“隋吐”友好使者后，太子地位竟然没了，于是开始心怀不满。但不满也仅仅是在心里，面对强势的老爹，他还是不敢发作的。

或许是身上流淌着一半的汉族血液和对中原文化的崇拜，让慕容顺本能地有一种“亲汉”倾向。这次天柱王向伏允建议骚扰唐境，就遭到了慕容顺的强烈反对，但他的反对遭到了伏允的白眼。没办法，先前他多年不归的阴影始终笼罩在伏允的心中，所以对于慕容顺的反对伏允并没有理会。

随着唐军的大兵压境，伏允一败再败，慕容顺是看在眼里，痛在心里。他很想利用自己曾经的身份优势，为父亲做点什么，但随着伏允不顾自己匆匆西逃，一切都变成幻影。看着其他的儿子可以追随伏允而去，慕容顺的心里产生了极大的落差。

同样都是儿子，为什么地位差距就这么大呢？更可恶的是，守城的重任完全可以交给我，为什么要交给那个该死的天柱王？要知道我才是你应该信任的人，如果不是那个天柱王的忽悠，你无论如何也到不了今天这个地步。

不！我一定要挽回颓势，我一定要让吐谷浑在我的手中重新振作！

要想实现这个愿望，首先要与唐军实现和解。在慕容顺看来这个愿望不难实现，但前提是自己必须掌权，可是现在老爹将大权完全交给了那个大忽悠天柱王，要想掌权就必须除掉天柱王这个绊脚石。

对！除掉他！既是为了自己的利益，更是为了国家的前途。

也就是在慕容顺下定决心的同时，李靖已经开始准备攻城，此时的伏俟城已经是一座名副其实的孤城。

人心惶惶，风声鹤唳！除掉天柱王就在此时！

在前边我们说过，处于两种形势下，是最容易导致军心涣散的，一种是打了败仗，另一种是在恶劣的自然环境下。很明显，这次伏允的惨败，让伏俟城中的所有人产生了一种前所未有的恐惧。他们不知道这座城还能坚持多长时间，唐军如果攻陷城池的话，会有什么样的后果。

事实上，最害怕的人并不是城中的老百姓，而是那些王族。在他们看来，自己本来应该过锦衣玉食、无忧无虑的生活，可是这一切都随着唐军的到来而完全破灭。于是所有的人都将怨恨、指责、谩骂指向了大忽悠天柱王。

就是他！破坏了我们美好的生活！就是他！打破了我们应有的宁静！杀了他！杀了他！可汗不还有个儿子慕容顺吗？他本来就是太子啊。

好了！慕容顺你终于时来运转了！

终于，在慕容顺的精心联合下，在诸多王族的支持下，那个大忽悠天柱王在一片谩骂声中，被慕容顺送上了西天。到佛祖那里去忽悠吧，祝你成功！

一刀挥落，伏俟城就此免于战火。

功成身退

杀掉天柱王后，慕容顺自立为可汗，然后他做的第一件事就是举城投降。慕容顺顺利地登上了王位，他这边可谓敲锣打鼓，一片热闹，而他的老爹此时却是另一番景象。

此时的伏允身处突伦川碛（塔克拉玛干沙漠），忍受着李靖派出的薛万均、薛万彻、契苾何力等人的连续击打。可惜，伏允的抗击打能力实在太差，一路败逃至突伦川碛深处，在这里他终于迎来了自己的末日。

不可否认，伏允身虽然处于环境恶劣的大漠深处，但并没有失去信心，他坚信通过自己的努力，还会回到那座属于自己的王城，所以他咬牙坚持，始终不曾放弃。但残酷的现实告诉我们，信心固然重要，但最终决定成功的，还是实力。

在屡战屡败的事实面前，在艰难恶劣的自然环境下，伏允没有侯君集那样稳定军心的手腕，所以，信心也就变成了空谈。

伏允最终被那些不满现状的军官砍下了头颅，他带着无限的希望，以及复国的光荣梦想去西天和天柱王相会了。而他那颗高傲的头颅已经变成手下人向唐军邀功请赏的筹码！

伏允用他不断骚扰唐境的实际行动，深切地告诉了我们一个道理：出来混，迟早要还的！

贞观九年（635年）五月十八日，李靖正式上表朝廷，历时四月有余，吐谷浑已经被大唐帝国彻底征服。

五月二十一日，李世民特准慕容顺恢复旧国，封慕容顺为西平郡王、故吕乌甘豆可汗，李世民担心慕容顺不能镇住那些吐谷浑王族，命凉州都督李大亮率精兵数千为其声援。

李世民不愧是一个经验丰富的政治家，不久传来消息，慕容顺得罪王族被杀。其子燕王诺曷钵即位。当然，慕容顺被杀是后话，这只能怪他不争气。而李靖平定吐谷浑后，李世民特准其复国确是事实。

李世民同样也用实际行动来告诉世人，敬我者，虽远必亲，犯我者，虽远必诛！

就在李靖平定吐谷浑的一百五十多年后，大诗人柳宗元为了纪念大唐开国和贞观时代这段光荣岁月，写下了著名的《唐铙歌鼓吹曲十二篇》，其中有一篇就是写李靖平定吐谷浑的，全名为《唐铙歌鼓吹曲十二篇——李靖灭吐谷浑西海上为吐谷浑第十》：

吐谷浑盛强，背西海以夸。岁侵扰我疆，退匿险且遐。

帝谓神武师，往征靖皇家。烈烈旆其旗，熊虎杂龙蛇。
王旅千万人，衔枚默无哗。束刃逾山徼，张翼纵漠沙。
一举刈膻腥，尸骸积如麻。除恶务本根，况敢遗萌芽。
洋洋西海水，威命穷天涯。系虏来王都，犒乐穷休嘉。
登高望还师，竟野如春华。行者靡不归，亲戚欢要遮。
凯旋献清庙，万国思无邪。

虽然，柳宗元生活的时代，大唐帝国昔日的雄风早已不在，但诗人写下这些诗句的时候，依然是充满激情的。

毕竟我们曾经拥有过，毕竟那是一段让人热血沸腾的历史，直到今天依然如此！

李靖以区区四万唐军，横扫吐谷浑东西两端，使大唐的威名光耀四方。带着无限的荣耀，挟着显赫的战功，李靖凯旋回到长安。

可是刚刚回到长安，部将高甑生就诬告李靖谋反。高甑生这样做是因为在刚出征吐谷浑时自己延误了会合的时间，结果被李靖责罚，所以怀恨在心的高甑生在回到长安后，想出了用诬告的办法来报复李靖。高甑生自认为这一次李靖将必死无疑，很显然他低估了李世民的智商。当年李世民给太子李建成设局的时候，高甑生还只是个小护卫。

最终，在李世民的精心调查下，李靖谋反被证实纯属子虚乌有，高甑生被判流放。李世民用实际行动还给了李靖一个清白。

也就是从此时开始，李靖独自悄悄地回到家中，关上了自家的大门，从此闭门谢客，过起了隐居的生活，就连自己的亲戚也很少能见到他。

看透了官场的险恶，是时候该退出了。

综观李靖一生，陆战、水战、草原战、沙漠战、高山战，纵横捭阖，无一败绩，南平江南，东征江淮，北讨突厥，西击吐谷浑，凡是李靖到过的地方，无一不臣服，而这一切都来自他那出神入化的用兵之术。

李靖一生的显赫战功固然使他成为中国历史，尤其是军事史上数一数二的人物，但在我看来，让他光耀千古的，除了他的战功，还有他给后世留下的一部堪比《孙子兵法》的军事学著作。这部著作的名字叫《卫公兵法》。在这部著作中，李靖总结了自己一生的用兵之道，并且结合前代诸多兵法的要点，将其归纳为理论，以供后人参考。《卫公兵法》不仅保存了李靖的部分军事思想，也保存了许多唐代军事资料，自古以来为兵家所高度重视，直到今天仍具有很高的价值。

指挥千军万马的我们称为将；为将者鲜有败绩的我们称为名将；能够将自己的用兵之道传诸后世的，我们称为军神。而李靖就是名副其实的军神！

落寞的太上皇

大唐帝国在李世民的手中，变得无比强大，长安已经成为一座万众瞩目的城市。经历了隋末的动荡之后，中原大地终于重新焕发生机。

李世民是最兴奋的，因为他是这个国家的最高掌权者，当然除了他，身为太上皇的李渊无疑也是很欣慰的。因为他是这个帝国的开创者。不过，此时的李渊已经是重病缠身，再也不是当年晋阳起兵、打进长安时意气风发的唐国公了。

在李靖拿下伏俟城不久后，躺在病床上的李渊得到了消息，他满脸皱纹的脸上绽放出了久违的笑容。之所以说是久违，是因为自从当了太上皇后，李渊的心里一直充满烦恼。

皇帝的老爹难道也有烦恼？没错！这种烦恼，完全是源于李渊的一种矛盾心理。

自从退位后，李渊就搬出了太极宫，离开了那座代表最高权力的宫殿，搬到了弘义宫居住。李世民为了让李渊安享晚年，将弘义宫改名叫太安宫。

搬到太安宫的第一天晚上，李渊一夜没有合眼。形势的突变，地位的转变，让李渊有些始料不及，同时瞬间的孤寂，让身为太上皇的他产生了巨大的心理落差。

不远处的太极殿，依然可以听到朝臣庆贺李世民登基的歌舞声，只是那一段段动听的旋律在李渊听起来，不免有些凄凉。

他想重整旗鼓，努力改变一切。但又有什么办法能够改变呢？如果李渊真能改变这一切的话，他也就不会从那个皇帝宝座上被李世民请下来了。更何况他的年龄已经使他禁不住一丝风浪的拍打了。

还是面对现实吧！现在的处境至少比当年隋文帝杨坚要好很多啊！

此后的日子里，李渊基本上不再过问朝政，只是用看书、赏花、下棋来消磨时间。但是，在他的内心深处，"玄武门之变"的心结终究是无法解开的，他不甘心看着李世民改变了自己先前设计好的一切，可是又无力改变。正是这种复杂的矛盾心态，让李渊的内心始终充满烦恼。

贞观三年(629 年),老臣裴寂的病故,让李渊的心灵遭受了一次沉重的打击。为此,一连很多天,李渊都沉浸在悲痛之中。要知道在诸多大臣中,裴寂是李渊最为信任的人,两个人甚至已经超越了君臣之礼,成为了一对惺惺相惜的挚友。李渊不会忘记两个人在一起喝大酒装孙子的那段岁月;也不会忘记晋阳起兵时,裴寂捐出的铠甲和马匹让他顷刻间有了踏实的感觉;更加不能忘记为了自己成功登上帝位,裴寂甘愿带领群臣做铺路石。

可是现在,斯人已去,独留自己空悲切,李渊泪流满面,禁不住发出了“公为台司,我为太上,逍遥一代,岂不快哉”的悲鸣,只是这一切都已经不可能实现。

贞观四年(630 年)平定东突厥后,李世民设宴庆功,身为太上皇的李渊也出席了这次盛宴,这是李渊逝世前为数不多的快乐时光。突厥问题的解决,让李渊激动得泪流满面,要知道为了大唐帝国的建立,李渊没少向突厥人妥协。

这次宴会,是李渊退位四年多来说话最多,笑容最多的时候,激动之余,他还亲自弹起了琵琶,时而婉转,时而激昂,那感人的旋律、美好的回忆,已经和自己完全融合在了一起。当时就连李世民也高兴地跳起舞来,文武百官一醉方休,直到深夜李渊才返回太安宫。

李渊最后的一次公开亮相是在贞观八年(634 年)三月,这一年,李世民已经被尊为“天可汗”。为了显示大唐帝国的国威,李世民特意在城西举行盛大的阅兵仪式,而作为太上皇的李渊当然要到场。

这次阅兵仪式,让李渊想起了当年晋阳起兵时的誓师大会,于是他全然忘记了自己已经是一个六十九岁高龄的老人,大声慰劳将士们,频频向将士们挥手致意,只是此时他的手已经开始有些颤抖。或许是这次阅兵兴奋过度,或许是长时间地站立在外,这一年的秋天,李渊染上了风疾,也就是从这时开始,李渊再也没能够站起来。

这次在病床上听说唐军在西部的大胜,李渊笑了,他的笑容像孩子一样的单纯,没有一丝杂念。在他看来,这个国家繁荣昌盛、四方来贺,自己也应该可以瞑目了,而先前的不甘心,随着他即将走到人生的终点,一切都已释然。

只是,在他的心中,似乎还有些遗憾。今天的盛世局面本应该有更多的人能看到,李建成、李元吉、裴寂、李智云、李玄霸、平阳公主,以及自己的妻子窦氏夫人,甚至还有刘文静;想到这里,李渊的眼角淌下了一行泪。他缓缓地闭上了眼睛,生命即将走到尽头的时候,真的很难做到彻底的了无牵挂。“园陵制度,务从俭约!”这是李渊留给世人的最后八个字。

贞观九年(635年)五月初六,李渊逝世于垂拱殿,年七十一,十月埋葬献陵,庙号高祖。

李渊怀着极为复杂的心情离开了人世,如果他地下有知的话,我想他的灵魂是不会安宁的,因为李世民篡改了历史。

李世民是通过杀兄逼父取得皇位的。为了极力证明自己才是合法的皇位即承者,他让大臣们篡改史书,为自己辩护,百般诋毁李建成和李元吉,而且竭力抹杀李渊建立大唐帝国的丰功伟绩。

《资治通鉴》上评论李渊时说:"然高祖所以有天下,皆太宗之功!"就是这句话,千百年来,成为很多人对大唐开国那段历史的定论,而且后世的小说家、戏剧家们也按照这个路子来塑造李渊的形象。所以很长时间以来,李渊在人们心中成为了一个胸无大志、沉湎酒色的庸才。

但是,当我们拂去历史的尘埃,对歪曲的史实和诸多历史细节加以辨析后,李渊的真实形象也随之而出:胸有大志,韬光养晦,抓住时机,晋阳起兵,当机立断,进军长安,适时称帝,统一全国。他为"贞观之治"的到来打下坚实的基础。

当然,李渊也有很多缺点:赏罚不当,赦杀不当,性格犹疑,最终造成诸子自相残杀的局面。

不论是优点还是缺点,不能否认的是,李渊是大唐帝国的创建者,历史要给予他公正客观的评价。

历史是强大的,更是公正的,它不允许任何人去亵渎。

第六章
群智生辉

政治路线确定之后，干部就是决定因素。

——毛泽东

“贞观之治”的出现，除了李世民厥功至伟，簇拥在李世民周围的还有很多充满智慧的人才也做出了重要贡献。正是有了这样一批人，再加上雄才大略的李世民，才共同促成了“贞观之治”的出现。在前边我们介绍了很多武将，如李靖、李世勣、尉迟敬德、秦琼、程知节等人，这些人为大唐帝国的建立和开疆拓土立下了汗马功劳，但一个盛世的出现除了武功，还要有文治。

建立武功需要武将，治理天下则需要文臣。

贞观时代的文臣在历史上具有很高的人气，这是因为他们除了具备治世的才能，还具有不同的个性，而他们每个人不同的个性，间接地开创了具有鲜明特色的贞观新风。接下来我们就深入地认识其中的一部分人。

魏征

自从李世民即位之初与魏征那番颇具玄机的对话之后，魏征便成为李世民的谋臣。在那场“施政大讨论”后，魏征更是得到了重用。大家都知道，魏征在贞观时代，以敢犯颜直谏著称，综观他为李世民效力的十七年间，基本上都在和李世民“唱反调”。可以说，魏征是贞观时代犯颜直谏的代表人物，那么我们不禁要问,是什么原因使魏征成为一个勇于和皇帝“作斗争”的人呢?

李世民的开明固然是很重要的原因,但在我看来,更在于魏征的这种坦率、快人快语、不掩饰的性格,而他性格的养成则与他幼年受到父亲的影响有关。

魏征的家族本是河北的名门望族,曾祖父魏显义,文武双全,在中原一带很有威望,祖父魏彦士人出身,具有很高的文才。父亲魏长贤早年曾在河洛一带求学,准备入仕,却因上疏讥讽当时北齐政权的荒淫无道而遭到弃用,一个年轻人的远大前程就此断送。但是,在魏长贤看来,这根本不算什么。

魏长贤并没有因为不能入仕,而刻意改变自己。他认为做一个正直的人远比拥有一个官位重要得多,在他的心中始终坚守着一个文人的操守,不能有损于“为子之道,事君之节”。

父亲魏长贤去世时,魏征还很小,但父亲的正直不阿、直言敢谏已经在魏征幼小的心灵中深深打下了烙印。虽然在父亲去世后,魏家逐渐衰落,但是父亲的言传身教,魏征始终没有忘记。

魏征年幼的经历再一次告诉我们:“父母是孩子的第一任教师”,这句话是非常有道理的。

成为李世民的重臣后,魏征继续发扬父亲的优良品行,在贞观时代实现了自己的理想,仅在贞观初年他就先后向李世民进谏二百多次,对当时朝廷的决策产生了重要影响。除了在国家大事上敢于直谏,就连李世民的个人生活和皇室的内部事务他也不放过。

再受重用的大臣,也只是臣子。魏征你管得也太宽了吧?

没错!不仅要管,而且必须照我说的做!

贞观六年(632 年),长乐公主即将出嫁。长乐公主是李世民和长孙皇后所生的女儿,一直被李世民视为掌上明珠。公主出嫁是朝廷的大喜事,为此李世民赏赐了很多珍贵的宝物给长乐公主作嫁妆。据史书记载,这次的赏赐超过高祖当年给永嘉公主(李世民的妹妹)赏赐的一倍。

当时没有人注意到这一点,即使注意到了,也没有人会提出来反对意见。大臣们都明白,皇帝嫁女那是相当高兴的,多给些赏赐也是正常的,谁让人家是皇帝呢?但是,有一个人却在李世民最高兴的时候泼了一盆冷水,这个人就是魏征。

魏征的理由很充分:天子的姐妹封为长公主,女儿封为公主,长公主比公主辈分高，而且地位更尊贵。虽然陛下爱女之心可以理解，但是也不能坏了规矩，所以给长乐公主的赏赐是不应该超过当年高祖给永嘉公主的。

这实在是太过于钻牛角尖，当时就连房玄龄、温彦博等人都说魏征是小题大做，魏征却不这样认为。其实魏征所看重的并不是赏赐有多少，而是这次事件背后隐藏着一个关乎国家生存的法则——礼法。

不以规矩，不能成方圆。

在奉行儒家传统文化的中国古代，对于礼法是相当看重的，而作为全国老百姓带头人的皇室成员，需要为所有人作出表率。如果连领头人都坏了礼法，那这个国家将会逐渐地崩溃。

魏征正是以超越常人的敏感，时刻提醒着李世民，类似于这样的小事，还有很多很多，可以说，魏征做到了大事、小事，事事进谏。

他之所以这样做，除了性格因素，其实还与他追求的终极目标有关。那就是：既要做忠臣，更要做良臣。

早在贞观元年(627 年)就有人向李世民告发魏征以权谋私，李世民让御史大夫温彦博调查此事，结果证明并不属实。但温彦博提醒李世民说，既然有人告发魏征，说明魏征言行肯定有不妥之处，于是李世民就让温彦博提醒魏征让他注意自己的言行，凡事要少说多做。

正是李世民的这次提醒，使得魏征很多天没有议论朝政。魏征的反常行为，让李世民觉得有些纳闷，所以没过多久，他主动和魏征进行了一番长谈。

“爱卿最近没有指出朕的什么过错啊?”

魏征答：“前几天皇上让温御史提醒臣注意自己的言行，臣认为这话似乎不对。君臣本为一体，没听说不在乎公道，只在乎言行的。如果整个国家都以此为准则，那国家未来是个什么状况，可就不好讲了啊。”

李世民：“朕和温彦博说完，也觉得有些不妥，爱卿不要介意，以后还是要知无不言，言无不尽啊!”

魏征：“臣明白。臣已将自己整个交给了国家，今后一定会直言不讳，绝不隐瞒，但愿陛下让臣做个良臣，而不仅仅是做忠臣!”

“哦? 忠臣和良臣有什么区别吗?”

“有区别。所谓良臣，不仅仅使自己博得一个好名声，还要使君主博得好名声。而忠臣仅仅是自己博得美名。历史上的比干是忠臣，在历史上他的行为留下了美名，却使君主落下骂名，而且最终也没能挽救国家，这样的臣子我魏征坚决不做。”

千百年来，关于如何做臣子的问题，魏征的分析堪称经典。仔细品味魏征的话，我们不难发现，他的话具有双重含义，那就是要做良臣除了臣子自身的因素，君主也是重要的因素。

比干想做良臣，但商纣王不给他机会，所以比干只能是忠臣。

当然，魏征说出这番话，也源于自身的经历，从效忠李建成，到效忠李世民，魏征想博得忠臣的美名也不可能了，所以只能用“良臣”的概念来说服李世民。不过，魏征这番关于“良臣和忠臣”的论述，直到今天，仍给人们以深刻的启发。正是凭借着这番论述，魏征成为了中国历史上诤臣的代表人物。

魏征的美名不仅缘于自身的努力，更在于贞观时期宽松的政治环境。设想魏征如果在杨广的手下，恐怕早已经人头落地。魏征的理想与李世民的现实需要可谓一拍即合，正像我前边所说的，君臣二人的共同协作，在历史上留下了一段佳话。魏征以其鲜明的个性，开创了中国历史上诤臣的新面貌，那就是犯颜直谏，而这也是贞观时代独有的政治风貌，是“贞观之治”的重要标志。

自古以来，都是君明臣直，任何时代都不例外。

房谋杜断

所谓房谋杜断，是指房玄龄的“谋”和杜如晦的“断”。

房玄龄和杜如晦是李世民手下的老资格成员，甚至可以说是嫡系，除了很早就投靠李世民，两个人在“玄武门之变”中也是首席功臣，所以想不得到李世民的重用都很困难。

和魏征相比，房玄龄和杜如晦是李世民智囊团中另一类人物。房玄龄擅长谋划，杜如晦擅长决断。有人说“房谋杜断”是专指李世民在夺取皇位的道路上所展现出来的才智，我并不太赞同这个观点。事实上，两个人在贞观初年同为良相，国家的许多典章制度、政策措施都是两个人牵头研究制定。史书上将两个人比作管仲与鲍叔，子产和罕虎，可见两个人的配合是相当默契的。两个人的团结协作，同时也赢得了李世民对他们的绝对信任。相对于两个人的才能，李世民更加看重臣子之间的团结。只有君臣一心，团结协作，才能使国家在正常的轨道上运转。可以说，在所有的臣子中，李世民最放心的就是房玄龄和杜如晦之间的配合。

贞观三年(629 年)二月，房玄龄和杜如晦分别被任命为尚书左、右仆射，两个人同时撑起了李世民的宰相班子。上任之初，李世民就将选拔人才的重要事情交给了这两个人,而且是绝对的信任。李世民对两个人说道:“你们身为宰相,一定要广求贤良之士,依据个人的才能授予相应的官职,这是你们的职责。”并且下令:“尚书省所有的事情都听房、杜两个人的安排,有大事需要请示朕的,先请示两位仆射。”

要知道,房玄龄和杜如晦可是刚刚被任命,在宰相这个位置上,还没有做出任何成绩,而李世民对他们的信任就已经超过了对其他人的信任。我想除了他们是李世民的嫡系,除了两个人的才能,李世民看重的是两人良好的协作所产生的那股“合力”。

同年十二月,在房玄龄的主持下,制定了官员考核法,确定了“四善”“二十七最”等九个等级的考核办法,为贞观时期吏治清明做出了贡献。

虽然杜如晦在贞观四年不幸病逝,但“房谋杜断”的这种精神并没有瓦解,反而由于杜如晦的不幸早逝,让李世民更加坚定将“房谋杜断”的精神不断发扬,后来李世民选拔出来的很多知名的官员,都继承了这种精神。

杜如晦病逝后,李世民悲痛不已。有一次忽然梦见和杜如晦探讨国事,而且杜如晦的形象和生前没有差别。醒来后,李世民为之流涕,立即派人慰问杜如晦的妻小,并且宣布保留杜如晦生前的那些官职。

对一名已经亡故的大臣,恩遇不变,千百年来还真是少见,相信也只有在贞观时代才能这样,同时这也是贞观时代君臣一体的真实写照。

此后,房玄龄继续一如既往地对李世民竭尽忠诚,一直到贞观二十二年逝世为止。其间制定《贞观律》,与褚遂良撰写《晋书》,阻谏李世民东征高句丽,这一切都尽到了一个老臣的责任。

史书记载:玄龄明达政事,辅以文学,夙夜尽心,唯恐一物失所,用法宽平,闻人有善,若已有之,不以求备取人,不以已长格物。

当然,房玄龄优点很突出,同时性格上也有致命的缺陷,那就是决断力太差,总是顾忌太多,这就使他在某些时候总是处于一种平常的角色。魏征可以犯颜直谏,长孙无忌凭借着自己外戚的身份,可以与李世民探讨一些敏感的问题,而房玄龄因为性格的原因,只充当一个办事员的角色,尽心尽力地完成李世民交给的任务,而不敢有丝毫的违逆。

房玄龄给人留下的印象总是很低调,干了不少事情,却好像不如魏征那样成为人们瞩目的焦点。或许他知道太多李世民的秘密,所以出于自身考虑,不得不隐藏自己。

关于房玄龄我们在后边还会详细说到,这里暂且就说这么多。不过总体来看,“房谋杜断”和魏征的犯颜直谏一样,都是贞观时代的标志,最终也形成一种风气,成为那段历史时期的独有风貌。

布衣宰相

若论贞观时代的宰相谁出身最贫寒,马周绝对名列第一。马周,字宾王,山东青河(今山东省茌平县茌平镇马庄)人,出身贫农。说他八辈儿贫农似乎也不冤枉。作为一个贫困的落魄书生,最终能成为贞观时期宰相班子的成员,马周的经历颇具传奇色彩。

虽然出身贫寒,但马周从小就很好学,尤其喜欢研究《诗》和《传》,胸藏济世之才,在入仕之前,一直郁郁不得志。虽然曾经被补充为博州的助教(当地教育局后备干部),但因为工资太少,生活一直很拮据。

贫困的生活让马周逐渐养成了一种玩世不恭的态度,他整天饮酒,不干本职工作,为此遭到了顶头上司的严厉批评,但马周似乎不为所动。而且上司越批评,马周越是死猪不怕开水烫,最后实在忍耐不下去了,干脆来个猪八戒下山——不伺候(猴)。

辞职后的马周,开始了四处游荡的生活,几年内他的足迹踏遍了曹州和汴州的大片土地,这期间马周的确增长了不少见闻,但不变的是每到一个地方依然会遭到别人的讥讽和嘲笑。原因只有一个,他属于三无人员:无钱、无权、无背景。

难道我这一辈子就活得这么没有尊严吗? 不! 我不甘心,我要用自己的实际行动证明给所有人看。就算天再高,云再远,那又怎样? 只要踮起脚尖,就会更加靠近阳光!

在众人的一片冷嘲热讽中,马周带着憧憬和希望,向西走进了长安,他相信在长安一定会大展宏图。

虽然有理想的人总是幸福的,但是实现理想除了自身的努力,有时候还需要一点儿运气。

马周最终能被李世民重用,其实还应该感谢一个人,这个人就是常何。到长安不久后,一个很偶然的机会,马周有幸进入常何的府上当了门客。当时李世民已经即位,常何因为在“玄武门之变”中有功,所以被封为右骁卫中郎将。

身为将军府上的门客，马周的地位一下子提升了不少，至少生活上有了保障，而且凭借着自身的才能，经常为常何献计献策，所以深得常何的赏识。但马周对此并不满足，或许是他的抱负过于远大，或许是他的才能让他觉得自己不应该仅仅当个门客，所以他经常独自苦闷。他始终幻想着自己有一天能像房玄龄、杜如晦那样，身为良相，为民造福。

命运之神终于垂青了这个胸怀大志的青年人。

贞观三年(629 年)六月，天降大旱，李世民召集文武百官商讨如何救济老百姓，并让每个人都说说自己近期的不妥之处。在这次会议上，常何向李世民提了二十条建议，说得不仅条条在理，而且逻辑清晰，这让李世民很是诧异。在李世民看来，常何是个粗人，本身并无学问，今天为什么一下子说得那么有水平，所以李世民认为这里边一定有文章。

在李世民的追问下，常何说出了实情，二十条建议都是门客马周代写的。真是不听不要紧，一听吓一跳，李世民实在想不到常何的府上还有这么有才能的门客，而在此之前，他居然没有发现，以至于人才被埋没。所以李世民急忙让常何将马周带上朝，与之对话，具体说了什么内容，史书上没有记载，但最终的结果是让马周在中书省值班侍奉。马周就此进入了大唐帝国的中央行政机构——中书省。

从一个门客一下子进到了中央部门工作，这让马周有些始料未及。他曾经想到过会实现理想，但没有想到幸福会来得如此突然。

激动之余的马周，更加坚定了自己的理想，在工作岗位上兢兢业业，恪尽职守，由于他的突出表现，贞观六年(632 年)，被授任监察御使，不久后成功升至中书令。至此，在经过了多年的努力后，马周成为了宰相班子的成员。由于出身平民，所以后人给了他一个称号：布衣宰相。

布衣出身的宰相马周比那些出身高贵的官员更能理解老百姓的疾苦，所以当了宰相后，他经常向李世民提出很多利国利民的建议。例如，不要大封宗室、躬行节俭、减少徭役、严格考核地方官、减少征收赋税等，这一切都被李世民所采纳。

马周性格严谨，凭借着自己敏锐的观察、缜密的思维，对制度方面的建设，也有突出的贡献。例如，在官员服饰方面，一改先前只有黄、紫两种颜色，而改为黄、紫、红、绿、青五种颜色。一、二品为黄色；三品为紫色；四、五品为红色；六、七品为绿色；八、九品为青色。这样不仅使官员的品级从服装颜色上一目了然，而且使官员更加明白自己品级应承担的义务。在马周之后，唐朝始终延续着这种服饰制度，一直到灭亡为止。

除此之外，马周对于驿传报警、收租、宿卫等方面，也提出了很多好的建议。李世民曾经说过："我于马周，暂不见则便思之。"

没错，对于这样一个考虑问题周到、做事认真细致的下属，哪个上司都会喜欢的。

贞观二十二年(648 年)，在马周病重弥留之际，李世民亲自为其调药，并且让皇太子多次亲临问疾。马周临终前，将给皇帝提意见的奏章烧掉，然后说了一句意味深长的话："管仲、晏婴揭露君主的过错，为求死后的名声，我不做这样的事。"

是的，人生在世，干好自己该干的事，至于死后是个什么情况，谁又能知道呢？正所谓：担当生前事，何计身后评！

马周是个好人，也是个好官员，从没有丢弃自己的理想，即使在他身居高位之后，依然如此。李世民对他的评价是：鸾凤凌云，必资羽翼，股肱之寄，诚世良臣！我相信，这是对马周最公正、最客观的评价。

马周以一介落魄书生，最终位极人臣，综观其一生，其实是一段关于理想、关于希望的传奇故事。他的运气确实不错，但前提必须是当时的政府不拘一格降人才。

不拘一格降人才，也是贞观新政的一个标志。

戴胄

戴胄，字玄胤，相州安阳人，隋末为门下省录事，在越王杨侗手下做过给事郎。王世充毒杀杨侗后，将他贬为郑州长史。李世民平定洛阳后，戴胄被引为秦王府士曹参军。

与马周的严谨相比，戴胄属于"冷峻无私"型。

李世民即位之初，大理寺少卿一职缺人，李世民认为大理寺事关人命所在，必须要挑选一个有法必依、执法必严的人来担任这个职务。戴胄由于性格正直，通晓法典而最终当选。

事实证明：戴胄担任大理寺少卿后，确实展现出了"铁面法官"的风采。

贞观元年的一天，长孙无忌被召进宫，进宫之前忘了解下佩刀。在前边我们介绍尉迟敬德逼宫的时候说过，携带武器进宫属于滥入大内，是要判死刑的。这个事件发生后，尚书右仆射封德彝向李世民提议说：长孙无忌带刀进宫，宫门守卫没有阻拦，应该判死刑；而长孙无忌属于误入，虽有过失，罪不当死，罚铜二十斤就可以了，得到了李世民的同意。

但这个处理意见却遭到了戴胄的坚决反对。在戴胄看来，这是明显的有法不依，执法不严，所以，他马上驳斥封德彝，说道："校尉没有发觉与无忌带刀误入，同样都是失误，臣子侍奉皇上决不能有失误，依据刑律，供奉皇上饮食起居如果出现差错，都是死罪。陛下如果念及长孙无忌的功劳要从宽处理，那就不是司法部门所能判决的了；如果按照刑律依据处理，仅仅是罚铜，实在没有道理。"

听完戴胄的话，李世民颇为感慨，然后说道："法律，是国家的，而不是某一个人的。怎么能因为长孙无忌的特殊身份而徇私枉法呢？"然后下令，重新审理此案。

戴胄明白，长孙无忌贵为皇亲国戚，因为误带武器入宫而被判死罪是不可能的，李世民之所以这样说，其用意在于让臣子说出一个两全其美的处理意见，因为有些话皇帝是不好直接讲出口的。

所以，在看穿了李世民的心思后，戴胄接着说道："守门校尉是因为长孙无忌才招来罪名的，依法应当从轻处理，如果从失误的角度来讲，那判决应该都是一样的，但封大人所说的一生一死，差别实在太大，所以请陛下重新慎重考虑一下。"

戴胄的意思很明显，长孙无忌死不了，守门校尉也不能死，绝不能用守门校尉来做替罪羊，而彰显朝廷的公正。他的决心最终打动了李世民，李世民明白，司法不公会导致国将不国，而司法界能有戴胄这样秉公执法的人，堪称国家之幸。

戴胄在贞观七年去世，在为李世民效力的七年间，先后担任过大理寺少卿、民部尚书、吏部尚书、尚书右丞之职，无论在哪个职位上，都兢兢业业，一丝不苟，和马周一样为李世民提出很多利国利民的建议。例如，贞观之初，他向李世民提出了建置义仓的主张。

所谓义仓，是指在各地州县分别集中一些粮食，由当地官员管理。建置义仓的目的是在国家粮食歉收的时候，可以及时向老百姓发放救济粮，这对于百姓的生活、社会财富的积累和社会的稳定有着重要意义。在隋朝初年，隋文帝杨坚曾经建立过不少义仓，但经过隋末的动乱，这些义仓基本都被掏空。

这个建议一提出，就得到了李世民的赞赏，特赐十万钱给他，可见这个建议对于当时政府的重要性。

除了秉公执法、深谋远虑，戴胄还经常大胆地匡正李世民的过失。

贞观五年(631年)九月，李世民下令重新修缮仁寿宫，要求定期完工后改名为九城宫，而且还要修复洛阳宫。这对刚刚稳定五年的唐王朝来讲，是一笔巨大的开支，而这些开支无疑又会摊派给老百姓。当时身为民部尚书的戴胄，从民生的角度，向李世民直言阻谏："乱离甫弭，百姓凋敝，帑藏空虚，若营造不已，公私劳费，殆不能堪！"

没错，自古以来，一个国家无论搞什么项目，建什么工程，民生是前提。老百姓吃不饱饭，一切都是白搭。在民生问题上，戴胄从来都是忠直体国，知无不言。

戴胄最终官居宰相，但到逝世为止，家无余资，可谓两袖清风。他死后竟因为房舍简陋而难以举行追悼会，让当时朝廷所有的人为之感叹。李世民为了追思戴胄生前的功绩，下令废朝三日，并追赠尚书右仆射，封道国公，让工匠为其修建祭祀之所。

难能可贵的是，戴胄生前与宰相班子的其他成员，可谓亲如一家，他和房玄龄、魏征等人关系很好，他们性格虽然不同，却是志同道合的人。在他们的心中，都有一个共同的梦想：鞠躬尽瘁，兴我大唐！

对于戴胄，我想说，表面看起来，他是个冷血的人，但他的内心，其实是火热的，忠诚、无私、清正……太多的词汇可以形容他。

见人三分笑的人，或许很容易接近，但并不一定是堪当大任的人。戴胄不苟言笑，却足以堪当大任。

后宫良佐

长孙皇后虽然不是文臣，但如果从她的才能来评价，她跻身李世民智囊团并不过誉。

在古代，皇帝除了处理好朝政，还要处理好后宫事务。对于皇帝来讲，后宫事务是和朝政一样的大事，关系到国家兴衰(参看杨坚的事迹)。皇帝由于事务繁忙，不可能照顾全面，所以就需要一位贤明的皇后来替自己打理后宫的具体事务，是为"贤内助"。长孙皇后就是一位名副其实的"贤内助"。

文臣满腹经纶，多谋善断；武将勇猛善战，功勋卓著；他们都是皇帝的得力助手。长孙皇后以"贤内助"的身份，成为李世民的女智囊，亦应载入青史。

都说一个成功男人的背后,会有个鼎力支持的女人,这句话用在李世民和长孙皇后夫妻身上,实在是很贴切。作为隋朝大将长孙晟的女儿,长孙皇后出身高贵,自幼用功读书,奉行礼法。自 13 岁嫁给李世民后,她就一直默默地为自己的夫君奉献着。除了尽妻子应尽的义务,长孙皇后还经常和李世民讨论诗书、研讨古今,使李世民受益颇多。

可以说,两个人既是夫妻,也是朋友。写到这里,我倒是建议现代的年轻夫妻们,可以向李世民和长孙皇后学一学婚姻的经营之道。

大家应该还记得,在"玄武门之变"发动时,所有人都凝神等待时,她的出现,一个浅浅的笑容,一句"大家要注意安全"的温暖话语,激励了在场所有的人。从这个细节就可以看出,长孙皇后是一个心细之人,而且为了自己夫君事业的成功,即使让她一个妇道人家挺身而出,也在所不惜。

李世民即位后,长孙皇后助政之功尤其多。贞观元年(627 年)七月,李世民加封长孙无忌为尚书右仆射、左武侯大将军、吏部尚书。在这里我们不谈李世民当时内心深处真正的想法,单说长孙皇后。她听到这个消息后,心中惴惴不安,多次向李世民建议撤掉自己哥哥的职位。按照常理,自己贵为皇后,哥哥身居要职,本应该高兴才是,为什么要极力建议撤掉自己哥哥的官职呢?

事实上,在长孙皇后的心中一直防范着一件事。这就是外戚专权!

自幼熟读诗书的长孙皇后对汉代诸吕和霍氏专权颇为熟悉,她明白,外戚如果权势过大,会引来很多不必要的麻烦,甚至会引来杀身之祸。所以她对此类事情很警觉,极力避免因自己荣居后位而导致外戚专权。

长孙皇后无疑是很聪明的,她明白,人的内心欲望是无止境的。国家政权本来是不属于她这个家族的,而外戚一旦执掌大权,由于内心欲望的不可遏止,很可能会导致乱政的出现,所以长孙皇后要把外戚专权的苗头扼杀在摇篮之中。为此,她还专门写了一篇驳东汉明帝明德皇后的文稿,认为正是因为明德皇后不能抑退外戚,而导致外戚专权,最终成为乱政的祸源。

长孙无忌最终辞去仆射的职位,不能不说与长孙皇后的阻谏有关。在前边我们说过,李世民很有可能是在考验长孙无忌,或许长孙皇后早已猜透李世民的心思,除此之外,她也尽量不让自己的亲戚在朝中为官。

无论如何,长孙皇后身体力行,极力维护李唐皇室的长治久安,同时也是为了保障长孙家族的安全。

长孙皇后的贤明还体现在对李世民情深意笃。李世民有一次得了重病,很长时间不见好转,她昼夜侍奉,而且为自己准备了一包毒药。她的想法是,如果李世民一旦病故，自己也将追随夫君而去。

贞观十年（636 年），长孙皇后病危，太子李承乾想奏请李世民释放囚徒和召方士入宫为母亲做佛事，以祈求母亲尽快好起来。儿子的孝心，母亲当然能深刻地体会，但长孙皇后拒绝了，理由是生死有命，不是人力所能为，不可劳民伤财，让皇帝受百姓的指责。

弥留之际，长孙皇后取出了那包保存已久的毒药，然后告诉李世民说："臣妾以前随时将这包毒药带在身上，目的是如果皇上一旦有什么不测，臣妾将追随陛下而去，誓死不做吕后专权。"一句话，让李世民顿时感动得泪流满面。

同时，我们也能看出，长孙皇后临死都没有忘记防止外戚专权，因为她已经看透了所有事情。花开花落，不过一瞬。绚烂之极，终究归于平淡！

长孙皇后是中国历史上少有的贤明皇后之一，贞观十年六月去世时年仅 36 岁，被尊为文德顺圣皇后，这个谥号对她来讲，实在是很合适的。

生前她撰写了一部作品，这部作品的名字叫《女则》。

《女则》共三十卷，其内容总结了历史上妇女的得失教训。告诉后宫女子应效法古贤，砥砺自己。由于她自认为学识不够，所以生前并没有将这部著作呈现给李世民。

直到她去世很久后，后宫的司籍官员才把这部作品呈现给李世民，李世民阅览后，悲痛不已，说道：皇后此书，足以垂范百世。遗憾的是，由于年代久远，这部作品并没有能够流传下来。

顺便说一句，就在长孙皇后去世的一年后，一个只有 14 岁的武姓女孩来到了李世民的身边，她就是武士彟的女儿，进宫后，被李世民封为才人，赐名"媚"，人称武媚娘。

所有的人都不会想到，五十年后，这个女孩居然会登上大唐帝国皇帝的宝座，而且成为中国历史上唯一的女皇帝。

历史有时真是让人唏嘘不已。

《氏族志》

贞观时代，李世民重修《氏族志》，这是一个重大的政治事件。除了扩大自己的统治基础，同时《氏族志》的修成也是贞观人才们集体智慧的结晶。

氏族，即"世族"，所谓"官有世胄，谱有世官"，兴起于东汉末年。自从曹丕实行九品中正制以来，官员的选举制度都被世家大族所控制，他们完全根据门望的高低来选拔官吏。说得通俗点就是，如果你的祖上是大官，那你肯定能做官；如果你祖上是个穷光蛋，即使你是个天才，对不起，也请你靠边站。

这种选拔官员的方式，在魏晋南北朝以降，造成了“上品无寒门，下品无氏族”的局面。同时在婚姻方面，世家大族也是自命清高，从不与寒门通婚，可以说门第完全成为评判一个人的道德水准及婚配的标准。在这种局面下，谱牒之学应运而生，世家大族纷纷为自己编撰家谱、族谱，在各地评定门望等级，而且这种做法，得到了政府的保护。

当时各地逐渐形成了很多世族大姓，如山东的“郡姓”，以王、崔、卢、李为首，江南的“侨姓”，以王、谢、袁、肖为首，吴越的“吴姓”，以朱、张、顾、陆为首等，其中山东的“郡姓”是所有世家大族的代表。

世家大族经历了魏晋南北朝两百多年的岁月洗礼后，到了隋朝，势力已经严重削弱，不复当年的风采。隋文帝杨坚废除了九品中正制，开创了科举考试制度。经历了隋末的动乱后，世族更是遭受了严重的打击。李唐皇族在开国的过程中，重用了很多寒门人士，所以在唐初，尤其是李世民即位后，世族更是分化瓦解，已经完全趋于衰落。在贞观时代，世族和寒门在官员中的比例基本上平分秋色。

可是，在当时来讲，门第观念已深入人心。人们在评价人物时，往往不自觉地就用门第来品评，而且在婚姻方面门第观念的影响依然至深，并且同属于世家大族，但由于地区不同，也造成了高低之分，这样一来就产生了很多矛盾。例如，马周在为官期间，因为出身贫寒，就遭到了出身世家大族的韦挺的白眼。

李唐皇室出身关陇贵族，关陇贵族虽然也是世家大族，但由于李唐皇室混有鲜卑人的血统，因此身为汉族代表的山东世族自然从骨子里看不起关陇贵族。综合各种原因来看，重修《氏族志》，其实是李世民打破传统氏族门第观念的等级，提高李唐皇族门望的过程。

贞观六年(632 年)，李世民和房玄龄曾经进行过一番长谈。在这次谈话中，提到了当时婚姻风俗的话题，认为氏族卖婚弊病突出，尤其是嫁女时，大肆索取聘礼，越多越好，就像做买卖一样，有损民风。他们意识到政府应该着手进行改革。君臣二人的这番长谈，揭开了重修《氏族志》的序幕。

紧接着，李世民就做出了具体的指示：命令朝廷官员遍寻天下的氏族谱牒，依据现有史料的相关记载，考查其中的真伪，褒进忠贤，贬退奸逆。在这里我们可以看出，李世民重修《氏族志》的指导思想：

一、剔除一批不合格的氏族，增补当代的新贵。

二、以道德来衡量氏族身份的资格，达到甄别忠奸的目的。

三、保证氏族血统的纯正，防止世庶混杂。

这是个巨大的工程。随着皇帝的一声令下，李世民身边的人才们，开始积极行动起来。参加这次重修《氏族志》的有谏议大夫魏征、尚书右仆射房玄龄、吏部尚书高士廉、御史大夫韦挺、中书侍郎岑文本、礼部侍郎令狐德、著作郎虞世南、度支郎中崔仁师等人，以及一些史书上没有记录下姓名的抄录官员。

这些朝廷官员一边做着自己的本职工作，一边完成皇帝交给修书的任务。可以想象，在重修《氏族志》的过程中，他们大多数人放弃了娱乐和休息，甚至很多人因此而损害了身体健康，可所有的人没有一句怨言。因为他们的心中有个共同的理想，按照后来杜甫的说法，那就是：致君尧舜上，再使风俗淳！

经过六年的不懈努力，贞观十二年(638 年)，《氏族志》终于修成颁行天下。在诏令中，李世民和盘托出了重修《氏族志》是出于整肃人伦、维护礼教的思想动机，而且是直指卖婚丑陋现象的。

虽然李世民力图通过重修《氏族志》来禁止卖婚，并没有达到预期的效果，但我还是认为，在一千多年前，李世民作为一个封建帝王能有这样的开明意识，实在是很不容易的。

有人说，李世民重修《氏族志》是科举制度的倒退，是出于私心，目的是提高出身关陇贵族的李唐皇室的地位。我认为这个评价并不客观，虽然他重修《氏族志》只是重新划分氏族阶层，有些换汤不换药的味道，但是作为一个封建帝王，毕竟曾经为了淳朴民风，而做过努力。从他试图治理卖婚现象就可以看出，李世民重修《氏族志》还是有它的进步意义的。

毕竟曾经努力过，是否成功，有时真的无法预料。因为我们都有不可避免的局限性。但是只要努力过，只要有进步的意识，我认为就是成功。努力了，就不后悔。

《氏族志》不算一部伟大的著作，甚至根本就不能算是一部著作，它只是李世民和他的官员们修订的一部族谱，但就是这部不起眼的族谱，我们从中可以看到以李世民为首的贞观时代的政治家们为了那个盛世局面的不断延续而做出的努力。

《括地志》

与《氏族志》相比,《括地志》堪称一部伟大的著作,即使在今天依然具有较高的史料价值,千年以降,其韵不绝。主编这部著作的人是魏王李泰。

李泰,是李世民和长孙皇后所生的次子。他们的长子名叫李承乾,李世民即位后被立为太子。李泰被封为魏王,他们还有个同胞兄弟,名叫李治,被立为晋王。

在介绍后来哥仨那场储位争夺之前,我们先来说一说李泰主编的这部著作。

《括地志》是唐代关于地理方面的大型著作,也叫《魏王泰坤元录》《贞观地记》《贞观地志》《魏王地记》《括地象》等。李泰之所以会想起要编纂一部这样的著作,其渊源是来自当时唐朝政府在全国实行行政区划的一次改革。

贞观十二年(638 年)初,唐朝政府将全国划分为 10 道 358 州(内含 41 个都督府)1551 县。贞观十二年底,李泰在魏王府司马苏的建议下,上疏朝廷请求修编《括地志》。李泰明白,没有人比皇帝老爹更加关心全国的地理和区划,作为儿子,有责任为老爹分忧。这个表面看起来冠冕堂皇的理由,让李世民颇为高兴。事实上,在李泰的心中,隐藏着一个不为人知的秘密,这个秘密我们以后再说。

李泰上疏后,就开始着手准备修书。坦白地讲,李泰是十分有能力的,除了自己夜以继日地修书,还笼络了当时朝廷一大批文人学士,其中包括著作郎萧德言、秘书郎顾胤、功曹参军谢偃、记室参军蒋亚卿等人。这些人为人正直,学识渊博,当然说他们是超级写手也一点儿不为过。

从贞观十二年,一直到贞观十六年,以李泰为首的魏王府写手团队,充分发扬埋头苦干的精神,历时四年有余,终于修成《括地志》。我们就来详细介绍一下这部著作。

《括地志》原书共 550 卷,序略 5 卷。李泰以贞观十二年的那次行政区划改革为纲,吸收了《汉书 · 地理志》、南朝顾野王《舆地志》的优点,按当时的都督府区划和州县建置,博采经传地志,旁求故志旧闻,详载各政区建置沿革及山川、物产、古迹,风俗、人物、掌故等,可以说名为地理著作,实为百科全书。《括地志》除了内容博大,还开创了一种新的地理书体裁,那就是除了记叙,还兼有评论和抒情。后来唐宪宗时期的《元和郡县志》、宋太宗时期的《太平寰宇记》都继承了《括地志》的写作特点。

遗憾的是，由于年代久远，南宋之后《括地志》原书不幸失传。20世纪80年代曾经有一本书《括地志辑校》，全书共13万字。辑校书尚且13万字，大家可以想一想，原书该有多么庞大。

《括地志》修成呈现给李世民时，李世民对这部著作的评价是：内殚九服，外极八荒。宪章之规，条目有序，戎夏之域，今古无遗。简而能周，博而尤要，足以度越前载，垂之不朽。

是的，如果抛开后来李泰所犯的错误，单凭这部书而言，李泰的确是让人尊敬的。《括地志》原书虽失传，但历千年而不衰。清代的孙星衍评价这部书道：其书称述经传，山川城冢，皆本古说，载六朝时地理书甚多，以此长于《元和郡县图志》而在其先。

在这部著作中，我们看到的是继往开来的巨著气质。当所有繁华落尽，一切归于黄沙尘土之后，唯有宝贵的著作和唯美的艺术品，方显永久的价值。

第七章

西线战事

失败的求婚

以李世民为首的贞观群英们，继续开足马力，为着盛世的繁荣而努力，文臣们努力文治，武将们开创武功。

自贞观九年(635 年)平定吐谷浑之后，一直到贞观十二年(638 年)八月，可以说李世民的文治达到了一个极盛时期，在“天可汗”的威名感召下，四方臣服，不断来贺。但是，从贞观十二年九月开始，唐朝在西部开始了一连串的征讨。在文臣表演之后，大唐帝国的武将们继续书写自己开创武功的传奇故事。

第一个对手：吐蕃。

吐蕃地处现在的西藏，是西藏历史上创立的第一个政权。公元 6 世纪藏族先民雅隆部(今西藏山南泽当、穷结地区)，由部落联盟发展成奴隶制政权，而且将势力扩展到拉萨河流域，其领袖是达布聂赛、囊日论赞父子。

公元 7 世纪，囊日论赞之子松赞干布以武力降伏古代羌人苏毗(今西藏北部及青海西南部)、羊同(今西藏北部)诸部，将都城迁至逻些(今拉萨)，正式建立吐蕃王朝。

吐蕃建国后，由于距离中原遥远，所以在唐初与中原没有什么往来，但是随着李世民即位，“天可汗”威名的不断远播，尤其是唐朝平定吐谷浑后，吐蕃开始向唐朝示好。

贞观十二年七月，松赞干布派使节到长安朝贡，也就是从这时开始，吐蕃和唐朝开始了一段长达两百年的是非纠缠。

在唐吐关系的起始阶段，双方还是很友好的。对于松赞干布的朝贡，李世民很高兴，于是派遣使节冯德遐进行回访。让李世民万万想不到的是，他派出去的这个冯德遐是个名副其实的成事不足、败事有余的饭桶。

作为回访的使节，要清醒地认识自己此去的任务，那就是尽到礼数，不失国体，当然，如果能力突出的话，在回访的过程中，能够展示自己国家的国威那是更好，但如果没有十足的把握，最好不要多讲话。

可是冯德遐似乎忘记了自己的身份，在完成任务的过程中，充当了一把月老。

事情起源于吐蕃的欢迎宴会。

在欢迎宴会中，松赞干布与冯德遐宾主二人相见甚欢，双方在友好的氛围中互相推杯换盏，情真意切，可以说双方都没有什么失礼的地方。

酒过三巡，菜过五味，双方的谈话逐渐拉近了距离，尤其是冯德遐的话开始多了起来，或许是酒喝高的缘故，双方的谈话涉及了一个敏感的话题："和亲"。

"大唐天子的威名不仅我等仰慕，四方各国都很仰慕，唐皇让您来到我这里，实在是吐蕃之荣耀啊！"松赞干布说道。

"是啊！各国仰慕我大唐，除了唐皇威名远播，其实还有另一个原因。"冯德遐卖关子说道。

"哦？什么原因？"

"东突厥和吐谷浑的首领都曾经娶过我们的公主，按照辈分，他们是唐皇的女婿啊！哈哈哈！"冯德遐很是得意。但是，他没有想到这句话给松赞干布造成了一种错觉。原来唐使除了回访，还兼有保媒拉纤儿的任务啊。

"哦！原来是这样啊，我明白了，请唐使放心，我知道该怎样做。"松赞干布笑着说道。

"嗯，嗯，那就好，那就好！"冯德遐一边继续吃着，一边心不在焉地回答。

别国的首领都是我家皇帝的小辈儿，岂有不敬重之礼？换了你松赞干布也是一样。

人家唐使都暗示咱求亲了，那就赶快行动吧！

事实上，两个人理解的意思完全是花裤衩儿，溜肩膀儿，哪也不挨哪！

误会就此造成！

数月后，冯德遐离开吐蕃回到长安，与他同行的还有松赞干布派出回访唐朝的使节。松赞干布对于这次回访唐朝的目的很明确，那就是求婚。

松赞干布满怀信心地等着李世民回复好消息，他相信自己主动要求当女婿的想法，李世民一定会同意的。但让他感到意外的是，李世民断然回绝了他。

李世民在长安的皇宫里听吐蕃使节说出松赞干布求婚的意图时，脸色顿时变成了铁青，因为一来吐蕃和唐朝是刚刚才有了交往，二来作为蛮夷之邦的首领，哪里配得上我大唐公主？

以前"和亲"突厥和吐谷浑，那都是权宜之计，有着很强的政治目的，而且都是我主动提出的，这次双方刚刚才有了接触，就惦记上大唐公主了。两个字：不许！

李世民的回绝，让松赞干布郁闷不已。他实在不明白，自己不过是按照李世民的意图来做，为什么李世民又要回绝，难道是忽悠我？

所有的人都想不到，坏事的人其实是冯德遐。

郁闷的松赞干布实在不甘心，在他的心底渐渐升起了一股怨恨之气。在他看来，向唐朝主动示好不过是冲着"天可汗"的威名，而现在李世民率先撕破脸皮，所以他决定和这个中原的大帝国掰一掰手腕。

进逼

松赞干布决心用自己的实力，挑战一下李世民"天可汗"的威名。在他看来，李世民拒绝"和亲"，其实是在藐视自己。他认为李世民对吐蕃的实际情况并不了解，而这就是自己最大的优势。至少目前松赞干布是这样认为的。可是不久之后，他将彻底否定自己先前的想法。

贞观十二年(638 年)七月二十九日，松赞干布率兵进犯唐朝西部重镇松州，与此同时，继续派出使者前往长安，请求"和亲"。

松赞干布的意图很明显，希望通过进攻松州，给唐朝制造压力。他坚信这一次，李世民一定会重新慎重考虑"和亲"之事的。

当时驻守松州的是都督韩威。韩威能够得到李世民的信任，长年驻守西部边境，充分证明了这个人还是有两把刷子的，至少是能征善战。但人都有无法克服的弱点，这一点韩威也不例外，他的弱点是自大。

能改正的叫缺点，不能改正的叫弱点。

韩威自大的弱点注定要让他付出代价。

松赞干布率领大军到达距离松州20里的地方时,命令部队停止前进。毕竟从前和唐朝并无多少往来,唐朝不了解自己,而自己也不了解唐朝,松州城究竟是个什么状况,松赞干布心中也是没底。

如果趁着这个机会,韩威能够充分重视眼前这个对手,加固城防,或者率领足够的兵力突袭远道而来的吐蕃大军,胜算还是很大的。但自大的韩威居然只带领一万名轻骑兵出城迎敌,他的印象中,吐蕃的军队不过是散兵游勇。

在吐蕃大军刀枪棍棒的招呼下,韩威惨败而归。这次惨败给他造成了极大的恐惧,退回松州后韩威龟缩不出,同时向长安飞驰求援。

李世民看完求援的文书后,顿时火冒三丈,自平定吐谷浑之后,四周还没有哪个国家胆敢进犯唐境,这次松赞干布胆敢前来,在李世民看来,这是有意和唐朝争夺霸主的地位。李世民当机决定,用武力来教训一下不知天高地厚的吐蕃人,这一次被李世民选中出征的人是侯君集。

秦琼已经去世了,李靖也已经老了,李世勣和程知节在自己的封地独当一面,目前朝廷唯一能立即统领三军出战的人只有侯君集。

八月二十七日,李世民任命时任吏部尚书的侯君集为当弥道行军大总管统领五万唐军,驰援松州。

这次的军事行动,除了侯君集是第一次独领三军,随之出征的还都是后起之秀,具体有左武卫将军牛进达、左领军大将军刘简、右领军大将军执失思力,除了执失思力资历稍老,基本上都是新人担纲。真是江山代有人才出啊!

也就是从此时开始,侯君集逐渐走上了他人生的最高点。

李世民如此信任自己,侯君集心中很是激动,他发誓自己一定要打个漂亮的胜仗回来,不辜负皇帝对自己的信任。事实证明,侯君集胜得很是轻松。

为了尽快解除吐蕃对松州的包围,侯君集在带领大军离开长安之后,就命令左武卫将军牛进达率领2万名轻骑兵为先锋部队,急速赶往松州解围。

九月初四,牛进达到达了松州城东部20里的地方,而此刻,松州城已经被围近半个月了,韩威像是热锅上的蚂蚁,上盼下盼,左盼又盼,总算是盼来了援军。

不过,尽在咫尺的牛进达并没有立即解松州之围,他明白,在松赞干布的背后还有20万人马,而自己的兵力明显处于劣势。所以牛进达在思考,该如何用一个四两拨千斤的方法来解松州之围。

想来想去，牛进达还是决定用很多人都用过的，看起来没有什么新意，但绝对实用的方法——夜间突袭！

在经过了一天的精心策划后，九月初六夜，牛进达率领 5000 名精兵趁着夜色的掩护，以迅雷不及掩耳之势，直冲松赞干布的中军大营。

吐蕃人到底缺乏大战经验，在唐军冲进阵营的一刹那，全四散逃走，带头逃跑的人是松赞干布。不过，他也很无奈，在丝毫没有准备的情况下，如果贸然仓促应战，风险实在太高，而且松赞干布实在不知道这次唐军到底来了多少人。

吐蕃人的撤退速度还是相当快的，在松赞干布的带领下，20 万人顷刻间都退回吐蕃境内。而牛进达在偷袭得手之后，并没有继续追击，因为松州之围已解，任务已经完成。

当消息传到侯君集那里时，这位雄心壮志的主将内心感受颇为复杂，一方面，他为自己能够如此顺利解除松州之围感到高兴；另一方面，他又觉得这次出征实在很不过瘾。

仗还没真正开打，吐蕃人怎么就跑了呢？侯君集成就军事伟业的梦想看来还要继续等待下去。

没关系，侯君集，这次就当是小试牛刀，在不远的将来，大唐铁骑在你的统领下，将会纵横整个西域。

唐吐首战，以吐蕃人的败退而结束。此时，松赞干布明白了，目前以自己的实力，还不足以和大唐帝国对抗，自己现在所要做的就是和唐朝保持友好关系。脑袋开窍的松赞干布为此专门派出特使，到长安向李世民道歉。当然，这位仁兄依然没有忘记向唐朝求婚。

抢着当人家女婿，是因为丈人家实在很富有。

对于这次求婚，李世民最终同意了，当然并不是松赞干布执着的精神打动了他，事实上，在李世民的心中有着一个不为人知的盘算，而这个盘算不经意间却最终让侯君集走上了人生的最高点。

在说出李世民心中的秘密之前，我们先来说一说这次求婚的后续事件，谁也想不到松赞干布的求婚最终成就了一段汉藏两族人民的友谊佳话。搭起这座友谊桥梁的是一个叫文成公主的女孩。

文成公主

松赞干布的成功求婚,其实经历了一个漫长的过程。贞观十二年的这次求婚,李世民只是答应了他,但没有立即付诸行动,一直到贞观十四年(640 年)年底的两年时间里,松赞干布 3 次派出使节前往长安,希望能够尽快促成“和亲”之事。最终在贞观十五年(641 年),李世民选中宗室之女文成公主入藏“和亲”。

文成公主的出身和少年经历史书上没有明确的记载。她在历史上的第一次亮相就是贞观十五年主动应征前往吐蕃“和亲”,那一年她 16 岁。

吐蕃的王城逻些城(今西藏拉萨)距离长安八千里,而且土地贫瘠,物产匮乏,作为生活在长安皇宫内院的文成公主,为什么要主动应征前往呢?或是出于对那片神奇土地的好奇,或是对那片雪域高原的憧憬,或许她明白两国“和亲”的意义所在。总之一句话,在当时所有的公主中,文成公主独自勇敢地站出来,她坚信自己将会完成这个神圣的使命。

文成,那是一片很陌生的土地,陌生得也许会让你感到压抑,你愿意吗?

我愿意!

文成,当你踏上通往那雄鹰翱翔的天路时,这辈子你将不会再回来,你后悔吗?

我不后悔!

贞观十五年(641 年)十二月,16 岁的文成公主向着故都长安依依不舍地投去最后一瞥,然后在江夏王李道宗和吐蕃迎亲专使禄东赞等人的护送下,踏上了通往雪域高原的八千里路程。

消息传到松赞干布那里,松赞干布十分兴奋,多年做唐朝姑爷的愿望就此成真。兴奋之余,松赞干布决定亲自率军远行至柏海(今青海玛多县境)迎候。在离黄河源头不太远的扎陵湖和鄂陵湖畔,松赞干布建起柏海行馆,一对异族夫妇便在这美丽的地方,开始相识、相知、相爱。

李道宗完成护送的任务后,顺利返回。从现在开始,文成公主正式成为吐蕃国的一员,同时也意味着她即将开启一段神奇的外交之旅。

在柏海行馆停留了一个月后,松赞干布和文成公主等一行人随即入藏。当他们到达逻些城外时,受到了成千上万藏民的夹道欢迎。人们载歌载舞,欢腾雀跃,争相目睹这位从唐朝不远万里来到这里的公主。

此刻，这些藏民们想不到，文成公主除了自身嫁到这里，还带了很多这些藏民们前所未知的事物。

文成公主入藏后，和松赞干布始终相亲相爱。值得一提的是，松赞干布为了表达对爱妻的至深之情，特意为文成公主修建了一座华丽的宫殿。这座宫殿就在今天西藏拉萨市北京中路，所有到西藏旅游的人，都会去瞻仰这座美丽的宫殿，因为它已经成为西藏的标志性建筑。

是的，这就是著名的布达拉宫！

而文成公主也的确尽到了一个妻子的义务，以款款柔情善待松赞干布，使这位生长于荒蛮之地的吐蕃国王深切体会到汉族女性的修养与温情。文成公主凭着自己从唐朝那里学来的知识和思想，细心体察吐蕃的民情，然后提出各种合情合理的建议，协助丈夫治理这个地域广阔、民风彪悍古朴的国家。

但文成公主又不是那种极有权势欲的女人，这一点，她很像长孙皇后。她参与治国，却从未要求松赞干布给自己一个什么官职，对于吐蕃国的重大政治决策，她只是提出自己的看法，并不强行干涉。因此松赞干布和大臣们对她非常悦服，经常向她讨教唐朝的政治制度以作为他们行政的参考，而广大的吐蕃民众更加视她如神明。

文成公主在吐蕃一共生活了四十多年，除了协助松赞干布处理政务，同时还亲自教藏民们种植玉米、土豆、蚕豆、油菜、小麦等，极大地丰富了当地的物产。其中小麦在高原气候的作用下，不断变种，最终长成了藏族人民非常喜爱的一种植物——青稞。

当时唐朝的佛教盛行，而吐蕃却没有一丝佛教氛围。文成公主是虔诚的佛教徒，所以在到达吐蕃后，决定在当地弘扬佛法。著名的大昭寺就是文成公主建立的，而且寺庙建成后，文成公主与松赞干布亲自到庙门外栽插柳树，这就是“唐柳”的由来。而著名的“甥舅同盟碑”，也称“长庆会盟碑”就立在唐柳旁，如今已经成为汉藏两族人民友谊的象征。

关于文成公主在吐蕃的功绩，完全可以讲一天一夜，由于篇幅所限，我们不再多说。总之，从文成公主入藏开始，到唐高宗咸亨元年薛仁贵率兵征讨吐蕃为止，整整三十年的岁月，由于文成公主的博学多能，对吐蕃国的开化影响很大，不但巩固了唐朝的西陲边防，更把汉民族的文化传播到西域，极大地促进了吐蕃社会的进步。

唐高宗永隆元年(680 年)，文成公主逝世，吐蕃国为她举行了隆重的葬礼。为了铭记这位伟大的女性，人们为她修建了一座塑像，至今这座塑像依然矗立在拉萨市内。

一千多年过去了，文成公主的事迹依然在人间流传。是的，和平之花从来都是绚丽多彩的，友谊之树永远都会长青。

如果有一天你走进西藏，走进拉萨，抬头仰望文成公主的塑像时，你会感受到她对故土的遥望与眷恋，以及一生追求和平的执着。其实那已经不单是一尊塑像了，它早已经成为了一座丰碑。一座和平与友好的丰碑！

目标：高昌

前边我们说过，李世民之所以答应松赞干布的“和亲”请求，是因为在他的心中，一直保有一个秘密，而这个秘密源于大唐帝国在西域的利益。

自从贞观八年(634 年)打败吐谷浑后，唐朝基本打通了通往西域的道路，而如何经营西域将是李世民接下来要面对的课题。经营西域对于唐朝来讲是很关键的，除了能张扬国威，最重要的是能保证丝绸之路的繁荣，而且可以牵制和削弱北方游牧民族的势力，进而保障河西、陇右的安全，防止南、北两个游牧民族势力的会合。

正所谓：欲保秦陇，必固河西，欲固河西，必斥西域！

此时，对于控制吐谷浑大片土地的唐王朝来讲，近在眼前的高昌国就显得十分碍眼了。

当时高昌的国王就是在玄奘西行时，给予玄奘极大帮助的文泰。

文泰和玄奘两个人的友谊在中国历史上也算是一段佳话，但坦白地讲，文泰后来在处理和唐朝的外交关系上，表现得并不明智。

不可否认，高昌和唐朝之间有过一段蜜月期。文泰的父亲伯雅死时，唐朝还专门派遣专使前往吊唁。贞观四年，文泰亲自前往长安觐见李世民，受到了李世民的热烈欢迎，临走前，文泰的妻子请求进入李唐皇室的宗谱，李世民丝毫没有犹豫，大笔一挥将文泰的妻子纳入其中，并且封为常乐公主。高昌和唐朝的友好关系，此时达到了顶峰状态。但是，很快两国的关系逐渐陷入了低谷。

事情的发生是因为西突厥。西突厥和高昌是近邻，在独立后，经过了乙毗陆可汗的努力，势力逐渐强大，本来和唐朝的关系也还算不错。可是随着唐朝打败吐谷浑，唐朝的版图直逼西域，西突厥开始紧张起来，最关键的是，西突厥也想经营西域。

两个大国都有共同的经营西域的目标，所以利益冲突在所难免。而此时夹在中间的高昌，就成为了两国争取的重点对象。

在争取高昌的过程中，西突厥表现得很有策略，一方面让重臣阿史那步真率军进至可汗浮图（今新疆吉木萨尔北破城子），用武力威胁高昌，另一方面又派朝臣阿史那炬前往高昌，名为学习，实为监控高昌的动向，而且又将一部分隋末流落于东突厥、后来又流落于西突厥的难民，遣往高昌，充实高昌的劳动力。

这三个招数一祭出，高昌立马臣服于西突厥。看来“利益”这两个字，永远都是第一位的。

面对西突厥的争取，文泰开始对唐朝的态度产生了变化，首先中断了和唐朝的来往，而且召回驻唐朝的使节。李世民曾经就这个问题专门遣使前往沟通，结果换来的却是文泰的置若罔闻。

文泰，虽说利益是首位的，可你也不能有奶便是娘啊？你小子脸变得也太快了吧？

除此之外，文泰还强行扣留唐朝的难民，禁止他们回国。李世民遣使责问时，这位仁兄给出的答案是：我的地盘，我做主！而且文泰还挑拨唐朝和薛延陀部落的关系，鼓动薛延陀可汗应该和李世民平起平坐，不应该处处臣服。

对于文泰以上的这些蛮横做法，李世民最初表现得还是十分理智，并没有就此和高昌一刀两断，但让李世民下决心发兵攻打高昌，是因为文泰率先动武。

贞观十二年（638 年），高昌联合西突厥，攻打唐朝的西域属国焉耆，一连攻打下焉耆的三个重镇，俘虏了大批男女老少，焉耆不得已只得向唐朝求救。

高昌和西突厥攻打焉耆彻底激怒了李世民。在李世民看来，倒不是焉耆这个国家多么重要，而是这种行为其实是一种敏锐的信号——唐朝在西域的利益正在遭受挑战。事实上，文泰在某种程度上为西突厥充当了打手，俗话说得好：枪打出头鸟，露多大脸，现多大眼。

李世民忍无可忍，就无须再忍，为了自己的利益，他决定动用武力拔掉高昌这颗眼中钉。

所以，我们明白了，李世民之所以答应吐蕃松赞干布的“和亲”请求，就是为了稳住这个身在吐谷浑南部的强大国家，因为李世民不想树敌太多，更不想在攻取高昌的过程中，让吐蕃人从背后拍了自己的黑砖。

文泰，我实在不希望我们两国就此走上敌对的道路，我最后一次用我的诚意邀请你，希望你能来长安和谈。

抱歉！长安已不再是我的向往之地，我已有了新的靠山，你的诚意我心领了。

那好,事已至此,我们只有兵戎相见!前方目标:高昌!

分歧

贞观十三年(639 年)十二月,李世民正式下诏讨伐高昌。

这一次,李世民又将重任交给了兵部尚书侯君集,任命他为交合道行军大总管统领全军。侯君集向着他人生最辉煌的顶点,又开始大踏步地迈进。

这次跟随侯君集出征的,有左屯卫大将军薛万均,左武卫将军牛进达、中郎将薛孤吴仁、左屯营将军姜行本、沙州刺史刘德敏,以及铁勒部族首领契苾何力,唐军共计 15 万人。李世民为了唐朝在西域的利益可谓下了血本。

贞观十四年(640 年)正月,侯君集率领 15 万唐军,浩浩荡荡地向西进发,一路上“铁骑亘原野,金鼓动大地,高旗蔽日,长戟慧云”。唐军凛冽的杀气直冲云霄,将士必胜的信念掩藏于胸,他们坚信这一战,胜利是属于自己的。必胜的信念让唐军将士一路向西疾驰,当他们远离故土,渐渐深入西域腹地的时候,每个人都深切感受到了苍茫大地的空旷与孤寂。再往前,就是大漠的漫漫风沙与凛冽如刀的寒风。再往前,或许有的人就会就此倒下。无论结局如何,我们的脚步不会停歇,因为前方就是我们即将看到的胜利的彼岸!

当大军即将进入高昌边境的时候,为了缓解连日来的行军疲劳,侯君集下令大军暂停前进。此刻,唐军也面临着一个很关键的问题:究竟应该直取高昌都城,还是应该先攻打附近的重镇。

两个作战方案,都有可行性,同时也都存在着严重的缺陷。

直取高昌都城,乃“射人先射马,擒贼先擒王”的策略。可是此时唐军距离高昌都城尚远,而且一路上地无水草。即使到达高昌都城之下,倘若文泰坚守城池,唐军一旦久攻不下,其他地方的军队一旦切断唐军的归路,对唐军极为不利。

而就近攻取重镇同样存在风险。要知道每攻下一个重镇,唐军必须派兵驻守,这样势必会削弱唐军的势力,而唐军最终的目标依然是高昌都城,到时恐怕会造成兵力不足,而功亏一篑。

归根结底,高昌这个鬼地方,实在不是个行军作战的好地方。

面对着这两种既可行又存在严重缺陷的作战方案,侯君集内心充满了矛盾。要知道这是自己首次独自领兵作战,而且又事关大唐在西域的切身利益,在千里之外的长安城里,不知有多少人在等待着捷报传来,而如果自己稍有不慎,很可能彻底断送唐朝经营西域的希望。

侯君集顿时觉得压力巨大，为了慎重起见，在进入高昌境内之前，他决定召开军事会议，确定作战方案。让他想不到的是，这次会议唐军将领的意见分歧很大。

“将军，我军应该集中兵力，直取高昌都城，只要高昌都城陷落，活捉文泰，其他地方不攻自破，如果贻误战机，后果不堪设想。”薛万均率先表态。

“我反对！高昌都城固然要破，但在此之前我们应该分兵攻取其周围重镇，这样高昌都城就会逐渐成为一座孤城，到时也许文泰出于恐慌，会举城投降，这样高昌城会不攻自破。”牛进达紧跟着说道。

“我反对分兵，即使攻取重镇，也要集中所有的兵力，一个一个地夺取，我们对高昌的地形并不熟悉，如果分兵，一旦陷入包围，我军危矣。不过，我还是同意薛将军的意见，应该集中兵力直取高昌都城。”刘德敏也说道。

侯君集实在没有想到自己第一次独自领兵作战就会遇到这么个难题，按照他的性格，实在是想长剑一指，直取高昌都城，但是此时理智提醒他，不可莽撞行事，因为此战无论对于自己，还是对于已经威震四方的唐朝而言，都是不容有失的。

于是，侯君集决定再听一听诸将的意见。

大家你一言我一语，两种作战方案的支持者各占一半，似乎双方讲得都很有道理，可是对于其中的缺陷如何弥补，又都没有主意。最终，促使侯君集下定决心的，是契苾何力的一番话。

契苾何力说这番话，并不是在吹牛，他身为铁勒部族的首领，对于西域的地形是相当熟悉。

“我军远道而来，后勤补给十分不便，如果长时间在高昌腹地逗留，恐怕凶多吉少，相信文泰这杆大旗倒下，高昌不攻自破，将军所担心的不过是高昌国内恶劣的气候环境，以及陌生的地形，这个没有关系，我可以为将军作向导，直捣高昌都城！”

契苾何力的话让侯君集顿时信心百倍，而且他明白，深入对方腹地作战，最好是速战速决。

“有契将军作向导，什么困难也不用怕了，传我将令，大军原地休整两天，后日向高昌都城急速进发，破城之日，活捉文泰！”

战争其实就是一场赌博，其间考验的是主帅的决断力。

刹那间，侯君集的眼中放射出精光，他仿佛看到高昌城城破之时，文泰跪地求饶的样子。侯君集猜对了一半，而后来戏剧性的变化让所有的人都没有想到。

戏剧性的变化

就在侯君集决定直捣高昌的三天后，文泰得到了消息，在文泰看来，唐军西征高昌颇有些痴人说梦的味道。

"哼！不自量力！"此刻坐在王座上的文泰面对飞报来的文书，表现得颇为轻蔑。

"陛下！不可轻敌啊！李世民即位后已经打败东突厥、吐谷浑了，现在攻我高昌，我们应该主动出击，不能让唐军深入我们腹地啊！"手下人提醒道。

"有必要吗？"文泰缓缓地抬起头，扫了一眼手下人，然后继续不紧不慢地说道："唐朝距离我们将近七千里，中间沙漠地带就占了两千里，气候无常、寸草不生，唐军不可能来很多军队。即使来的军队多，后勤保障也是困难，唐军要面临的将是粮食供应不足的问题。只要唐军不足3万人，我们的兵力足以制服唐军。如果他们屯兵城下，我们据城坚守，我相信不超过20天，唐军定会不战而退！"

无数的经验告诉我们，吹牛不用上税，但前提是你要做好付出代价的准备。

不可否认，文泰的信心是百倍的，而且分析问题一针见血，一眼便看穿唐军后勤补给困难的软肋。但很明显，他过于乐观了，要知道在四年之内，唐朝能够连续打败东突厥、吐谷浑两个强大对手，绝非偶然。事实证明，文泰的乐观精神注定会成为麻醉自己的精神鸦片。

文泰继续端正地坐在他那个至高无上的宝座上，悠闲自在，乐得其所，只是他想不到，唐军正以极快的速度向高昌王城行进，他更加想不到即使后来唐军兵临城下，他也不会再有看到的机会。

四月二十日，唐军在侯君集的率领下，经过契苾何力的一路引导，踏过两千里的沙漠，到达了柳谷，前方二百里就是高昌的王城。

侯君集长舒一口气，此前他最担心的就是那两千里的无人沙漠。在前边介绍玄奘西行时，我们曾经介绍过沙漠的天气，不仅变幻无常，最重要的是缺水。虽说在攻打吐谷浑时，侯君集有成功带兵穿越沙漠的经验，但那完全是追着敌人跑，而此刻战争还没有打响，前方情况未可预知，所以侯君集也是心中没底。如今15万唐军，一路挺了过来，实属不易。高昌王城就在前方，往前一步触手可及。侯君集下令大军暂停前进,原地休整。

缩进拳头,是为了更凶猛地出击,而就在此时,事情出现了戏剧性的变化。当唐军刚刚驻扎完毕,探马来报:

“将军!高昌国王文泰病发身亡!”

“什么?文泰病发身亡?”侯君集猛然间站起身来,他瞬间的反应是,可能有诈。

“消息可准确?”

“绝对准确!我们侦察的士兵回来说,高昌国已经定好文泰下葬的日子,时间就在五天后,据说高昌王城的所有人都要参加葬礼。”

“病发身亡……”侯君集紧了紧眉头,口中喃喃地重复着这句话,他百思不得其解,不久前还活蹦乱跳的文泰怎么会突然间就到佛祖那里报到去了呢。

就在侯君集盘算着下一步该怎么办时,薛万均开口说道:“高昌人参加文泰的葬礼,相信人员肯定会集中,我们不如给他们来个一网打尽,趁这个机会突袭高昌都城。”

“这个建议好!”

“我同意!”

“我也同意!”

……

众将的心情,侯君集虽然能理解,但是他摆了摆手说道:“这样做不可以,皇上因为文泰的反复无常,才让我们出兵讨伐高昌,这样一来,我们才是正义之师。如果趁人家国丧之际,在人家安葬国王的时候,出兵攻打人家,那我们就不是兴师问罪的正义之师了。”

薛万均说的是“术”,而侯君集说的乃是“道”,“术”固然重要,但归根结底,“道”才是根本。

“难道就此错过这个机会吗?”薛万均急忙问道。

“不!高昌必须要打,但不是在此时,传我将令,五日后大军向田城进发。”

摇尾乞怜

田城是高昌的门户,距离高昌不过四十里的距离,侯君集之所以要在五日后向田城进发,其实是为了避开文泰的葬礼。

文泰生前无论多么的“小人”,但既然他现在是个死人,就应该让死者安息。

坦白地讲,侯君集还是十分厚道的,在到达田城之下,并没有立即攻城,而是让人对着城楼上的守将做起了劝降工作。但遗憾的是,效果并不明显,或许是文泰的死,反而激起了守城将士的斗志。总之一句话,任凭劝降的人声嘶力竭地呐喊,城楼上没有半分动静。

任凭风吹雨打,我自岿然不动!

岿然不动也是可以的,但前提是必须拥有足够的实力,很明显,田城这块弹丸之地,还不足以对抗实力强大的唐军。

在经过一番毫无效果的劝降后,侯君集忍无可忍,终于在一个阳光明媚的清晨,他下达了进攻田城的命令。让侯君集意想不到的是,田城守军的抵抗很是顽强,唐军从清晨开始攻城,直到中午才攻破城池,一共俘虏了士兵7000人。至此,高昌都城已经彻底暴露在唐军的眼前。

眼下是攻破高昌都城的最好时机,所以在拿下田城后,侯君集率领大军直取高昌都城。在侯君集到达距离高昌都城3里的时候,他下令人马就地驻扎,此刻侯君集仿佛已经嗅到了一丝硝烟弥漫的战火味。

不远处,可以清晰地看见高昌都城的城墙。虽然城墙依旧高大,但是能挡住唐军的铁骑吗?

自从文泰死后,高昌国的主人变成了他的儿子智盛。按说新君初登大宝,应该是兴高采烈才对,可是此时智盛实在高兴不起来。老爹突然到佛祖那里去报到,让智盛有些措手不及,您倒是吃了伸腿瞪眼丸了,可是唐军是不会就此撤退的。眼下这个烂摊子,智盛还是要面对。

外边唐军的铁骑已经到达了高昌都城之下,而智盛由于即位仓促,并没有做好应战的准备,无奈之下,他想到了一个不是办法的办法——求和。

抱着死马当活马医的心理,智盛亲自给侯君集修书一封,大意是:"得罪大唐的,是我的父亲,并不是我,现在老天爷已经惩罚了我父亲,他已经死了,我刚刚即位,希望大唐能够体谅我们。"

实话实说,智盛在信中的话,说得确实很谦卑,也很可怜,甚至有些摇尾乞怜的味道。可问题是,李世民征讨高昌除了因为麹文泰反复无常,更重要的原因是为维护唐朝在西域的利益。

有时候,一旦沾上"利益"这个两个字,其他的一切将会下降到次要地位。所以结论就是:智盛的话无效。

当侯君集接过信使手中的信,打开看完后,他缓缓地抬起头,嘴角露出了一丝轻蔑的微笑:“回去告诉你们国王,如果他真心悔改,就站在城门前束手就擒!”

“是!”信使行完礼,转身离去。

然后侯君集下令说道:“ 智盛绝不会答应我的条件,各营兵马做好战斗准备,攻取高昌都城就在眼前!”

攻取高昌

侯君集的确料事如神,面对他提出的条件, 智盛确实无法接受。在听到信使的回话后, 智盛的确有些无奈,但智盛还是很狡猾的,在战与和之间,他选择了第三条道路——拖延。

智盛的策略很明显,意图拖延时间,待唐军粮草用尽之时,再伺机而动。所以他干脆来个寂静无声,连话也不给侯君集回一个,而事实证明,再狡猾的狐狸,也斗不过猎手。在侯君集这个久经沙场的老猎手眼里, 智盛最多算是小聪明。

在经过两天的等待后,侯君集下令,唐军开始攻击高昌都城。

一开始,唐军架云梯攻城,将士们奋力向上攀登,可是高昌都城的城墙实在太过于高大,城头上守军趁着唐军向上攀登的时机,石块、狼牙棒、滚筒通通地招呼,一时间,唐军伤亡惨重。

面对不断从城头上滚落下来的唐军士兵,侯君集眼里喷射出了愤怒的火焰,然后下令道:“搬投石机来!”

投石机一到,意味着高昌都城即将失守。

“嗖……嗖……”唐军士兵接连用投石机招呼高昌都城的守军。高昌都城并不大,很多石块直接越过城楼,打进了城里。

紧接着,就听见城里一片惨叫,除了高昌的守军,城里很多行人都被打中。一时间,高昌都城内人心大乱,人们纷纷四散奔逃,躲进屋子里不敢出来。

投石机的威力确实很大。在一个个巨型石块的招呼下,高昌守军伤亡惨重。本来城池就不大,随着人员伤亡的不断增加,高昌城上的守军越来越少。

“搬巢车来!”侯君集高声叫道。

巢车是中国古代一种设有望楼,用以登高观察敌情的车辆。车上高悬望楼如鸟之巢,所以叫巢车,又叫楼车。

侯君集之所以让人搬来巢车,是想让人站在巢车上告诉城中的百姓,让他们不要随便出来走动，他并不想多伤及无辜。

当高昌百姓听到唐军的警告后，城里的街道上一下子变得寂静起来。人们都躲在自己的屋子里或者障碍物下，不敢出来。如果没有守城的士兵，高昌都城似乎已经变成了一座空城。

“城里的情况怎么样？”侯君集问巢车上的士兵。

“将军！城内大街上似乎没有人了。”

“好！接着用投石机给我狠狠地砸，我看看智盛到底能坚持多长时间。”侯君集的嘴角露出了一丝诡异的微笑。

面对着唐军的猛烈攻城，智盛很无奈。高昌虽然地产丰富，但军事实力和大唐相比差了不止一个档次，无论武器装备、士兵素质、作战经验等都明显落后，而且先前由于文泰自作聪明，并没有做充分的战前准备，最终导致儿子智盛只有招架之功，完全没有还手之力。

在我看来，智盛和他老爹是不同形式的自作聪明，本以为自己来个死猪不怕开水烫，想就此消耗唐军，可是最终却聪明反被聪明误。如果说文泰是夜郎自大，那智盛就是自欺欺人！

两国比拼，没有足够的实力，就要有足够的诚意。如果连足够的诚意也没有，没关系，那就要有面对失败的勇气。

智盛现在可谓如坐针毡。在唐军还没有到达高昌都城的时候，智盛还是有些自信的，这种信心源于老爹活着的时候和西突厥的结盟。智盛天真地认为，唐军来攻，西突厥不会坐视不管，可事实是，西突厥不仅没有拔刀相助，连当初驻守在浮图城的叶护可汗在闻听唐军来袭时，也连夜撤回本国。

典型的有福同享，有难你当！

外边唐军的攻势依旧猛烈，智盛没有李世民那种冲锋在前的勇气与霸气，没有李渊那种摆布全局如操盘手般的全面，同样，他也没有达到杨广那种麻木到极点，以至于失去自我的状态。在极端的纠结与内心矛盾反复交织的压力下，智盛又想到了一条很多人曾经走过的道路——投降。

回顾自己即位后所经历的一切，智盛觉得就像一场梦。爱丽丝漫游仙境也是一场梦，但醒来后，那个曾经幼稚的小女孩明白了自己的人生方向。而智盛现在却很迷茫。

梦是现实，还是现实是梦？或许，上天就是要让智盛为自己老爹的夜郎自大而买单。

带着一丝迷茫游离的眼神，智盛缓缓走下了那个高高在上的宝座。投降是目前治疗自己内心纠结最好的良药，更是拯救百姓于战乱的最好方法。五月初七，智盛下令停止抵抗，同时向唐军递交了请降书。

五月初八，伴随着西域清晨漫卷的风沙，智盛率领文武百官出城投降，依旧是那个熟悉的姿势——跪地叩头，依旧是那句老得不能再老的话语——罪臣智盛举城愿降大唐！

开创者以勇武之身姿翱翔于天地间，而没落者以凄怨之躯孤处于世。高昌都城的大门已经打开，侯君集率领大唐的将士们，昂起高傲的头颅，策马进入其间。

进入高昌都城的侯君集，并没有就此停歇。他知道除了高昌都城，高昌境内的大部分城池还没有到手。在经过短暂的休整后，侯君集命令薛万均、契苾何力等人分兵征讨其他城池。

唐军一路势如破竹，仅两个多月，东西驰骋八百里，南北纵横五百里，以摧枯拉朽之势，一共占领二十二个城池，俘虏了一万七千七百人。

至此，唐军在侯君集的率领下，历时半年有余，彻底攻灭高昌，将高昌全境纳入大唐的版图。与此同时，唐朝的版图也成为建唐以来最为广阔的一次，东到大海、西至高昌西部边陲，北抵突厥腹地，南达林邑地区。

当然，唐朝近三百年间，疆域极盛的时期并不在此时，不过对比建唐初期，唐朝仅有关中一隅来讲，此时唐朝的确达到了名副其实的盛世。

瞬间跌落

贞观十四年(640 年)十二月，侯君集以胜利者的姿态，率领唐军昂首回到长安，同时跟着他回来的还有那个失败者智盛。回到长安，侯君集做的第一件事就是在观德殿向李世民献上智盛这个超级俘虏。

看着跪在大殿中央的智盛，李世民并没有为难这个还在惊恐之中的年轻人，宣布既往不咎。不久，李世民任命智盛为左武威将军，加封金城郡公。高昌之战的胜利，进一步确保了唐朝在西域的利益。在所有人看来，现在侯君集已是大唐开创武功治世的第一人。同样，李世民也是这样认为的。为此在献俘仪式之后，李世民下令为侯君集举行盛大的庆功宴会，这次宴会，标志着侯君集终于爬上人生的最高点。

而事实再一次告诉我们,爬上山顶的最高峰,往前再迈一步,就是万丈悬崖。侯君集并没有主动迈出这一步,准确地说,他是被推下去的。

就在这次庆功宴会结束不久,言官们迅速将一纸弹劾文书递到了李世民面前,目标直指侯君集。言官们的理由很充分,说侯君集在攻取高昌的过程中,私自夺取高昌的珍宝,而且士兵们知道后也都跟着夺取,侯君集作为主帅,并没有禁止。所以言官们认为,应该治侯君集的罪。

在这里我不禁产生疑问,上次言官们弹劾李靖也是类似的理由,难道大唐帝国两位高级军事将领会犯同样的错误?在我看来,这是不可能的事情。

侯君集是否真的像言官们所说的那样,史料上没有明确的记载,而且当时也没有什么随军记者进行相关报道,但从言官们两次弹劾的理由如出一辙来看,我认为这是李世民有意打压功勋卓著的武将。

对待李靖如此,对待侯君集也是如此。

或许言官们的弹劾就是李世民的故意安排。当然你也可以认为侯君集真的像言官们所说的那样,但结果是,侯君集被李世民下了狱。

有的朋友也许会问,如果言官们的弹劾真的是李世民的故意安排,那为什么当初不把李靖也同样下狱呢?答案其实很简单,这是因为侯君集的性格。

史书记载:侯君集性矫饰、好矜夸,玩弓矢而不能成其艺,乃以武勇自称。我们从中可以看出侯君集是个性格比较外向,有些浮躁,而且有些自大的人。

而李靖的性格完全与之相反,李靖是个沉稳老练的人。在李世民看来,通过言官们的弹劾敲打一下李靖,他就会立刻明白自己的处境。

侯君集则不然,浮躁、自大的人通常会表现得比较自我,而侯君集又是个已经立下奇功的人,或许李世民担心侯君集的性格会导致他不自觉地迷失自己,仅仅通过言官们的弹劾,侯君集未必能够清醒,所以必须让他真正体会下到监狱的滋味,他才能够真正地认清自己。

当然,李世民这样做,本意还是想敲打功臣,只是不同性格的人,用不同的方法而已。

不久之后,中书侍郎岑文本上疏请求李世民释放侯君集,李世民采纳了岑文本的建议,将侯君集释放出狱。在我看来,岑文本不失时机地上疏,同样出自李世民的安排,如此看来,李世民的驭下之术堪称经典。如果说以前的李世民是个东征西讨的帅才,那么现在这个帅才已经锤炼成了驾驭群臣、将其玩弄于股掌之中的绝顶高手。

但智者千虑，必有一失，李世民实在对他的驭下之术过于自信，他本以为侯君集会通过自己的巧妙打压，和李靖一样认清自己，可是他忽略了一点：江山易改，本性难移！

在不远的将来，性格的严重缺陷最终让侯君集走向了一条不归之路。

第八章
暗　战

随着高昌国的平定,大唐帝国在李世民的手中,继续书写着盛世的传奇故事,内修政令,外邦敬仰,文治武功,一片欣欣向荣。

可是在一片繁荣之下,李世民并没有被这种表象所迷惑,在他的心中,一直在思考着一个问题,那就是如何让这繁华盛世永远地传下去。

李世民是个伟大的帝王,可是再伟大,也终究有一天会离开这个世界,而一旦自己撒手西去,这个帝国的繁华局面还会一如既往地保持下去吗?

这个问题不仅是李世民时常思考的,也是古代很多帝王必须思考的问题。而解决这个问题只有一个办法,选一个合适的继承人,来接替自己带领所有人继续为盛世的繁荣而不断努力。在那个封建家天下的社会里,是没有选举一说的,皇帝选择的继承者,只能是自己的儿子。“立嫡立长”的原则始终左右着皇帝的选择权,可是在某些时候,这种原则也不过是一纸空文。

现在李世民正在思考谁该是自己最合适的继承者。

李承乾的变化

李世民的思考在很多人看来或许有些多余,大唐帝国未来的继承者当然是太子,这还有什么疑问吗?

答案是:有疑问!

因为现在的太子李承乾在李世民看来,并不适合做自己未来的接班人。

李承乾于武德二年(619年)出生在长安承乾殿,所以取名叫“承乾”,年幼时“性聪敏”,武德三年(620年)封恒山王,武德七年(624年)封为中山王,武德九年(626年)十月李世民即位不久,被立为太子。

在贞观十年(636年)以前,少年李承乾作为太子表现还是相当不错的,认真听取自己的老师太子少师李纲和太子少傅萧瑀的教诲,忠孝仁厚,虚心纳谏。尤其是在贞观九年(635年)李渊逝世后的那段日子,李世民由于身在丧期之中,为了培养太子独自监国的能力,那段时间让李承乾在东宫独自处理政务,而李承乾也确实没有辜负老爹的期望,处理政务井井有条,充分表现出了皇帝未来接班人的能力和潜质。那一年,李承乾17岁。

可贞观十年后,一切渐渐地改变了。或许正所谓小时了了,大未必佳,18岁后的李承乾的表现实在让人不敢恭维。随着年龄的增长,李承乾逐渐沾染了一些坏习气,喜欢声色,沉迷打猎,漫游无度,而且变得不再那么虚心纳谏,对自己的老师也不再那么尊重。

应该说,李世民对诸位皇子的教育问题还是十分重视的,尤其对太子的教育更加重视,为此李世民除了让李纲、萧瑀等朝廷老臣对太子施教,还精心选派了于志宁、张玄素、杜正伦等有名望、有才学的官员进入东宫,从各方面去辅助太子。

于志宁我们前边介绍过,是十八学士之一,才学自不必说。张玄素和杜正伦作为贞观时期李世民一手提拔起来的官员,不仅学问精深,更是清正廉明之士,而且直言敢谏,李世民就是希望他们能在太子身边多多提醒太子,以避免太子走进歧途。

李世民的期望和一系列的安排,应该说煞费苦心。那些被他派到东宫的官员也确实尽职尽责,可是这些终究是外力,是客观因素,而决定一个人未来发展走向的,主观因素是至关重要的。

所有人都希望太子能够像他父亲那样,在李世民有一天离开这个世界时,能够顺利地接过李世民手中的接力棒,带领众多文臣武将继续书写着盛世的繁荣。可现实的确很残酷,不客气地讲,李承乾现在有些烂泥扶不上墙。

除了上述的好声色犬马,此时的李承乾拒绝手下人一切善意的提醒。杜正伦曾经设想用循循善诱的方法,来改变他“不闻爱贤好善”的缺陷,结果反被李承乾以“泄露旨意”的罪名贬官。张玄素也曾经针对他漫游无度进行过多次规劝,但李承乾每次都是接受建议,但坚决不改。

李承乾作为太子,其一举一动会比常人更受关注,当然其中最关注的人当数李世民。对于自己的宝贝儿子很长时间以来的所作所为，李世民其实心中和明镜一样，但可怜天下父母心，在李承乾一次又一次让他感到失望时，他一次又一次地期望着，在他的心中，始终重复着一句话，太子还小，总有一天会懂事的。

其实，李承乾虽然行为很荒谬，但并不是白痴。有些事情他还是很会"处理"的。

双重人格

李承乾是个聪明人，甚至可以说是精明，但有时精明得不是地方。犯了错误并不可怕，可怕的是用另一个错误去掩盖，而李承乾就是这样的人。

据史书记载，为了装出一副忠孝仁厚的模样，每次上朝议政时，李承乾都会大言忠孝仁道，从《论语》说到《孝经》，从"百善孝为先"讲到自己要以身作则，甚至说到动情之时，常常会感动得落泪。

这样的忽悠演讲，在很多人听起来完全不靠谱。实际情况也确实如此，回到自己东宫的李承乾又表现出了另外一番模样，在宫中饮酒作乐，与群小亵。当手下人进谏规劝时，他又表现出一副自责的模样，收敛起饮酒作乐的嬉笑模样，改为一脸端庄，然后又是一番口若悬河的演讲，让手下人很长时间都觉得太子真的听从了劝告。对于李承乾内心深处的想法，很多人没有察觉。

但戏演得再好，也终究有谢幕的时候。随着时间的推移，李承乾不自觉地渐渐摘下了伪装的面具，开始露出了富有野性的獠牙，由伪装转变为公然对抗。李承乾曾经说过"我作为天子，当肆吾欲，有谏者，我杀之，杀五百人，岂不定"？这番话让人不禁倒吸一口凉气，如此看来，如果他真的当了皇帝，第一批人头不保的将是于志宁、张玄素等人。

从李承乾的话语中和他不断的伪装中我们不难看出，他并不是个蠢人，他知道杀一儆百的威力，也明白皇帝的权力，更明白自己的处境。既然不是蠢人，他完全可以按照李世民为自己设定的路线走下去，成为一个人人夸奖的好太子，可为什么偏偏不是这样呢？

李承乾的表现，我们可以认定他已经堕落，那我们不禁要问，是什么原因导致李承乾成为这样的一个人呢？

史料上关于李承乾年少的事情记载得很少，我们只知道他是个"性聪敏"的孩子。但是，"性聪敏"也只是说明天资不错，并不能看出他的品性。从李承乾出生后一直到他堕落成纨绔子弟，其间我们可以看出，李承乾所走的道路是平坦的、没有曲折的。可以说他出生的时候手里就握有一把金钥匙，这把金钥匙可以让他打开未来的皇权之门。

在我看来，李承乾之所以最终会堕落，是因为他的经历实在太过一帆风顺，没有生存的压力，没有竞争的对手，在一片坦途中，李承乾逐渐向着那个宝座迈进，只要时间一到，他坐上那个宝座是顺理成章的事情。

在人生道路上有崎岖、有坎坷不是件可怕的事情，可怕的就是一帆风顺！李承乾的一生就实实在在地印证了这一点。

在他的心中始终认为除了自己的父母，所有的人都是他的奴仆，虽然他也曾经十分尊重自己的老师，但那只是年幼纯真的下意识体现，并不能代表他品德优良。当李承乾面对自己的父亲、面对自己的手下人进行伪装的同时，他的品性在不经意间就表现出来了，也就是从那一刻起，李承乾已经变得彻底无可救药。

李承乾的伪装固然很到位，却瞒不过李世民的眼睛。在李承乾肆意妄为的同时，李世民冰冷的眼神时刻在注视着他，不经意间，在李世民的心中他的太子地位似乎有所动摇。作为政治家的李世民看重的更是未来继承人的政治才能，在这一点上，李承乾实在不是一般的差劲。

挥霍资本

李唐皇室虽然以武力夺取天下，但自古以马上得天下，不能以马上治之。唐朝建国后，尤其是李世民登基后偃武修文、休养生息，唐朝国力逐渐增强，百姓们安居乐业。作为太子的李承乾按说应该明白这个道理，但李承乾对李世民的举措并不感兴趣，他所喜欢的乃是胡人的风俗与战阵的厮杀。

如果仅仅是喜好也就罢了，但李承乾偏偏要付诸行动。据史料记载，李承乾经常和身边的太监、宫女等人一起穿上胡人的服装，从头到脚打扮成胡人的模样，然后一起整夜地跳胡人的舞蹈。他还和手下装扮成盗贼，一起玩偷盗牛羊的游戏，将偷来的牛羊进行烹烤，而他自己亲自监督手下人进行烹烤。李承乾如果生活在今天，我相信他一定是个出色的烹饪师。

这位仁兄还经常和自己的叔叔汉王李元昌（李世民的族弟）扮演成突厥的将领，让手下人扮演突厥的士兵，然后和李元昌分别统领，玩互相交战的游戏，以此为乐。有的时候甚至突发奇想，自己假装身死，让这些“士兵”为自己吊唁。

最荒唐的是，在假死过后，他忽然站起身来说："一朝有天下，当率数万骑猎于金城西，然后解发为突厥，委身思摩，若当一设，不居人后矣。"这段话大意就是：我以后如果当了皇帝，就率领军队投奔突厥，在思摩手下效力。

李承乾所说的思摩就是跟随李靖出征东突厥的阿史那思摩酋长。阿史那思摩的身份固然显赫，但是作为大唐帝国储君的李承乾居然舍华而慕夷，甚至表示要做突厥酋长的部下，其言行确实是荒唐之极。

当然，我相信李承乾的这番话纯属戏言，但是开玩笑是要看自己身份的，更是要看场合的。在充满钩心斗角、尔虞我诈的宫廷内部，李承乾说出这样的话，只能证明他是个四肢发达、头脑简单、政治水准低下的人。

要知道"突厥"这个词始终是李世民心中的阴影。李世民经过长时间的卧薪尝胆，才最终将突厥打败。现在自己未来的继承人居然要跑去投奔突厥，难道你老子先前的努力都让你这个败家子儿糟蹋殆尽不成？

最让李世民恼怒的是，李承乾居然有恋童癖。他宠信一个叫称心的太常乐，称心是一个十来岁的少年，李承乾和他可以说是同吃、同住、同睡。作为大唐帝国的储君，居然有这样的丑闻，无论如何这让李世民是无法接受的，所以李世民下令将称心杀掉。

称心的死让李承乾无限感伤，为了纪念曾经和称心在一起的快乐时光，李承乾特意让人为称心做了一塑雕像，早晚跪拜纪念，似乎这个称心比他老爹还重要。

所以结论就是：李世民没有理由不认为李承乾是个乱国乱家的角色。

李承乾的政治才能低下表现在多方面，造成李世民对这个宝贝儿子日渐不满的原因其实也是多方面的。李世民之所以要选派朝中诸多名臣充当李承乾的老师，除了想使他迅速成长，其实还是有意为他搭建未来的班底。

在唐朝这个土地广袤、人口众多的国家里，君主虽然专制，帝王虽然大权独揽，但是从帝王的决策到臣民的贯彻经历了很多复杂的环节，需要组成一个庞大的机构网络以保证国家的运转与长治久安。即使在皇室内部，如果没有足够的支持力量，也很难维持自身的地位，很有可能会在错综复杂的权力斗争中一败涂地。想一想李世民要是没有房玄龄、杜如晦、尉迟敬德、秦琼等一批文臣武将聚集在周围，不仅"玄武门之变"难以成功，"贞观之治"也很难实现。

李世民深深地明白这个道理，所以他未雨绸缪地让杜正伦、张玄素、于志宁、李百药等人出任李承乾的老师，也是辅佐李承乾，目的就是利用这些人的名望，渐渐地形成一个以李承乾为核心的班底，从而延续自己贞观一朝的政策。

可惜的是，李承乾没有理解李世民的一片良苦用心，他不仅没有跟随这些老师认真地学习来增长自己的才干，更没有利用这个机会树立自己在朝廷中的威信。令人费解的是，李承乾对于这些老师从内心深处有一种排斥和痛恨。

不可否认，李承乾年少时和老师们也曾经保持着亲密的关系。例如，李纲曾经担任过太子少师一职，在这期间患过足疾，走路不方便，李承乾命令手下人将这位老师抬到自己的宫中，然后亲自问候病情。但是，随着李承乾年龄的增长，纨绔习气不断地发展，与这些老师们的关系日趋紧张，甚至到了派刺客去暗杀于志宁的程度。要不是当时于志宁处于居丧守节时期，被派去的刺客动了恻隐之心，说不定于志宁早就见了阎王。

李承乾由于特殊的出身，本身就比其他皇子更具有得天独厚的条件，再加上李世民为其精心设计未来的道路，应该说李承乾比其他人的政治资本更加雄厚。可是李承乾的上述行为实在不靠谱，准确地说，他是在挥霍自己手中的政治资本。

除此之外，李承乾因为患有足疾，走起路来一瘸一拐，造成了外部形象不佳。这在一定程度上也影响了他在李世民心中的地位。作为未来的皇帝继承者，外部形象还是蛮重要的。

李世民对李承乾的不满开始与日俱增，这足以动摇李承乾的储君地位，因为李世民有选择的权力，更有选择的余地。

就在李承乾为所欲为，挥霍资本的同时，李世民将目光瞄向了另一个人，他将注定成为李承乾强有力的竞争对手。

这个人就是魏王李泰。

宠爱李泰

相比李承乾而言，李泰的表现则截然相反。他几乎继承了李世民和长孙皇后所有的优点，有胆略、有才华，爱好文学，颇有文采，而且善于扩大自己的势力和名声。在前面我们说李泰编撰《括地志》的时候，曾经说过他的心中隐藏一个秘密，这个秘密就是利用编撰《括地志》来博取李世民的好感，属于一种政治投机行为。因为李泰一直在暗中窥视朝廷的动向，李世民对李承乾的不满自然瞒不过他的眼睛。

敏锐的直觉告诉他，父亲接下来有可能会关注自己。李泰的这种想法是正确的。除了李承乾，李泰作为李世民和长孙皇后的次子，是最有希望被立为储君的。现在李承乾正在自废武功，李泰岂能白白错过机会？渐渐地在李泰的心中开始有了夺取储君地位的想法！

李泰由于素质高、文采又好，而且善于表现自己，很快便得到了李世民的宠爱。李世民在很多时候给予李泰很多特别的恩宠，这种恩宠的规格甚至超过了太子李承乾。例如，李世民得知李泰特别喜好文学，就下令让他开设文学馆招揽文人学士。又以李泰腰腹肥大，跪拜比较不便，就让他乘坐轿舆上朝。并且，李世民还亲临李泰的府邸探望这个宝贝儿子，下令免除其府邸周围人家的税收。应该说这些待遇事实上已经给了李泰一种暗示：好好表现，你很有机会！

为了最终得到那把打开皇权之门的金钥匙，李泰的表现确实不错。史书记载："泰亦负其才能，潜怀夺嫡之计。"从这句话我们可以看出，李泰的突出表现其实是含有功利性的，而后来的事实证明，正是这种功利的思想使他几乎得到太子的地位，但最终却把他推向了失败的一端。

贞观十六年(642 年)，李泰成功完成《括地志》的编撰，而这也意味着李世民对李泰的恩宠达到了极致。当李泰将《括地志》进献给李世民后，李世民下令奖赏李泰绸缎万匹，而且宣布以后每月给予李泰高档的绸料供应，不久又让李泰搬到武德殿居住。

武德殿在李世民寝宫的左边，而太子东宫在李世民寝宫的右面，也就是说，从两殿的位置上来看，李泰与李承乾已经平起平坐。表面上看，李泰居住在武德殿是为了出入方便，而实际上这是李世民对李泰的特殊恩宠。

所有的人都能看出来，李世民对李泰的宠爱已经超过了李承乾。作为混迹于官场多年的朝臣而言，一眼就能猜出李世民的想法。对于李世民的这种做法，当时朝廷有两个人表示反对。

一个是褚遂良，另一个是魏征。

褚遂良，字登善，杭州钱塘(今浙江杭州西)人，也是当年李世民身边的十八学士之一，时任谏议大夫。他的书法造诣很深，初学虞世南，晚年取法钟繇、王羲之，融汇汉隶，丰艳流畅，变化多姿，自成一家。当然褚遂良之所以能在朝廷立足仅仅靠书法出名是远远不够的，事实上褚遂良的政治才能比他的书法造诣更为出众。后来李世民去世时他和长孙无忌一起受命为托孤大臣，足以看出这个人实在是不一般。

当时褚遂良认为李世民给予李泰的奖励过于丰厚，这样会使李泰产生骄傲的情绪，不利于他的成长；即使奖励也应该是从忠孝角度来确定，而不应该仅仅因他编撰了一部著作。

而魏征的反对更加尖锐，他认为让李泰居住在武德殿是不合乎礼法的，藩王的住所不应该和太子平起平坐，这样大臣们会有意见的，而且李泰也会不安心的，更加不利于兄弟之间的团结。

李世民最终采纳了两个人的意见，但这并不能证明李世民就认同两个人的说法。

应该说两位朝廷重臣的反对都有道理，虽然他们的反对都是从礼法角度出发的，但是很明显，他们忽略了一个很关键的问题，那就是李世民最初是怎样得到皇位的。

李世民的想法

李世民的皇位来源本身就不正，所以他本能地对“立嫡立长”有一种排斥心理。

如果李承乾是个很出色的太子，李世民当然不想多生事端，可现在李承乾偏偏是烂泥扶不上墙，凭什么就得墨守成规，一成不变？

在我看来，李世民早已看出李泰夺取储君地位的想法，而过分宠爱李泰其实是在有意鼓励这个宝贝儿子循序渐进地夺取储位。之所以没有立即废掉李承乾，是因为李世民要顾忌一样东西。这样东西的名字叫“礼法”。

我们的祖先的确很伟大，创造出了世界上最严密的一套礼法，小到吃饭睡觉，大到国家决策都有一套礼法遵循，正所谓不以规矩，不能成方圆。在众多礼法规则中，“立嫡立长”是一条关于皇位继承的规则，虽然几千年来，打破这个规则的人不在少数，但是所有的人、包括曾打破它的人在上台后，也必须维护这个规则。

李世民当然也不例外，因为他明白礼法并不是依靠行政命令能改变的。李承乾虽然不好，但至少到目前为止还没有吃下伸腿瞪眼丸，或者捅下天大的娄子（如谋反），所以即使他是纨绔子弟，也不能轻易废掉他。

有时候“礼法”这个东西，实在很耽误事！

李世民的确想马上废掉李承乾，改立李泰为太子，可在“礼法”这个庞然大物的阻挠下，他犹豫了。他明白如果自己轻易地抛出更换太子这枚重磅炸弹，立即会引起朝廷的轩然大波，甚至会造成朝廷的混乱。

事实上，李世民改立太子的想法，当时很多朝臣都已经感受到。在李泰备受宠爱之时，褚遂良就直截了当地提醒李世民，应该让太子和其他皇子明白自己所处的位置，不能乱了彼此的身份，而且作为皇帝应该主动地为他们立下规矩。谁都明白褚遂良的话是直指李世民过分宠爱李泰而言的，当然褚遂良之所以敢这么直接，就是因为站在了“礼法”的角度。

而作为皇帝，恰恰需要维护礼法，所以李世民也只能是牙掉了往肚子里咽，表示要让忠正贤明的朝臣去教导诸位皇子，让他们按照礼法去做。

从对李承乾的严重不满，到产生立李泰的想法，再到朝臣的反对，这个过程让李世民终于切身体会到了立储这个问题的艰难和复杂。他终于理解了当年父亲李渊为什么在明知自己功劳高过李建成时，也没有轻易废掉太子了。

虽然你是这个世界上权力最大的人，也是最威风八面的人，但在老祖宗留下的“礼法”面前，你的力量真的微不足道，或许你想改变，但前提是你要做好付出代价的准备。

此时，李世民的内心充满了矛盾。我觉得在他的内心深处或许会有一种惭愧的心理，在前面我们说过，“玄武门之变”的阴影始终困扰着李世民，直到现在，我相信这种困扰已经上升到了一种折磨，以至于这种折磨渐渐地让他对自己十六年前的那些所作所为进行了彻底的否定。

我之所以这样说，是因为李世民做的一件事。虽然这件事在史料上的记载是一带而过，但是在我看来，这件事很能反映李世民当时内心深处的想法。

贞观十六年(642 年)六月初六，李世民诏命恢复李建成的太子身份，同时追封李元吉为巢王，两个人的其他谥号照旧。

按说事情已经过去了这么长时间，而且李世民在即位之初也曾经厚葬了二人，为什么忽然之间又想起恢复李建成的太子身份呢？

我想这绝不是李世民即兴而为，事实上他的这个举动恰恰从一个侧面反映他当时内心的矛盾，一方面是对当年李渊那种两难处境的感同身受，另一方面则是对“玄武门之变”的内疚。

内疚虽然于事无补，但它终究是人内心客观存在的一种复杂感受，内疚者往往有良心和道德上的自我谴责，并试图做出努力，来弥补自己的过失。当然李建成和李元吉已经不能复生，所以李世民目前唯一能做的就是恢复他们应有的名誉，同时这个举动也是对去世的李渊一个告慰。

李世民是高高在上的皇帝，但更是个有血有肉的人。我们当然不能简单地用好人或坏人来衡量他。其实这个世界上只有追求自己利益的人，李世民为了得到自身的利益可以杀兄逼父，但是当一切都成为过眼云烟时，他忽然觉得只有自己内心的感受才是最真实的。

上天其实对每一个人都是公平的，当你拥有无限的荣耀时，也许你的内心正在经历着另外一种煎熬。

如果上天能够让我回到十六年前那个阴霾的清晨，我也许会选择放弃，因为有的时候放弃是一种释然、一种解脱。

纵容

李世民正是怀着一颗内疚的心来度过每一天的，当然他是不会让人看出他内疚的。作为这个国家的最高执政者，李世民必须面对现实。什么是现实？李承乾是个二百五不配成为未来的皇帝，这就是现实。

作为这个盛世的缔造者，李世民是绝不会眼睁睁地看着一个不肖儿子一天天地靠近皇位，如果真的有一天自己撒手西去，他相信这个帝国一定会在这个儿子的手中一点点地走向灭亡。

李世民下定决心，要用自己手中的权力，以及权术去对抗“礼法”那个庞然大物，而这一切都必须做得不露声色。此时他真的希望李承乾能够犯下严重的错误，以使自己有借口废掉他，从而去堵住那帮整天将“礼法”挂在嘴边的朝臣。虽然作为父亲他是关爱这个儿子的，但是作为皇帝，他必须为这个国家负责。

于是他决定让所有的人不再干涉李承乾的花销问题，他希望这个儿子继续沉湎酒色，继续为所欲为，继续挥金如土。当李承乾的内心彻底失去防线时，他相信也就是这个宝贝儿子太子地位不保之时。因为当为所欲为成为一种习惯时，无数的事实告诉我们，这个人已经是走在了钢丝上。

表面上李世民继续掩人耳目，在诸多场合有意无意地表示太子的地位不会动摇，还特意让重臣魏征出任太子太师，以表明对李承乾的关心。可是那个时候魏征已经病入膏肓，所以这个举动在我看来不过是为了稳住朝臣。

在看似一片风平浪静中，李世民耐心地寻找着李承乾的破绽，致命的破绽！在不远的将来，他确实等到了。

第九章

储位之争（一）

时间到了贞观十七年(643 年),也进入了贞观一朝中最多事最诡异的一年。

说这一年多事是因为这一年的确发生了很多影响唐朝历史走向的重大事件,说它诡异是因为这么多重大事件为什么会在这一年内发生?是巧合?还是冥冥之中自有天意?

这个问题如果运用科学逻辑思维推理,是着实解释不清的,我们就把这一切归为天数吧。

前边我说过贞观一朝有很多标志性的年份,贞观四年、贞观九年都可以列在其中,这两个年份分别是贞观一朝崛起和鼎盛的年份。而贞观十七年也是一个标志性的年份,是贞观一朝动荡的一年。准确地说是严酷多变的一年!

伤怀

正月十七日,一代诤臣谏官魏征病逝于家中。

噩耗传来,李世民悲痛不已。魏征的逝世对李世民打击很大。要知道“贞观之治”之所以能够形成,是因为李世民实行开明的政治策略治国,而一个皇帝要想做到时时处处的开明,就需要有人去监督,去督促。

魏征无疑就是那些总和皇帝“唱反调”“唠唠叨叨”的监督者中最具代表性的。现在这个监督者已经永远闭上了嘴巴,这是李世民最不愿意看到的。因为这个盛世局面如果要继续保持下去,就需要魏征这样的人。

当听到魏征病逝的消息后，李世民流下了悲痛的泪水，宣布废朝五日，并且亲自到魏征的宅邸永兴坊去吊唁，命令九品以上的官员都要参加丧礼。

为了表彰魏征生前的功绩，李世民特意下令用一品官的羽保仪仗来埋葬魏征。这被魏征的妻子婉言谢绝，他的妻子说道：魏征一生的生活都十分节俭，现在陛下要用一品官的羽保仪仗来埋葬魏征，魏征在天有灵是不会安心的。

在我看来，他的妻子能够说出这样的话，更加反衬出魏征的伟大。魏征用他那正直浩然之气为当时所有的朝臣树立了榜样，同时他的这股正气不经意间也在潜移默化地影响着家人。

一个人如果能够能用自己的实际行动去打动、感染身边的人，真的很不容易！

魏征出殡的那一天，李世民登上皇宫内院中的西楼，望着渐渐远去的灵车，不禁失声痛哭，发出了"无复昔时人，芳春共谁遣"的哀叹。他虽然明白人死不能复生的道理，但是想到从今以后再也听不到那真真切切的肺腑之言时，心中不免怅然哀叹！

在这个世界上，虽然你可以得到金钱、权力、名誉等，但是想听到别人对你说一句真话时，真的很难！因为真话从来都是刺耳的，是直刺心窝的，是瞬间揭下我们虚伪面具的，所以我们竭尽全力地躲避它，甚至打压它！

作为皇帝想听到臣子的真话更是难上加难，当然这并不能怪谁，这是古老的帝国制度所决定的。但是，就在中国历史遵循这种制度一步步向前迈进的时候，贞观时代却打破了这个桎梏。这一切都是皇帝李世民和以魏征为代表的诤臣们通力协作的结果。

正像李世民所形容的那样，皇帝和大臣就是人和镜子的关系。

可是如今魏征这面镜子已经破碎，怎能不让李世民伤怀呢？伤感之下，李世民写下了一生中最具哀怨情绪的一首诗：

劲条逢霜摧美质，
台兴失位夭良臣。
唯当掩泣云台上，
空对余形无复人。

这首诗如果从文学角度来看，并不具备很高的艺术水准，但它却是李世民发自内心的哀号。他伤感地对群臣说："以铜为鉴，可以正衣冠；以古为鉴，可以知兴替；以人为鉴，可以明得失。朕尝保此三鉴，以防己过，今魏征殂逝，一鉴亡矣！”

李世民的“三鉴”之说，千百年来被无数的为政者视为经典。我想李世民能够说出如此经典的话语，除了他是个古往今来少有的政治家，更是因为他对魏征那至深至热的感情。虽然在此后的不久，因为某种原因，李世民否定过魏征，但我依然认为对于魏征的功绩，对于这位与他携手开启“贞观之治”的诤臣，李世民内心必然是十分了解的。在目送这位昔日的战友永远离去的时候，李世民的悲伤是真实的。

魏征的逝世让李世民的心里顿时觉得空荡，虽然每天上朝依然要面对很多朝臣，但是没有魏征的大殿，似乎缺少了些什么。

究竟缺少什么呢？所有的人都无法用言语来形容，但这种感受却又真实存在。

面对朝堂之下的很多大臣，李世民的心中忽然生出许多感慨。这些人中有的是开国元勋，有的是“玄武门之变”的功臣，有的是开疆拓土的战将，有的是开启“贞观之治”的文臣，这么多年来他们为李唐王朝奉献着一切，更为这个盛世的延续而呕心沥血。

现在该是我为这些功臣做些什么的时候了。为了不留遗憾，为了让这些人真正感受到自己存在于这个帝国中的价值，李世民下令为建唐以来功劳最大的24位功臣绘制图像，并且将这些图像永远高挂于三清殿旁边的凌烟阁里。

这24位功臣分别是：长孙无忌、李孝恭、杜如晦、魏征、房玄龄、高士廉、尉迟敬德、李靖、萧瑀、段志玄、刘弘基、屈突通、殷开山、柴绍、长孙顺德、张亮、侯君集、张公瑾、程知节、虞世南、刘政会、唐俭、李世勣、秦琼。

这些人中有的已经逝去，有的正在老去，但无论如何，这是李世民对这些人的肯定。中国历史多次上演一段又一段屠戮功臣的大戏，而到了李世民这里，却是另外一番景象。

留给我们该是怎样的思考呢？

应该说魏征的去世，点燃了李世民那伤感怀旧的情感，不过让他稍稍感到一丝安慰的是，自己终于做了一件回报功臣的事，没有金银雪花般的赏赐，没有加官晋爵的许诺，而是实实在在价值的确定。

但是，对于严酷多变的贞观十七年而言，魏征的逝世不过刚刚是个开始。

积蓄势力

魏征的去世让李世民固然伤怀，但是现在摆在他面前的立储问题，又必须去面对，无能的李承乾拥有“礼法”这件利器，而优秀的李泰拥有“能力”这项优势，这确实让李世民左右为难。

当然就个人来讲，李世民还是倾向李泰的。李世民也许想不到，就是他的这种倾向性，最终导致了李承乾和李泰兄弟二人的储位之争，从而引发了贞观一朝的政治地震。

虽然李泰明白父亲宠爱自己意味着什么，但是由于自己比大哥晚出生两年，所以不得不让位于大哥，没办法，这属于“自然灾害”，怨不得谁。对于李世民不轻易废掉太子，实事求是地讲，虽然他是充分理解的，但是他并不甘心，凭什么早出生就得享有特权，而且你还是个二百五，父皇的皇位当年不也是夺来的吗？父皇能夺？我为什么就不能？

正是出于这样的想法，李泰下定决心运用自己的权术将李承乾从太子的位置上踹下去。

李泰就此开始了他的夺储计划，第一步：拉拢朝臣。

李泰明白，夺储是一项长期的、复杂的、艰巨的工作，靠自己单练显然是不行的，必须找到同盟者，团结一切可以团结的力量。但是，李泰的地位决定他不可能拉拢到那些老臣，因为那些人是倾向于太子的。所以李泰将目光瞄向了另外一些人，具体说来，李泰拉拢到的人分别是：驸马都尉房遗爱（房玄龄之子）、柴令武（柴绍和平阳公主之子），黄门侍郎韦挺，原工部尚书杜楚客（杜如晦的弟弟）等人。值得一提的是，杜如晦的儿子杜荷是名副其实的太子党，与叔叔杜楚客可谓势不两立，看来为了争夺权力真的是六亲不认了。

盘点一下李泰同盟者的身份，除了韦挺，大多都是大唐开国名臣的子弟。这些人虽然名气、才能无法和父辈开国名臣相比，但由于身份特殊，也算是李世民的嫡系。他们出于自身的利益拥有一种在政治变动中捞取政治资本的动力，而且一旦李承乾和李泰的斗争陷入白热化的时候，这些人的动向在某种程度上会为李泰增添筹码。

当然，在李泰培植自己亲信势力的同时，李承乾也没闲着。虽然这位仁兄有些二百五，但他并不是白痴，李泰的行为让他感受到了压力，在他看来，老爹看不上自己，弟弟势力又不断扩大，他已经有些孤立。虽然那些老臣支持自己，但与其说是支持自己，不如说他们在维护礼法，而真正的同盟者自己却是一个也没有。

面对李泰的严重威胁，李承乾决定率先出手。不过，这位仁兄想出的办法实在不敢恭维，他祭出的招数是告黑状。为此他特意指派了一名亲信，谎称是魏王府掌管占卜的典签，到玄武门向李世民上了一道封事，其中罗列了李泰的一系列罪状，妄图通过这种手段将李泰扳倒。

显然，李承乾忽略了一个很重要的问题，他老爹曾经是告黑状的高手（状告李建成），这么拙劣的做法怎么可能骗过李世民呢？

果然不出所料，李世民看到封事后马上识别出其中有假。他心中也明白这是李承乾要的小聪明，但在没有充足的证据下，李世民采取了一种息事宁人的做法，以抓不到上封事的人为名，将这件事压了下去。

李世民的这种做法一来是不想让兄弟二人矛盾再激化，二来是不想让那些朝臣知道后议论个不休，所以他极力淡化这件事。但是，显然李世民过于一厢情愿了，他的这种做法事实上是在重复当年李渊的老路，而结果只有一个——斗争更加激烈！

果不其然，李承乾一次不成功，可是这位仁兄并没有善罢甘休，立即采取了更为极端的手段——暗杀！

事实再次证明：在皇权争夺的道路上，确实没有什么道德可言，我们实在不能简单地用道德标准来判断其中的是非曲直。在政治斗争中，利益才是第一位的。

不过，让李承乾感到遗憾的是，由于自己日常缺乏对暗杀人员的训练，加上魏王府的守卫的确很严密，李承乾的计划再一次以失败告终。

两次行动失败，李承乾终于静下心来，冷静分析眼前的局势，此时他的头脑开始转为清醒。他忽然意识到，自己与李泰的斗争是个长期的、复杂的过程，仅凭一时的气愤和匹夫之勇是难以成就大事的，要想彻底扳倒李泰，让他永无翻身之地，自己必须通盘地谋划，甚至要做打持久战的准备。

出于一种既自保又对抗的心理，李承乾决定效仿李泰的做法，也开始扩充自己的势力。李承乾拉拢的人员成分比较复杂，既有功臣之子（杜如晦的儿子杜荷），也有内宫宿卫（左屯卫中郎将李安俨）和朝廷大员（洋州刺史赵化节），更有刺客杀手（纥干承基），还有皇室宗亲（汉王李元昌）。

相较于李泰阵营，李承乾的同盟者遍及朝廷的各个角落，甚至还有江湖人士。当然在这些同盟者中，含金量最高的，最为李承乾增添筹码分量的当数时任吏部尚书的侯君集！

心魔

自从平定高昌回来后，侯君集一直是“志殊怏怏”，想来也可以理解，本来在西域立下奇功，回来等着皇帝封赏的，没想到等来的却是手铐脚镣，换了谁都会怨气冲天。

这样的心态，让侯君集这两年过得并不舒服，虽说官职不小，但是曾经被打压的阴影始终在他的心底挥之不去，渐渐地这种阴影成了他的心病，最终演变成心魔。

贞观十七年(643 年)二月，李世民任命太子詹事张亮出任洛州都督。张亮和侯君集同是“玄武门之变”的功臣，两个人在贞观初年关系是十分要好的，可是随着侯君集不断创建奇功，声名日渐远播，所以对于曾经的战友，从心底开始有些瞧不起。没办法，这就是我们侯君集的性格——傲慢！在我看来，傲慢的人有个致命的缺陷，那就是短视。后来侯君集的行为恰恰印证了这一点。一些心理学家认为自视太高者，也许源于其自卑的心理。自负只是一种缺乏安全感的掩饰或补偿，侯君集正好就是这样的人。

其实关于“傲慢”这个词是没有标准的，按照常理推论，侯君集作为大唐帝国的功臣，而且身居高位，是个相当见过世面的人，难道他不懂得傲慢是为官者的大忌吗？

最大的骄傲与最大的自卑都表示心灵的最软弱无力。

——斯宾诺莎

当侯君集知道张亮即将出任洛州都督后，他的第一直觉是张亮很有可能也被言官们拍了黑砖，所以他认为自己的机会来了。为此，他亲自找到张亮，两个人有了以下一番对话。

侯君集：什么人排斥你呢？(没有调查，直奔主题)

张亮：不是你还有谁？(顺水推舟)

侯君集：我平日忙着国家的事还忙不完呢，怎么会排斥你呢？跟你说句心里话，我现在郁闷之极，甚至都不想活下去了，你如果敢造反，我就跟你一块儿干。

至此，侯君集已经彻底释放出多年来积压在胸中的郁闷，但同时也让他自己走在了钢丝绳上，因为他露出了本不应该露出的底线。

侯君集能和张亮说出造反的话，说明他在主动向张亮示好，当然前提是他判断出张亮和自己一样，心里也有怨言。可实际上，他的判断错得离谱，侯君集的表现只能说明一点：他是个军事天才，同时也是个政治低能儿。二者矛盾吗？并不矛盾，古往今来这样的人实在太多了。

对于侯君集的示好，张亮不仅没有理睬，反而将侯君集造反的意图上报给了李世民。让人匪夷所思的是，李世民居然没有追究。

李世民的理由很简单，张亮和侯君集对话时，当时没有别人在场，所以没法证明，也就不再追究。

很长时间以来，我一直对李世民的这个做法很是费解，对于大臣要造反，皇帝都是本着小事化大的原则进行处理，为什么这一次李世民这么轻描淡写？李世民是个开明的君主，但面对手下人造反的意图再开明的君主也不会视而不见，难道李世民已经超凡入圣了？

答案当然是否定的！李世民是有顾虑的。

对于侯君集这样的功臣，作为皇帝打压是可以的，但也要讲究方式方法。侯君集从高昌回来，李世民毫不留情地将他下进大狱，目的就是让性格傲慢的侯君集时刻保持清醒的头脑，但这并不意味着李世民想置侯君集于死地。也就是说，面对张亮这次的汇报，如果李世民下令追究，侯君集很可能会被杀头，而且正像李世民所说的，当时只有侯、张两个人在场，证据确实不足。如果这次李世民轻易处理了侯君集，很有可能会使朝臣们寒心。

一句话，李世民并不想落下屠杀功臣的骂名，从而影响"贞观之治"的延续与推进。

所以对于张亮的汇报，李世民的反应很淡定，并且对待侯君集和以前一样，但这并不能说明此时的李世民心中对侯君集没有提防。相反，李世民这样的政治老手，时刻在想着怎样驾驭群臣，在李世民淡定的背后，其实他正在用一种冷峻的眼神观察着侯君集，就像他时刻在观察李承乾一样，等待着对方露出致命的破绽。

李世民或许想不到，他密切注视的这两个人居然会成为一条阵线上的人，不过这也方便了李世民后来对他们的一网打尽。很多时候，的确是物以类聚，人以群分。

虽然侯君集逃过一劫，但是对于张亮的汇报和李世民的内心深处的想法，侯君集毫无察觉。曾经的阴影继续让他郁闷着,他热切盼望着,在他的生命中能够出现一丝曙光,然而很快,他的确看了曙光。

准确地说,是从太子李承乾那里看到的。

密谋

对于李承乾和李泰的明争暗斗,很长时间以来,侯君集一直都看在眼里。当然侯君集的郁闷,李承乾也是知道的,所以两个人最终能够结成同盟并不是偶然的。

面对李泰的步步紧逼,李承乾很想找个足智多谋又倾向自己的人来为他出谋划策,进而寻找自安之术。李承乾望遍朝廷中的人,选来选去只有侯君集最合适。因为侯君集心中有怨气,他坚信凭借着自己是合法继承人的优势,拉拢侯君集不成问题。

事实表明:李承乾成功了,但同时他也被侯君集成功忽悠上一条不归之路。

李承乾通过侯君集的女婿,时任东宫千牛的贺兰楚石经常向侯君集请教,时间一长,两个人成了交心的朋友。侯君集经常到东宫和李承乾面谈,随着感情的日渐加深,侯君集准备利用李承乾实现自己不可告人的目的——谋反!

当然,在侯君集看来,太子李承乾不过是个昏暗庸劣之辈,这样的人实在是很好忽悠的。于是,在经过一番精心的试探后,他利用一次和李承乾长谈的机会,亮出了自己的底牌。

"太子殿下最近别来无恙?"

"心中颇多不顺。"

"哦? 为何?"

"时刻感到地位受到威胁啊! 还请公为我多谋划啊!"

李承乾的话并无掩饰,侯君集看准时机举起双手对李承乾说道:"这是一双好手,当为殿下使用。"

侯君集的话让李承乾一时间没有明白,于是他开口问道:"公的意思是……"

"现在魏王被皇上宠爱,殿下如果稍有不慎会有隋文帝之子的灾祸,如果皇上召您进宫,您一定要多加小心。"

"嗯! 您说得对!"侯君集的话,让李承乾下意识地想起了当年伯父李建成的经历。

“公刚才说双手为我所用到底是什么意思啊?”李承乾还是不解地问。

“太子殿下愿求自保之策?”

“当然了!”

“最根本的方法是……”侯君集停顿了一下,没有立即往下说。

李承乾并不是个城府很深的人,面对侯君集的欲言又止,他拉住侯君集的衣袖,急忙问道:“公快说,我该怎么做?”

“先发制人!夺取皇位!”侯君集坚定地说道。

刹那间,李承乾惊呆了。虽说他自己对于父皇也有着深刻的不满,但是坦白地讲,他只是想自保,并没有造反的想法。如今侯君集突破那个底线,这让他有些始料未及。

“公的这番话今天也就和我说说罢了,千万不要再和别人讲了!”李承乾的声音有些颤抖,“造反”这个词对于他来讲实在很刺耳。

虽然李承乾的这番话算是否定了侯君集的想法,但是这并不能证明他没有记住侯君集的话,相反,侯君集的话在某种程度上点醒了李承乾,自己不受宠是事实,李泰潜怀夺嫡之志,而且已经开始酝酿夺嫡计划也是事实。如果现在仅仅是防守,恐怕并不保险,因为你可以不去伤害别人,但并不能保证别人不来伤害你。

显然,到现在为止,李承乾依然没有意识到自己的所作所为是决定自身前途的唯一因素,他依然没有深刻地反省自己,而将目光始终盯向李泰。

而最终让李承乾决定走上那条不归之路的,是他的那些同盟者的不断忽悠。当然这些人的目的并不相同,如汉王李元昌是看上了李世民身边的一个美女,杜荷是因为一种政治投机心理。

在这些同盟者的反复忽悠下,李承乾开始动摇了。他想到了李建成和李元吉,虽然十七年前那场喋血宫变,他因为年龄幼小而没有亲眼看到,但是这么多年来通过一些耳闻,他能够感受到当时场景的惨烈。此时的李承乾忽然从李泰的身上看到了十七年前自己父皇的影子。如果自己稍有不慎,也许真的会重蹈当年伯父李建成和叔父李元吉的覆辙。因为在权力的角逐中,是没有亲情可言的。这一点,自己的父亲李世民已经为所有人上了生动的一课。

想到这里,李承乾不禁打了一个冷战。如果真的是那样,倒不如自己孤注一掷,将主动权掌握在自己手里。当年父皇李世民是为争夺皇位的继承权而寻求自保,而现在李承乾想用自己独特的方法来维护自己的地位,这个方法的名字叫——夺取皇位。直接坐上那个宝座,我将掌控一切!当然,促使李承乾一条道走到黑的动力就是李世民当年的所作所为。

李世民，你一定想不到，你一生中最内疚的一件事，竟成为儿子效仿的榜样。终于，在一个月黑风高的夜晚，李承乾秘密地召齐他所有的同盟者，包括侯君集、李元昌、杜荷、赵节、纥干承基等人。在这次秘密集会上，他们割破手臂后用绢帛擦血，然后烧成灰同酒一起喝下，发誓同生共死，也就是在这次秘密集会中，他们开始认真策划"谋反大业"。在他们看来，李承乾凭借太子的身份，谋反是件轻而易举的事情，而事实证明，幻想是童话的核心，童话固然美好，那是因为现实并不存在。至少在李世民当政时期，"造反"这种一厢情愿的童话故事并不存在。

不过，李承乾并不是唯一的幻想者，就在李承乾等一干人积极筹划谋反的同时，齐州都督齐王李佑公开造反了！

误会

李佑是李世民的第五个儿子，阴妃所生。

阴妃显然没有长孙皇后和武媚娘名气大，但她有个很出名的老爹，名字叫阴世师。关于这位仁兄的事迹，相信大家一定还记得，李渊的儿子李智云就是被他所杀，而且李渊攻打长安时，掘李渊祖坟的，其中就有他。

李渊进入长安后，阴世师的儿子阴弘智因为年幼所以免去死罪，女儿阴氏就嫁给了李世民，李世民即位后，册封阴氏为贵妃。

李佑的出生年月不详，从武德八年(625 年)一直到贞观十年(636 年)，累封宜阳郡王、楚王、燕王、齐王；贞观十二年(638 年)，因为身体有病，所以居留长安，直到贞观十五年(641 年)才前往自己的封地齐州。

依据皇位继承制度，李佑是没有资格继承皇位的，如果没有什么特殊情况，李佑将注定终老于自己的封地。坦白地讲，李佑对此已经认命了，没办法，谁让你既不是嫡出，又不是长子呢？

和李承乾一样，李佑也是个轻浮急躁的人，而且他的人生轨迹和他的大哥也有相似之处，同样是一个被忽悠的人！

但和李承乾不同的是，忽悠李佑的人是他的舅父阴弘智。阴弘智继承了自己老爹凶险狡黠的基因，曾经不怀好意地对李佑说："王的兄弟很多，皇上死了之后，王应该找一个壮士来保护自己。"

仔细分析阴弘智的话，我们不难看出这番话带有明显的挑拨意图。或许自己老爹被李渊斩首，让阴弘智的心里充满了仇恨，他说这番话就是为了煽动起李佑没有皇位继承资格的不满情绪。

李佑的确上套了。他认为舅舅的话说得很对，于是阴弘智就推荐自己的大舅哥燕弘信进王府保护李佑。也就是从此时开始，阴弘智不断地在李佑耳边煽风点火，年轻的李佑由于阅历实在浅陋，在舅舅的挑拨下，开始亲信小人，甚至连李世民的某些话也当作耳旁风。

时间一长，身在京城的李世民就听到有人议论齐王李佑。为了让这个宝贝儿子不至于误入歧途，李世民特意派敢于直言进谏的权万纪到李佑的王府担任长史，一来是为了辅佐李佑，二来也是为了监视他。

权万纪，史书记载"有正直节"，说得通俗点，就是个炮筒子，颇有些魏征的风采。问题是魏征是碰到了明君李世民，而权万纪碰到的却是类似于杨广的李佑，所以他和魏征的命运有着天壤之别。权万纪带着李世民派给他的任务，信心百倍地走向了齐州，他坚信凭借着自己的能力一定会圆满地完成任务，可他万万没想到，齐州对于他来讲，是名副其实的死亡之地。

进入齐王府后，权万纪对李佑严加规劝，时时处处提醒李佑要做一个高尚的人、纯粹的人、脱离低级趣味的人，而且不仅苦口婆心地劝，还积极地行动起来，将李佑身边一些不三不四的人驱逐出府。例如，李佑身边有两个亲信，一个叫昝君谟，另一个叫梁猛彪，这两个人善于骑射，仗着自己是李佑的亲信，经常欺压百姓。权万纪到来后，将这两个人逐出府门，下令不让他们和李佑相见，可是李佑趁权万纪不注意的时候，又私自让两个人进府，继续吃喝玩乐。

面对李佑的这种做法，权万纪认为应该用一个合适的方法，使李佑彻底改过自新。为此他开导李佑说：王如果确实能改过自新，万纪请求进朝廷奏报皇上。

对于李佑来讲，这实在是一个在老爹李世民那里赚取印象分的好机会。为此权万纪特意列出了李佑很长时间以来的过失，让李佑表陈自首，这样可以证明自己是很有诚意的。

应该说权万纪的想法很不错，李佑也确实很配合，但事实证明，人算终究不如天算，最终误会还是发生了。

权万纪到了长安后，向李世民汇报了自己在齐王府工作的情况，同时呈上了李佑自首的信件，并且表示李佑已经彻底改过自新，不再是从前的那个纨绔子弟了。这样一来，李世民很是高兴，对权万纪大加赏赐，但同时出于对儿子的爱护，李世民让权万纪带回自己的诏书，在诏书中李世民细数李佑以前的过失，对他进行了严厉的批评，希望他在权万纪的辅佐下，继续努力。

应该说李世民并没有贬低自己儿子的意思，但谁都想不到，就是这样一封很普通的诏书，却让李佑对权万纪起了杀心。

不自量力

“哼！长史出卖了我，我一定要杀了他！”听到消息后，李佑愤怒地拍着桌子喊道。在他看来，自己被权万纪忽悠了，什么让我改过自新，纯粹是胡说，这不过是权万纪邀功请赏的借口。

如果说以前李佑对于权万纪是忌惮和害怕，那么现在就变成了厌恶和反感。出于这种心理，李佑开始谋划怎样除掉权万纪。在他看来，只要这个人在自己身边一天，就始终是个威胁。

“良药苦口利于病，忠言逆耳利于行。”这句话，并不是对谁都适用的。

权万纪回到齐州后，继续恪尽职守。权万纪是个责任心很强的官员，唯一欠缺的就是方法，也许这和他的性格有关。史书记载他性情偏隘，对待李佑很是刻薄（专以刻急拘持佑），经常释放李佑豢养的鹰犬，而且强行扣押私自进宫的昝君谟和梁猛彪，不让他们和李佑相见。虽然做这些事情的初衷是好的，可是碰上李佑这样的顽皮学生，权万纪的方法未必有效。

自从权万纪回到齐州，他忽然发现很多人用一种异样的眼光看着他，从很多人眼中权万纪看到了惊恐、担心，而且他也听到了一些关于李佑想要做掉自己的传闻。但是，性格耿直的权万纪坚定相信身正不怕影子斜的道理，对待李佑不肯有丝毫的改变，认为还是皇帝李世民亲自派来的大臣，身为皇帝的代表谁敢动我？

权万纪虽然性格耿直，但并不是白痴，一方面他继续坚持自己的做法，另一方面他对李佑等人也有着防范。要说性格决定命运这句话的确是真理，性格跑偏的权万纪最终还是走向了另一个极端。

一天，权万纪从齐王府回到自己的府上，走到自己的房檐之下时，忽然感到一件东西重重地砸在了自己的头上。惊恐的权万纪立即闪躲到一旁，然后发现刚才落在自己头上的是一个石块。

“怎么回事？”此时敏感的权万纪迅速向左右张望，在他看来，石块这么准确无误地落在自己头上并不是偶然的。

“难道是……”他忽然想到了几天前有人让他提防李佑的话。

“一定是昝君谟和梁猛彪这两个狗杂种干的，哼！想暗算我，你们还嫩点。”权万纪心中暗想，他的嘴角露出了一丝轻蔑的微笑。在这个微笑的背后，隐藏着权万纪内心深处的决断，而事实证明，他的这个决断是错误的。

思考完对策后，没过多久权万纪就将昝君谟和梁猛彪两个人直接下了大狱，理由是谋害朝廷命官。同时上疏李世民弹劾李佑及其同党，理由同样很简单：不服管教，鱼肉百姓！

可是这一次他实在是冤枉了李佑，最终为此付出了惨重的代价！

权万纪的上疏引起了李世民的高度重视。为了弄清事情的真相，李世民派遣时任刑部尚书的刘德威前往齐州调查。刘德威在经过一番调查后证实了权万纪上疏的真实性，不过这并不能证明李佑有杀权万纪的动机。所以为了彻底查弄明白事情的来龙去脉，同时也是为了化解李佑和权万纪之间的矛盾，李世民决定让权万纪和李佑二人入京对质。

诏书传到齐州后，李佑和权万纪的反应迥然不同。在李佑看来，皇帝老爹这次招自己进京，可能没有好果子吃，而他认准造成这个局面的罪魁祸首就是那个该死的权万纪。于是李佑加紧了谋害权万纪的步伐，他的设想是在入京前，就将权万纪做掉，然后上报朝廷说权万纪暴病而亡，反正是死无对证。

与此同时，权万纪并没有坐以待毙。生性敏感的他，察觉出李佑可能要对自己动手，所以这位仁兄来个脚下抹油率先开溜，提前起身前往京城。

在稍作准备后，权万纪依然坐着他来时的轿子，走出齐州奔上返回京城的道路。如果他此时能够重新选择的话，我相信他一定会选择一匹上等的好马，快马加鞭地返回京城。因为就在权万纪刚刚走出齐州的地界时，李佑派遣燕弘信的哥哥燕弘亮迅速地追上他，将他射杀！

权万纪什么都想到了，只忽略了一个很小的细节——速度！就是这么一个细节，让权万纪最终身首异处，有的时候决定生死成败的往往就是一个细节。权万纪虽然已死，但眼睁睁地一个大活人被自己“咔嚓”了，俗话说得好，没有不透风的墙，万一父亲李世民知道了，那我可是吃不了兜着走。所以李佑在看到权万纪首级的一刹那，心中不觉后悔起来。

不过，自认为绝顶聪明的李佑还想出了一个圆满的解决办法，至少在他看来这个办法实在是高——造反！

看来做二百五也是要讲究天资的，在争取二百五资格方面李佑无疑是天资聪颖！

在李佑看来，既然下定决心造反，就要搞得有模有样。在打进长安之前，至少在自己的封地内，创建一个山寨版的朝廷。

为此他依据自己的设想，设立了很多官职，开启府库，大肆封赏群臣，不许老百姓出城，而且关紧城门严防死守。

面对李佑这种幼稚的做法，齐州很多人嗤之以鼻。想来也可以理解，本来人人过着太平日子，吃喝不愁，现在你为了满足自己的私欲，置多数人利益于不顾。这些人并不是白痴，要知道“造反”这个头衔虽然听起来很有魄力，但与此同时很可能意味着搞不好你的脖子上会留下个碗大的疤。

当时，齐州的很多官吏和老百姓即使抛妻弃子也要想办法逃出齐州城。他们知道，在不远的将来，唐朝的大军将很快到来，而那个时候，自己无疑将被李佑强行拉上对抗唐朝大军的行列。与其到时落下个叛贼的骂名被杀，倒不如现在逃走，还有一线生机。

造反事业还没有付诸行动，李佑就已经失去了民心，所以李佑的做法注定了只是一场闹剧。

很快，朝廷得到了李佑造反的消息，一心只顾着忙立储问题的李世民万万没有想到千里之外的齐州会出乱子，而且他百思不得其解的是，在毫无征兆的情况下，李佑为什么会突然造反？难道也是为了争夺皇位吗？

事实上，仔细分析李佑的动机，我们不难看出，他造反只是杀掉权万纪后，因为内心恐惧而出于自保的一种心理，和李承乾谋划造反的性质是截然不同的。不过，既然是造反，不管出于什么目的，只要威胁到皇帝老爹的切身利益，就必须无情地镇压下去，即使是亲生儿子也绝不姑息。

三月初六，李世民调动怀州、洛州、汴州、宋州、潞州、滑州、济州、郓州、海州共九州兵马，由时任兵部尚书的李世勣统领，前往齐州平叛。

李世勣带领人马浩浩荡荡地向齐州赶去，在半路上，事情出现了戏剧性的变化。李世勣忽然得到了快马带来的李世民诏书，内容是班师回长安。

这是为什么？因为李佑现正在押解进京的路上。

李佑，你的造反大戏谢幕得也太快了吧？没办法，他的忽悠智商实在太低！

闹剧

就在李佑命令兵士对齐州城严防死守的时候，这位仁兄并没有想好下一步的对策，相反，他却和燕弘信兄弟躲在卧室里饮酒作乐。当说到朝廷肯定会派兵来镇压的事情时，燕弘信兄弟信誓旦旦地对李佑表示，到朝廷派人来镇压之时，自己左手端着酒杯，右手拿着刀就可以打退他们。

人真的不能无耻到这种地步。

燕氏兄弟的这番话，给了李佑极大的信心。在我看来，李佑的确是一个没有长大的孩子，他的实际年龄和心理年龄的差距实在太大了。

在李佑的头脑里，没有思维的转弯，只有直线一条路，这种思维的一根筋，决定了他最终悲惨的结局。

李佑等人继续在卧室里饮酒作乐，他没有想到，就在自己一次又一次地端起酒杯开怀畅饮的时候，卧室的外边已经开始有人谋划抓捕他了。

计划抓捕李佑的人叫杜行敏。

杜行敏时任齐州府兵曹，在李佑造反之初，齐州很多人匆忙外逃的时候，他并没有跟随大家逃出城外。在杜行敏看来，或许自己立功升迁的时候到了。只要在平叛的唐军到来之前，将李佑等人一网打尽，准保升官发财。

为此杜行敏看准时机，积极拉拢那些害怕被政府冠以李佑同党的官吏，联合这些人，开始实施对李佑的抓捕。杜行敏的确是艺高人胆大，仗着自己良好的忽悠功底，居然成功组成了一支上千人的抓捕李佑的队伍。

这些人在杜行敏的带领下，在一个阴霾的清晨，迅速包围了齐王府。

面对一千多人来势凶猛，惊恐之下，李佑和燕氏兄弟来不及组织人马进行抵抗，只能退到自己的内室，关闭门户，准备顽抗到底。要说燕氏兄弟也确实有两把刷子，杜行敏等人从早晨一直打到中午，也没攻进去。这一下，杜行敏着急了。

要知道，围攻李佑的这些人都是杜行敏临时招募的，这些人之所以肯跟着杜行敏抓捕李佑，一来是因为怕朝廷将自己归为反贼一类，二来是因为杜行敏的忽悠，相信杜行敏在这些人面前一定说得慷慨激昂，使这些人顿时觉得热血沸腾，认为抓捕李佑实在是功劳大大的。

可是现在围攻了大半天，连李佑的影子都没看到。杜行敏开始着急起来，如果手下这些人是朝廷的官军，杜行敏并不担心，即使不打，围也会把李佑围死，可这些人都是临时拼凑起来的，成分复杂，目的不同，他害怕如果再攻不进李佑的内室，这些人一旦失去耐心，来个一哄而散，那结果只能是功亏一篑。杜行敏脸颊上淌满了汗水，必须想个切实可行的办法，他的头脑迅速思索着，最终他锁定了一个四两拨千斤的办法。

杜行敏让人找来柴木，然后堆放在门口，接着对着内室大声喊道："齐王！以前你是皇上的儿子，可是现在却成了反贼，如果还敢顽抗到底，立刻就会成为灰烬。”

高！实在是高！杜行敏的选择很正确，那就是火攻！

不过，李佑毕竟是皇帝的儿子，除非在万不得已的情况下，杜行敏不能轻易地采取极端的策略，所以他才向内室高声喊叫，既是劝说，也是警告。

杜行敏的策略成功了。

在听到杜行敏的话后，李佑急忙对着窗子回话道："我立即开门，我就是怕你们会把燕氏兄弟杀了，所以才不敢出来。"

面对李佑的妥协，杜行敏因势利导："齐王放心，我一定保全你们！"

杜行敏的确是只老狐狸，就在李佑等三人刚刚走出内室时，他下令众多人一拥而上，将三个人捆绑起来。或许是燕氏兄弟平时实在太过鱼肉百姓，这些人不顾杜行敏的阻拦，将两个人砍成了肉泥。不过对于李佑，这些人还是很理智的，大家都明白，处理李佑的最好方式就是将他押解京城。

最终李佑被李世民赐自杀于内侍省，李佑的贡献就是拉同党四十四人共赴黄泉。综观李佑的造反，的确是一场闹剧。早在他宣布造反的时候，高村人高君状就斥责说："君主提着三尺长的刀剑夺取天下，亿万人民都感恩戴德，现在李佑忽然发动城中的几百人进行叛乱而违逆自己的父亲，这样就好像用一只手来撼动泰山，真是不自量力。"

高君状的话实在很贴切，作为一个农夫，尚且有这样的眼光，可是身为帝王子孙的李佑却不具备这样的眼光，看来的确是王侯将相，宁有种乎啊！

李佑的造反事件暂告一段落，而贞观十七年的政治地震才刚刚开始。

就在平定李佑造反的十五天后，有人上疏告发太子李承乾谋划造反。上疏的人名叫纥干承基。

第十章
储位之争（二）

告变

贞观十七年(643 年)四月初一,纥干承基上疏李世民,状告太子谋划造反。值得一提的是,这位仁兄是在监狱中为李世民上疏的。

前面我们说过,纥干承基是江湖人士(自由职业者),也是太子李承乾的同党,为什么此时会在监狱里呢?

答案是:因为他同时受雇于李佑。

要知道纥干承基并不是朝廷的官员,只是一名武功高强的江湖人士。作为自由职业者,是可以受雇于任何人的,前提是只要你肯花足够的银子。所以纥干承基并不像当时那些朝廷官员,会有很强的派系归属,他既可以为李承乾效力,同时也可以接受李佑的邀请。

这次李佑造反,李世民下令彻底清查李佑在各地的同党,纥干承基很不幸地被牵连进来。

没办法!纥干承基!拿人家的手短,吃人家的嘴软!李佑已经被赐死,朝廷现在只把你关在监狱,已经很高看你了。

身在监狱中的纥干承基为了立功赎罪,不得已将李承乾供了出来。如果从他和李承乾曾经的交情来看,纥干承基真不是爷们!

得到了纥干承基的上疏,李世民惊呆了。李佑造反刚刚平定,现在一波未平一波又起,而且这次纥干承基无疑是抛出一枚重磅炸弹。因为太子造反是一件远比齐王李佑造反更加严重的事件，它不仅影响着当时朝廷的政治走向，更加影响到无数人的命运。

为了弄清事情的真相，李世民特意下令让长孙无忌、房玄龄、萧瑀、李世勣组成"太子谋反事件"专案组，会同大理寺、中书省、门下省一同参与调查。坦白地讲，作为皇帝，李世民是怀疑太子的，因为自己的这个宝座当年就是夺来的。自己夺得，为什么别人就不能夺？但同时作为父亲，李世民是不相信自己的儿子会做出这种事，准确地说是不愿意相信。基于皇帝和父亲的双重身份，迫使李世民只能让众多的人参与调查，就是为了公正、公平。

但是，我依然相信在他派出众多元老重臣调查的同时，李世民的内心希望调查的结果是纥干承基说谎。因为一旦太子计划谋反属实，从另一个侧面也证明了李世民的失败——至少是对太子教育的失败。当然最大的失败就是十七年前"玄武门之变"的成功，让他的下一代找到了为自己的谋逆行为开脱的理由。

在这个世界上，没有绝对的成功，也没有绝对的失败，成功和失败有时其实是一种错觉！

李世民焦急地等待着调查的结果，不久之后专案组汇总了一份调查报告呈给了李世民，上边出现了他最不愿意看到的字眼——太子谋反属实！

李世民缓缓地闭上了眼睛，此时他的心中犹如翻江倒海一样，他觉得这个事件就像一记响亮的耳光抽在自己脸颊一样，他的脑海里出现了李建成、李元吉的面孔。

"想不到吧！李世民！你今天也会面对自己儿子的背叛！哈哈哈！"李世民心中一惊，急忙睁开眼睛，朝堂之下依然跪着长孙无忌、萧瑀等专案组的成员。

"真的属实吗？"直到现在为止，李世民依然不愿意相信这一切。

"的确属实，臣等不敢懈怠，如有差错，臣等愿担罪责，而且据纥干承基说，齐王谋反之初，太子曾经还嘲笑过齐王，说自己距离大内比他近多了，如果造反，肯定会比齐王方便。"长孙无忌缓缓说道。

"唉……没想到啊……"李世民喃喃自语。

太子谋反确实属实，虽然李世民内心深处无限自责，但是作为一个高高在上的君王，他是不能让朝臣看他的笑话的。

无论如何，太子谋反，按照当时的法律，应该是死罪。

毕竟是血浓于水啊，而且李承乾是未来皇位的继承人，如果将太子杀掉，那所有的人都会看大唐的笑话，其中包括朝臣、百姓甚至是周围国家的人。

该如何处理太子李承乾呢？李世民眉头紧紧地皱在了一起，摆在他面前的是艰难的抉择。

……

试探

李世民终于等到了李承乾的致命破绽，只是这个时刻真的到来时，他却陷入了矛盾之中。作为皇帝他需要执行国法，作为父亲他又不忍心伤害儿子，毕竟这是他的嫡长子，此时的李世民究竟应该扮演皇帝还是父亲，恐怕连他自己也说不好。

就在长孙无忌等人汇报完关于太子谋反的调查结果后，李世民将李承乾暂时扣押了起来。值得注意的是，他并没有立即废掉李承乾的太子地位，也就是说，到此为止，李承乾还是储君，只要他一天是太子，就意味着他有可能随时坐上那个宝座。

李世民正在反复思索着李承乾的问题，他不希望因为处理李承乾，而引发朝廷的动荡，特别是不希望因为另立太子而引发另一波权力斗争。

就在李世民思考着该怎样用一个万全之策解决李承乾的问题时，有一个人正在暗中窥视着一切，他迫切希望李世民尽早处理李承乾谋反案件，因为这对于他来讲是个无限靠近储君地位的绝好机会。这个人就是李泰！

在李承乾谋反案被揭发后，朝廷中最高兴的人当数李泰。李承乾被关押后，李泰认为自己的机会来了，所以在李世民最犹豫彷徨之时，李泰向自己的父亲大献殷勤，当然对于献殷勤的方式，李泰还是仔细研究过的。

无论李承乾接下来是死还是活，他的太子地位无疑将会被剥夺。李泰猜透了李世民接下来思考的问题将是立谁为太子，鉴于自己备受宠爱，所以李泰判断父亲很可能有意立自己为储君。当然，这只是他自己的推断，在李世民没有宣布之前，一切都是未知数。

从之前的一些迹象来看，李承乾被废掉的话，李泰是储君之位的第一人选，而且早在贞观十二年的时候，李世民曾经说过"设无太子，则母弟次立"的话，其实已经暗示了李承乾如果有什么意外，李泰将是储君的不二人选。

李泰作为嫡子，才能出众，论能力做储君是绰绰有余的，但李泰稍稍担心的是，嫡子不仅仅只有他一个人，除了李承乾，李治也是不能忽略的。

在李承乾和李泰明争暗斗的时候，李治身处事外，以至于像是一个被忽略的人。问题的关键是，李世民在考虑储君人选时，是不会忽略这个儿子的。

出于一种试探和标榜的觊觎心态，李泰对自己的父亲开始了一番试探。一天，李泰终于有机会和李世民单独相处，父子二人进行了一番充满玄机的对话。

“现在太子已经犯下重罪，地位已经不保啊！”李世民率先开启了话题。

“儿臣真是惋惜啊！其实太子实在是不应该这样的。”

“希望你不要像他一样啊，除了太子，你也是朕的嫡子，所以你应该明白这对于你意味着什么。”

李世民的话说得很巧妙，既含蓄，又有寓意。

李泰是何等聪明之人，立即悟出父亲话中的含义，他的眼光中闪过了一丝不易被人察觉的狡黠，然后开始了他精心设计的试探。

李泰一头扎进李世民的怀抱，然后开口说道：“我今天才真正成为皇上的儿子，今天是我再生的日子。我有一个儿子，我死的那天，我一定会为皇上杀掉他，传位给晋王。”

说完后，李泰抬起头观察着李世民的表情。

李泰的话的确很能打动人心，此时正值情绪低潮的李世民被李泰的话所打动。他此刻仿佛认定了李泰就是未来储君的人选，直到此时为止，他才真正地感觉到，自己曾经的选择是多么正确。

事实上，当时处于迷茫的李世民不小心被李泰忽悠了，幸好还有一班精明大臣的提醒。

就在父子二人结束谈话的转天，李世民就把自己和李泰的对话告诉了一帮朝臣。李世民甚至激动地表示，自己早就应该下定决心立李泰为太子，可是就在李世民兴奋过头的时候，褚遂良不失时机地给他泼了一盆冷水。

“这怎么可能呢？臣敢问皇上，是父子亲还是兄弟亲呢？”褚遂良问道。

“这个……”猛然间，李世民似乎明白了什么。

“这明显不符合人的本性，陛下想一想，一个连自己儿子都肯轻易杀掉的人，怎么会有仁爱之心呢？一个连仁爱之心都没有的人，还能传位给自己的弟弟，臣实在没听过这个道理。”

“可是，魏王和我说这话的时候，的确很真诚啊，你想哪个父亲不爱自己的儿子，我看到他那个样子，真的很怜悯他。”李世民依然坚持自己的观点。

“希望皇上不要再犯错，承乾本来是太子，可是您又宠爱魏王，宠爱的程度甚至超过了太子，太子谋反不能不说与这有很大的关联，刚刚过去的事希望陛下引以为鉴，如果皇上确实想立魏王，希望能够首先把晋王安置好。”

褚遂良的表达虽然有些隐晦，但是谁都明白他所说的安置晋王是指杀掉晋王的意思。因为在褚遂良看来，以李泰的为人，只要坐上皇帝宝座后，是绝不会容许其他兄弟在他身边的。褚遂良的这番话确实点中了李世民的要害，他的话让李世民顿时感觉左右为难。

李世民的眼眶湿润了，他忽然感到十七年前自己种下的恶果，今天终于轮到自己品尝它的滋味了。李世民缓缓地摇了摇头，只说了五个字：我不能这样做！

这是一句含义极其深刻的话，既像是向群臣传达一种信息，又像是一句自我谴责的话，个中滋味只有李世民最能体会。

李世民站起身来，缓缓地走进了后宫。

他需要清醒一下自己，梳理一下最近所发生的事情，然后希望在一种动态的变化中去寻找一个解决问题的万全之策。

李治的秘密

李世民内心很纠结，同样，李泰也很不安，自从和父亲那番充满玄机的对话后，李泰一直盘算着接下来该走哪步棋。

李承乾基本已经算是个废人，目前能和李泰竞争的人只有晋王李治。但你千万不要认为李治是和李泰一样打破脑袋也要往争储队伍靠拢的人，事实上恰恰相反，此时的李治真的是无欲无求。

作为皇帝的嫡子，在太子被废的现实面前，李治难道真的不动心吗？

有的人认为李治的无欲无求是在作秀，他做出“不争”的姿态其实是在捞取一种政治资本，是一种韬光养晦的策略，在我看来这种说法并不靠谱。当然造成李治无欲无求的原因并不是其觉悟有多高，而是因为他的性格原因。那么李治究竟是个怎样的人呢？

归纳起来说，可以用四个字来形容——宽仁孝友。

关于李治少年时期的经历，史书记载得很少。我们从史书记载的只言片语中，仅仅知道他四岁的时候受封晋王，遥领并州都督，后来进拜右武侯大将军，除此之外，再也没有其他的记载。

等到年龄稍长后，关于他的记载依然很少。如果说那个时候他给人们留下过什么印象的话，也就是他和父皇李世民的一次对话，那个时候李治正在学读《孝经》，于是李世民问这个宝贝儿子：“这部书中什么话最重要啊？”

李治回答："我认为'夫孝，始于事亲，中于事君，终于立身。君子之事上，进思尽忠，退思补过，将顺其美，匡救其恶'这句话最重要。"

李世民闻言大悦，说道："这样做就可以完全服侍父兄，做一个很贤明的臣子了。"

从李世民的回答中，我们可以明显感觉到，他当时对于这位九皇子并没有过高的期望，只是希望他能做好一个臣子就可以了。这和他评价李泰很像自己时，态度是迥然不同的。从这一点可以看出，李治缺少李泰那样的才华，甚至也缺少李承乾早期代父处理政务的能力。

"宽仁孝友"这四个字如果形容普通的文人学士，或许是个很高的评价，但是用来形容未来登上皇帝宝座的李治，未免有些贬低的味道。其实这四个字不仅仅是李治性格的特征，甚至可以概括为李治一生为人处世的基本特点。那么我们不禁要问，同是李世民和长孙皇后的儿子，为什么李治的性格跟他的父兄有着截然相反的差别呢？

这个问题，如果想通过史料记载去寻找根源，似乎并不容易，因为现有的史料实在缺少有关这一问题的直接记载，甚至从李治的周围人身上，也很难找到间接影响李治性格的因素。但是，当我们将诸多史料片段的记载拼接在一起，充分发挥我们的逻辑推理力量，找出问题的答案其实也并不困难。

我们知道李世民是位强势皇帝，为大唐帝国的建立与巩固立下汗马功劳，尤其是在"玄武门之变"前后，更是显示出了策划周密、毫不手软的特点，显然用"宽仁孝友"来形容李世民是不合适的。从遗传学角度来讲，李世民对李治性格的形成并无太大的影响。

再看长孙皇后。

长孙皇后为人宽厚，性格温顺，似乎与李治的性格有着某种传承关系。如果说李治的性格受其生母的影响，当然也很正确。问题的关键是，宽厚只是长孙皇后性格的一个侧面，我们从长孙皇后一生的经历中，感受更深的是她的聪慧与明智，而这一点在李治身上体现得却很少。也就是说，早期的李治性格似乎存在某种缺失，具体就是缺少才华，缺少胆略，显得过于柔弱等。

这是为什么呢？

当我翻遍了诸多史料，详细地剖析后，我将这一切归为一个原因，那就是长孙皇后过早的逝世。

贞观十年，36 岁的长孙皇后因病逝世，那一年李承乾 18 岁，李泰 17 岁，而李治只有 9 岁。

从年龄上来讲，李承乾和李泰都已是成年人，对于母亲的逝世，虽然心中悲伤，但成年人总是懂得控制自己情绪的，可对于九岁的李治而言，在当时他还缺少控制自己情绪的能力。应该说长孙皇后的过早逝世，使李治幼小的心灵受到了严重的创伤，我们虽然找不到长孙皇后如何疼爱李治的史料记载，但从长孙皇后去世时李治哀泣不已，以至于后来因此而落下眼疾，左右皆为之动情的情况来看，母子之间的感情肯定是相当真挚深切的。

一个九岁的孩子在看到母亲闭上了双眼，并且知道永远也不会再睁开的时候，那是一种怎样撕心裂肺的痛苦？

所以对于李治性格的柔弱，说句实话，我挺同情他。

他本来应该可以有更多的时间依偎在母亲的怀抱里，充分享受着母爱带来的快乐。九岁的年龄应该是冲着妈妈撒娇的时候，可对于李治而言，在贞观十年的某一天，先前的一切戛然而止，而且永远不会再回来。一个九岁的孩子怎么能承受这人世间莫大的痛苦？

所以，我们有理由认为，长孙皇后的早逝，使李治在成长的道路上遇到了某种障碍，从而使他的性格稍微缺少些自信与决断。

我想，后来李治深切眷恋着比他大四岁的武则天，除了武则天主动投怀送抱，事实上最关键的是李治具有恋母情结。

长孙皇后去世后，李治最初一直和妹妹晋阳公主住在一起，兄妹二人关系极好，但晋阳公主不久后因病不幸夭折，所以对李治又是一个沉重的打击，这可能对李治的性格形成也有间接的影响。

当然，性格只是一种对行为的倾向性归纳，并不能代表人这一辈子行为方式不会产生变化。事实证明，后来的李治，在某些时刻的确也表现出了与他早期“宽仁孝友”截然不同的行为方式，但这也不能否认早期的李治性格的确是柔弱的。

从贞观十年到贞观十七年这七年间，总体来看，李治的生活平淡而安逸，甚至有些孤独，他既不像李承乾那样自甘堕落，也不像李泰那样积极争储，这不能不说与他的性格有关。李治似乎依然扮演着被人遗忘的角色，当然他并不反感这种角色，他明白此时的朝廷已经是山雨欲来风满楼，而如果自己深陷其中，凭借自己的能力估计十有八九会成为牺牲品，所以李治躲避着这一切，他只想安安静静地生活，做一个“进思尽忠，退思补过”的好人。

然而，正所谓“树欲静而风不止”，李治的想法过于天真了，他的嫡子身份决定着在贞观十七年的这场政治地震中,他是不可能置身事外的。虽然他可以不去和别人一争高下,但是他不能阻止别人把自己当成竞争对手。

李泰恰恰就是这样想的。在面对比自己小九岁的弟弟时,李泰表现得实在过于强势。而李泰最终的失败,就是此时埋下的祸根!

李泰的错误

"目前情况下还能有谁对自己产生威胁呢?"

李泰始终在盘算这个问题,上看下看,左看右看之后,他将目光瞄准了李治。虽然李治比自己小八岁,而且性格柔弱,但李泰此刻实在不能忽略这个弟弟。因为李治嫡子的身份让他同样拥有争夺储君的筹码,虽然李治本身并没有夺储的想法,但是在李泰看来,李治应该是和自己一样准备跃跃欲试的,而且谁又能担保李世民不会考虑李治呢?

面对如此状况,李泰开始思考如何消除来自李治的威胁,想来想去,李泰决定还是从李治柔弱的性格入手。

一天,李泰正好碰到李治,兄弟二人寒暄过后,李泰看似漫不经心地说了一句话:

"据我所知,弟弟曾经和汉王(李元昌)关系很好,如今汉王因为太子谋反而被关进了监狱,弟弟不感觉忧伤吗?"说完,李泰的眼睛诡异地盯着李治。

李治虽然性格柔弱,但并不是白痴,他听得出来李泰是在挑衅,于是不温不火地回了一句:"岂能为反贼忧伤?"

这是一句很巧妙的话,既避开了自己和汉王关系的敏感话题,又表明了自己的立场,有的时候性格和城府的确不能画等号。

面对李治的推太极,李泰有些尴尬,在他看来,自己似乎反被李治挑衅,于是他卸下了先前的一切伪装,恶狠狠地对李治说:"告诉你!太子被废已成定局,储君之位早晚是我的,你最好老实点,不然的话,我会告诉父皇你和汉王关系亲密!"

李泰说完转身离去,只留下李治在原地呆呆地发愣。

大错就此铸成!

显然,李泰过于自信了,如果对象不是李治,李泰或许会换一种说话的方式,但李治外在形象上也许就给人一种柔弱的感觉,所以李泰毫不顾忌,直接亮明自己的底牌。他认为经过自己这样一番恐吓,柔弱的李治会被吓住,事实证明,李泰只猜对了一半。

实际上,李泰的话确实让李治心中不安,他怕李元昌因为参与谋反从而牵连自己,所以李泰走后,李治整天愁眉不展,茶饭不思,以至于李世民召他觐见时,依然是一副忧心忡忡的样子。

李治的反常立刻引起了李世民的注意,在李世民看来,李治本不该是这个样子的,虽然这个儿子性格内向,但也不至于眉头紧锁。从这一点可以看出,李治是个不善掩饰自己的人。

"稚奴(李治的小名)可有烦心事?"李世民问道。

"哦……回禀父皇,孩儿没有!"李治若有所思地回答。

"不对!你一定有什么事瞒着我。"

"我……"

"有什么事快跟我说,朕帮你想办法!"

"这个……"

"为什么吞吞吐吐的,难道有什么不可告人的事情瞒着朕吗?"李世民语气强硬起来。

"孩儿不敢!孩儿不敢!"李治急忙叩头请罪。

"那就赶快和朕说!"

"魏王……魏王他说让孩儿老实点,不要和他争储君之位,不然的话他会向父皇报告我和元昌叔叔曾经关系亲密。父皇啊!我虽然和元昌叔叔关系好,但是我确实不知道他参与太了谋反的事情啊!请父皇明察!"说罢,李治连连叩头!

李治说完,李世民惊呆了!

很长时间以来,他一直认为李泰是一个太子的合适人选,当李承乾谋反事件被揭露后,他将所有的希望寄托在李泰身上,甚至在某些时候李世民庆幸自己幸好还有一个很像自己的李泰,不然的话大唐帝国的储君之位,他真的不知该让谁来继承,不过随着李治的一番话,李世民仿佛瞬间看清了李泰的真面目。

在一片温和的慈眉善目之下,终究掩藏不住野兽一般的凶狠狰狞,在嗅到血腥之后,不顾一切地猛扑上去,将猎物顷刻间撕咬得粉碎!这就是传说中的狼子野心。

"如果未来李泰真的当了皇帝,他会容得下众兄弟吗?"李世民的眉头紧紧地皱在了一起。想到这里，李世民不禁倒吸一口凉气，他仿佛看到了李泰端坐在皇帝宝座上，指挥着一场残杀兄弟的血腥屠戮，而且发出狰狞的大笑。

不！我要阻止这一切，十七年前的那场残杀，绝对不能再重演！绝对不能……

纠结

通过这次和李治的对话，李世民仿佛明白了很多，虽然他是个高高在上的皇帝，以前他认为任何事情都不会瞒过自己的眼睛，但是现在他忽然觉得皇帝被称为"孤家寡人"实在是很有道理的。

都说站得高，望得远，但端坐在那个宝座上却是个例外，它有时会成为一道枷锁，封闭通往众多人心的道路。

李世民实在不愿意相信李泰对李治说的话，此前李泰和李承乾明争暗斗之时，很多人似乎都认为李泰是处于弱势的一方，现在看来，那不过是李泰的一种手段，因为弱势往往是受到同情的。

在和李治的那番对话前，李泰的掩饰很成功，这种掩饰成功欺骗了李世民，获得了李世民的过分宠爱，以至于让李承乾迫不得已地走上了谋反的道路。李泰的掩饰让我们仿佛想起了当年的杨广是怎样经营得到太子地位的，在李世民的心中，他一定不希望自己成为隋文帝杨坚。

可是现在李承乾基本已经是个废人，李世民接下来该选择谁呢？李泰还是合适的人选吗？

出于一种自责和试探的心里，李世民决定召见李承乾。他想知道这个即将远离这场政治纷争的儿子的态度。这是李承乾谋反案被揭发后，李世民和他的第一次见面，同时也是父子二人的最后一次见面。

李世民看到李承乾时，心中不仅怅然若失，曾经被寄予无限希望的太子，如今会落得如此田地，究竟是谁之过呢？

李承乾的自甘堕落固然是根本原因，但李世民就没有责任吗？

李承乾依然照例行跪拜大礼，只是连日来的惊恐和忧思让他的身躯微微有些颤抖。看着一脸憔悴的李承乾，李世民缓缓地叹了口气，然后开口说道：

"为什么要那么做啊？"

李承乾明白这句话的含义，在父亲说完，他开始失声痛哭起来，显然这是一种后悔的表现。李世民并没有阻止他，因为他知道李承乾很长时间以来承受了太多的压力,现在他失声痛哭也许是释放压力的最好方式。作为父亲,他的确是不应该阻止儿子的。

"我为太子,还有什么更高的要求呢?"李承乾忽然说道。

这是一句略带责备的话,也是一句自责的话!

"只因为魏王有所图谋,所以儿臣才经常和朝臣们谋求自保的方法,因此那些不法的人就趁机教我做些不轨的事。"李承乾虽然强调的是客观原因,但他所说的的确是事实,这一点李世民也明白。

最后李承乾说了句意味深长的话:"父皇啊!如果你真的立魏王为太子,那就正好落入了他设的圈套啊!父皇!你要三思而行啊!"说完李承乾继续哭泣……

这次召见李承乾,虽然父子二人见面的时间很短,但李承乾所说的话句句刺入了李世民的心窝,尤其是最后一句,更像是一把尖刀,深深地扎进了他的心窝。李承乾的话让李世民顿时觉得很长时间以来,自己成为了李泰的一杆长枪,在李泰的精确瞄准下,成功打掉了李承乾这只大鸟。

如今想要再挽回大鸟的生命,已经是不可能的事情了。

一生戎马的李世民,开创了"贞观之治"的李世民,轻松驾驭群臣的李世民,居然在很长时间内被自己的儿子玩弄于股掌之间。说实话,确实有点意思。

但在有意思的背后,更多的则是悲哀。

李承乾的话结合李治的汇报,让李世民对李泰有了一个全新的认识。李世民的态度开始逐渐转变,只是他还不能确定谁是最好的储君人选。

眼下这个问题,是必须要解决的,可是在解决这个问题之前,李承乾的太子之位首先必须要剥夺。李承乾说过,有一些不法的人教他做那些不轨的事,当然李世民心中也明白这些人都有谁。他更明白,在这些人中,谁是那些不法分子的带头人。毫无疑问,答案只有一个——侯君集!

在彻底解决储君人选的问题之前,李世民决定首先解决侯君集的问题。在他看来,这位因"玄武门之变"而置位凌烟阁的功臣实在是不应该成为谋逆之人的。如此看来,先前针对一切侯君集的打压策略,全部意味着失败。

江山易改,本性难移!

储君之位的问题虽然不好解决,但是侯君集的问题,李世民却很快找到了解决的办法。尽管他并不忍心这样做。

侯君集的结局

当李承乾谋反被揭发的那一刻，就注定了侯君集的前程即将断送。和李承乾一样，这位在西域立下奇功的大唐第一功臣被关进了大狱，只是这一次不再是李世民的有意打压，而纯粹是他自作自受。

很长时间以来，侯君集的心态决定了他的行为方式。江夏王李道宗曾经评价过侯君集，说侯君集志向高远，却缺乏智慧，在李靖和房玄龄之下，心中肯定颇多不服，甚至认为是一种耻辱，虽然做了吏部尚书，心里还是不满足。李道宗当时就判断侯君集将来可能会谋反。

李道宗的眼光的确独到，不愧是曾经和侯君集并肩作战的战友。看来对于这位老战友，李道宗了解得十分透彻。

对于这位为自己立下奇功的人，李世民此刻的感受颇为复杂，他憎恨一切谋逆之人，可是对于侯君集心中又不免惋惜。如果时间可以重来的话，李世民真的希望他的人生道路是另一番景象。

即使这样，李世民还是希望见一见这位"志殊怏怏"的大功臣，一来可以让侯君集死而无怨，二来可以借势震慑朝廷的其他功臣。

为此，李世民决定利用早朝的机会，在文武百官面前，亲自审问侯君集。

那是一个阴霾的清晨，天空低垂得让人有些压抑。

李世民依旧端正坐在那个宝座上，朝堂之下所有人都凝神低头，屏住呼吸，不敢有丝毫的动静。因为他们知道今天皇帝陛下的心情实在糟糕，所以所有的人连大气也不敢出一声。

"带侯君集！"李世民的声音依旧低沉有力。

"带侯君集……"随着殿前太监的高喊，不一会儿，随着脚镣声的由远及近，侯君集被带到了大殿之内。

所有人的眼光都注视着这位曾经叱咤风云的名将，他们看到侯君集的眼中布满了血丝，曾经的耀武扬威如今只剩下那迷离又略带一丝忧伤的目光。

虽然侯君集缓缓地跪下去，但是口中没有说一句话。

朝堂的气氛顿时凝结。

"朕不想让你受狱官的凌辱，你也是曾经的功臣，所以朕要亲自审问你！"

李世民终于打破了朝堂的凝重。

“我不服！皇上你可有证据说我谋反?”侯君集依然在做最后的挣扎。

“证据？你看看这个!”说罢,李世民让太监将诸多信笺送到了侯君集的手中。

当侯君集打开信笺的一刹那,额头顿时冒出了冷汗。因为这些信笺都是他曾经和李承乾来往的记录,信中有诸多侯君集忽悠李承乾谋反的话语。

“这个是否能当证据呢?”李世民反问道。

直到此时,侯君集终于低下了他那曾经高傲的头颅,因为他知道一切都已经无法挽回。

看着跪在大殿中央颓然的侯君集,李世民长叹一口气,然后开口对文武群臣说道:“君集对大唐有功,我想赦免他的死罪,众爱卿你们说可以吗?”

这是一句水平极高的问话,他向所有人传达了一个信息,侯君集是死罪。试想皇帝要想赦免谁,还用征求大臣的意见吗？所以结论就是:侯君集死期已到。

自古以来皇帝和大臣之间始终是一对矛盾体。当然皇帝是主角,大臣是配角。

现在主角已经说出了台词,所以配角必须有所回应。当然配角并不能忘记自己的角色任务,是为了衬托主角,所以李世民的话刚一出口,所有人异口同声地说出了三个字:“不可恕!”

无须编剧的创作,无须导演的精心设计,一切都是那么自然地上演,没有一丝表演的痕迹,所以我说官场中人是这个世界上演技最高超的演员!

侯君集绝望了,他缓缓地抬起头来。他虽然没有说一句话,但他那闪耀着一丝迷离的目光,仿佛在告诉李世民,他的结局本不应该是这个样子。

忽然之间,侯君集扑倒在地,再抬起头早已是泪流满面。

侯君集转身缓缓地走出了朝堂,他曾经无数次从这个朝堂进进出出,那是何等的威风,而如今这一次却只是一个凄怨的身躯被那至高无上的权力永远地逐出门外。

“朕为你当永不再入凌烟阁!”

侯君集听到背后传来李世民的高喊声,下意识地停下了脚步,但他并没有回头,因为他知道今后这个世界上所发生的一切,都将与自己无关了。

侯君集继续迈开脚步向朝堂外走去。走出朝堂后,他感受到了一丝凉风,抬头望时,天空已经落下点点雨丝。

他忽然想起二十多年前,当他第一次走进李世民的行军营帐时,外边也是小雨正下。

……

侯君集最终被斩于东市，临刑前，他说出了一生中在我看来最为动情的话语："我竟然失误到这个地步，不过看在我很早就侍奉皇上，而且又曾经击败过吐谷浑和高昌的份儿上，希望皇上能为我留下一个儿子，以奉祭祀！"

李世民听到这个消息后，毫不犹豫地答应了。

对于侯君集，我不想过多地评价他，功劳与过失一切早已是过眼云烟，他一生的经历留给后人的其实是一盘需要无限深思的棋局。

平衡

侯君集走了，永远地离开了这个世界，无论结局如何，总算是一种解脱，但对于活在这个世界上的人来讲，只要活着就必须面对人世间的一切酸甜苦辣。

现在李世民的心中就有说不出的苦涩。

就目前来看，李承乾被废已成定局，李泰也不是合适的人选，李世民必须在最短的时间内找到帝国的继承者，那么这个人该是谁呢？思维的惯性让李世民不经意间注意到了最不引人注目的李治。

李治难道就是个合适的人选吗？

前边我们分析过李治的性格，从性格来看，李治的确不是储君的最好人选，但事实再一次告诉我们，性格决定命运这句话的确是亘古不变的真理。在贞观十七年的这场政治地震中，李治的性格其抗震性能堪称优良。

李世民现在正迫切思考一个问题，那就是在自己死后，如何让儿子们安安稳稳地生活下去。虽然十七年前他发动了"玄武门之变"，亲手杀死了自己的兄弟，制造了一起千古罕见的兄弟相残事件，但是当他今天面对自己儿子们的你争我夺时，他却不希望十七年前那场悲剧重演，所以在挑选继承者时，他就必须考虑一个因素——性格。

以李泰的性格来看，如果他当皇帝，估计会把李承乾挫骨扬灰，反之，李治则不会。从这一点来看，如果李治上位能够实现李世民保全儿子们的愿望，但这仅仅是个底线。作为一个开创"贞观之治"局面的帝王而言，将这个盛世局面能够无限地延续下去才是他最大的心愿。

那么，从这个意义上讲，李治还是合适的人选吗？

如果要弄清这个问题，仅仅从李治个人角度是很难说清楚的。我们曾经说过，一个国家要想正常地运转，仅仅依靠皇帝是远远不够的，在皇帝身边还需要一个官僚群体协助皇帝进行决策和执行，在这个过程中官员和皇帝的关系是至关重要的。李世民之所以能够开创“贞观之治”的局面，其中一个重要的因素就是君臣关系融洽，通力协作。当然我们不能苛求君臣之间一片歌舞升平，没有一丝一毫的矛盾，但至少从整体来讲，贞观时代的君臣关系还是以和谐为主旋律的。

李世民当然希望未来的继承者最好还能保持这种局面，目前来看，李承乾已经不可能了，李泰虽然受到自己的宠爱，但并不能得到大臣们的支持，先前褚遂良的进言就证明了这一点。而当李世民将目光注意到李治的时候，他忽然发现李治未来可能会实现自己的愿望。

因为李治有一个很重要的支持者，这个人就是长孙无忌。

在这场储位之争的大戏中，长孙无忌虽然戏份不多，但绝不应该被忽视，一个是因为他的身份，另一个是因为他和李治的关系。而这二者又有着内在的联系。

很长时间以来，长孙无忌都是李治忠实的粉丝，不过他这个粉丝并不是发自内心对李治崇拜。事实上，长孙无忌有自己的私心。

唐朝到了贞观十七年(643 年)，随着先前的老臣一个个地逝去，朝廷剩下威望较高又有资历的只有长孙无忌、萧瑀、李世勣、房玄龄、褚遂良等人。在这些人中长孙无忌作为李世民的大舅哥，他的身份比其他人有着得天独厚的优势，而且才能俱佳，所以在这些人中威望最高。

长孙无忌支持李治，在某种程度上代表着贞观一朝的大臣基本上都倾向李治，当然并不能代表全部。例如，尚书右丞刘洎就是个例外，关于这位仁兄的事情我们在后边还会详细说到，暂不赘述。

舅舅支持外甥，这本无可厚非，问题的关键是李泰同样也是长孙无忌的外甥，按照常理来推论，李泰最受李世民的宠爱，长孙无忌本应该更加支持李泰才对，那为什么长孙无忌偏偏支持不被看好的李治呢?

答案只有一个:李治更加易于控制。

李治的性格注定了他不是个强势者(至少现在看来是这样)，而长孙无忌偏偏又是个爱权者，虽然在贞观初年他主动辞去了宰相的职位，但那只是明哲保身的一种策略，这么多年以来长孙无忌一直都在暗中蓄势待发。他明白只要李世民活着，自己是不可能大权在握的，只有等到李世民死后，下一任皇帝即位后，自己才有可能出头，当然前提是未来的继承者绝不能是像李世民这样的强势者。

从这个角度来看,李泰显然不是合适的人。试想李泰连他老爹都玩弄于股掌之间,几句话感动得李世民热泪盈眶,要不是在面对李治时偶然疏忽说错了话,李泰的努力近乎成功,这样工于心计的人,长孙无忌显然是不欢迎的。如果李泰真的当了皇帝,相信用不了多久,长孙无忌就会像当年的裴寂一样,卷起铺盖卷远离长安。

所以,为了实现总揽大权、把持朝政这个宏伟的愿望,长孙无忌把所有的赌注押在了李治身上。为了达到那个不可告人的目的,长孙无忌很多次请求李世民立李治为太子,一直到李泰的阴谋被发现,长孙无忌终于看到了希望。对于长孙无忌的不断请求,李世民当然明白他内心深处的想法。对于这位和自己并肩战斗多年的老战友,又是自己的大舅哥,李世民有着特殊的感情,一方面不断提防他,另一方面因为长孙皇后过早的逝世,李世民对长孙无忌本能地又有一种亏欠的心理。

李世民明白自己是不可能永远活在这个世界上的,一旦自己撒手西去,这个帝国除了必须有一个合适的继承者,还必须有一些德高望重、才能俱佳的贤臣来辅助,长孙无忌无疑是这样的人。而且以长孙无忌的威望,相信朝廷的大臣一定会通力协作,继续书写"贞观之治"的长歌。

现在李世民从长孙无忌和李治的身上看到了这种希望,也许李世民内心深处明白长孙无忌未来可能会把持朝政、独揽大权,可是他又能如何左右身后事呢?也许这就是人生的悲哀吧。

后来的事实证明,所有的人都没有想到,历史会拐向另一方,大唐帝国会在一个女人的手中继续书写着盛世的传奇。

不过那时来看,李世民似乎宽慰了很多,虽然他不喜欢李治的性格,但是关系到帝国未来的稳定,更关系到千万人的前途,李世民决定选择李治。当然,他更明白,出于政治需要,他必须有一个巧妙的安排。

太子被废

贞观十七年(643年)四月初六。

这一天,所有的大臣都早早地来到皇宫大殿门口等待着早朝,往常朝臣们等候早朝的时候都会互相寒暄一番,有的讨论国事,有的互相开着玩笑。

但是,今天却没有人开口讲话,大殿外边寂静得像是一个人也没有。在此之前,他们通过小道消息得知,皇帝陛下今天可能会有惊人之举,所有的人都凝神等待着，每个人都面部表情凝重，仿佛正在迎接一种挑战。没错！从今天开始，随着朝廷格局的改变，有些人的命运会发生微妙的变化。

早朝的程序与往常并无二致，商讨完所有的事宜后，正当所有的人都认为早朝就这样结束时，李世民忽然开口说道：

"承乾的事该如何处理呢？众位爱卿说说看。"

所有的人都明白，这才是今天早朝的关键点。留到最后才说的话题，往往都是最重要的话题。

可这个话题实在太敏感，因为李承乾不是普通人，他是皇帝的儿子，即使李承乾犯有谋反大罪，应该被处以极刑，作为大臣也不能讲出口。因为在那个封建社会里，最终说话算数的还是皇帝。皇帝可以随便处置自己的儿子，但作为大臣如果你也认为应该秉公办事，而仗义执言，那就只能证明你是脑残。

此刻能够站在这个大殿上的，没有一个是脑残者，所以大家都默不作声。

"为什么都不说话？"李世民抬高嗓门问道。

不是不愿意说啊，而是实在不知道皇帝陛下您是个什么心思啊。

沉默片刻，李世民长叹一声，他仿佛明白朝臣们的顾虑，但他实在没有想到大殿上的近百位朝臣竟然没有一个能够说出好办法。

你们平常争着吵嘴架的功夫哪去了？李世民心中虽然这样想，嘴上当然不能说出来，但是他却用一种看起来很像市井大妈的架势来回击这些朝臣。

"如果没有人说话，今天谁也不要走出这座大殿，违者定斩不饶！"

这个方法虽然有些低劣，但对于急切需要解决储君问题的李世民来讲，此刻也实在想不出什么更好的办法了。李世民的威胁终于起了作用，他话音刚落，一个人站了出来。

这个人的名字叫来济，时任通济舍人。相比于长孙无忌、李世勣等那些德高望重的名臣来讲，来济实在是个小人物，他唯一可以骄傲的资本，就是他的老爹是隋朝的大将来护儿，除此之外再无其他。

"皇上不能不说是一位慈父，如果能不杀太子，那是最好的！"来济的声调虽然不高，但很有力。

在我看来，这是一句将中庸之道演绎得出神入化的话，同时又是一句巧妙提出处理意见的话，更是一句不损皇家威严的话。

仔细分析来济的话，我们可以看出有三重含义。

一、理解皇帝不想杀掉太子的心理。

二、太子虽然可以不杀，但并不代表所犯之罪不是死罪。

三、不杀太子是因为皇帝是一位慈父。

所以结论就是，这句话既不露痕迹地吹捧了李世民，又平稳解决了太子谋反大案。

高！实在是高！

仅凭这句话，来济绝对可以跻身一流政客之列。

在听完来济的话后，李世民点了点头，表示同意来济的话，当然，来济的话也适当地替群臣解了围，至少李承乾被废已经达成了共识。

李承乾就这样在李世民和一班朝臣的潜在过招后，结束了他十七年的太子生涯，被废为庶人徙往黔州，贞观十九年(645 年)病逝于那里。

本可以成为人人敬畏的真龙天子，最终却从天堂跌落到地狱，以至于千百年后依然让人为之叹息。

表演很到位

李承乾正式被废，意味着接下来即将产生新的储君人选。

当然，解决李承乾的问题，只是李世民立李治的第一步，事实上接下来他还有很巧妙的安排。

长孙无忌虽然是李治忠实的支持者，并在朝廷威望最高，最受朝臣的拥戴，但李世民依旧担心在立李治为太子这个问题上，长孙无忌是否真能代表多数朝臣，因为立储这个问题牵涉诸多人的利益，有的人因此一飞冲天，而有的人就此终结政治生涯。

到目前为止，立储问题已经将李世民折磨得筋疲力尽，他不希望在看到曙光时，因为自己的一着不慎而满盘皆输，为了慎重起见，李世民决定必须公开得到朝臣的表态，然后再立李治为太子。也许这只是一种形式，但在某些时候，形式是更重要的。

当然，要达到这个目的，必须运用一些手腕才行，而李世民正是玩手腕的高手！

李世民明白当时情况下没有必要亲自听到所有朝臣的表态，他只需要从中找出几个代表，然后让他们信誓旦旦地点头同意就完全可以了。

李世民选中的人颇具代表性，除了长孙无忌，还有房玄龄、李世勣和褚遂良。

房玄龄和褚遂良是文臣的代表，而李世勣则是军界的首脑。如此看来，李世民的考虑颇费苦心，不仅要顾及文臣，武将也是不能忽略的。

值得一提的是，这四个人除了房玄龄在贞观二十二年逝世，其他三人都是李世民的托孤重臣，从中我们不难看出，李世民在当时是深谋远虑的，那就是为李治搭建好政治班底。

就在李承乾正式被废的那天早朝过后，李世民将这四个人留了下来。当然，还有李治。空旷的大殿中显得更加寂静，甚至都能听到人的心跳声。在皇帝陛下没有开口之前，四个人始终低着头一言不发，不过四个人的脑子都在飞速运转，时刻思考着皇帝陛下会说些什么，自己该如何应对。只有年轻的李治左右看着这些老臣，仿佛他是个局外人。

在沉默片刻之后，李世民的开场白颇有些诉苦的意味。他缓缓说道："我的三个儿子和一个弟弟竟然做出这种事来，真是让我失望啊！"

这句话既是一句诉苦的话，又是一句铺垫的话，要知道李世民有四个儿子，三个儿子让他失望，那另一个呢？在李世民说完后，朝堂下依然一片寂静。

这让李世民有些尴尬，在看到五个人没有反应后，李世民忽然间抽出身上的佩刀向着自己脖子抹去。

很长时间以来，我对李世民的这个举动颇为好奇，经历过无数次惊心动魄的搏杀，为什么会在看到朝臣没有反应后，就脆弱得想到自杀？这明显不符合李世民的性格。

那么李世民为什么会有这个举动呢？在说出答案之前，我们先来看看五个人的反应。

李治首先吓坏了，愣在那里不知所措。长孙无忌和房玄龄想要上前阻止李世民，不过他们两人的动作没有褚遂良快，褚遂良上前一把夺过李世民手中的佩刀，将它递给了李治。

如此看来，褚遂良的反应堪称神速，几乎是在李世民抽出佩刀的同时，就冲了上去，要想达到这个结果，只有一个解释，事先经过了周密的安排，不然的话，万一五个人都没反应，李世民岂不是真的前往佛祖那里报到？

虽然史料上没有明确的记载，但是通过对现场的还原分析，我们还是可以看出一些表演的痕迹。

李世民做出这个举动，其实是一种逼迫朝臣的表演方式，其潜台词是：你们要是不为我着想，我真的活不了了。幸好褚遂良这些配角们事先拿到了剧本，所以配合皇帝陛下顺利完成了表演，还是那句话，有时形式是很重要的。

"皇上你有什么想法，请说吧，我们愿为皇上分忧！"长孙无忌开口说道。

“我想立晋王为太子!”李世民终于说出了他很长时间以来最想说的话。

“臣等谨遵皇上的诏命,如果有异议者,我请求皇上杀掉他!”长孙无忌信誓旦旦地说道,此言一出,意味着至少在场的人必须一致。

李世民长舒一口气,然后对李治说道:“你的舅舅赞成朕立你为太子,你还不赶快拜谢!”

此时的李治早已被刚才君臣的对话所惊呆,只有十六岁的他当然不明白其中的玄妙,此刻他只觉得幸福来得如此突然,仿佛还在梦里。

李治下意识地朝着长孙无忌跪了下去,这一跪也意味着今后在一段时期内,李治会依靠长孙无忌,当然仅仅是一段时期内。

长孙无忌笑了,他实现了自己多年的梦想。李世民也笑了,困扰多年的储君问题即将解决。

“召集文武百官,朕有话要对他们说!”李世民整整衣冠,眼睛放出光芒。是的,距离李治当太子还差一个环节。当然,是最后一个环节。完成这个环节,一切就都尘埃落定了。

尘埃落定

重新走进这座大殿时,文武百官都感觉到了一丝不同于刚才的气氛,因为他们看到李世民、长孙无忌等人脸上洋溢着笑容,他们此刻也明白了接下来自己该充当什么样的角色。

“承乾犯下谋反大罪,泰的用心也非常险恶,我想从其他的儿子中选出一个作为储君,爱卿们认为谁合适呢?”李世民开门见山地说。

“晋王仁孝,当为嗣!”所有人异口同声地说道。

就像先前审问侯君集一样,君臣之间一问一答都显得那么自然,这是一场无须排练的剧目,彼此心照不宣,互相演好各自的角色就可以了。

就在同一天,李泰率领一百多名骑兵入宫觐见李世民,在路过永安门时,李世民得到了消息,他下令禁军将领遣散了李泰的骑兵,将李泰独自引入肃章门,幽禁在北苑。

李世民不愧是政治老手,他不允许任何意外发生,因为十七年前他就是意外事件的制造者。如今李泰率领一百多名骑兵前来,他必须将一切危险扼杀在摇篮之中。

而身处北苑的李泰此时感觉犹如从天堂跌落到地狱一般,他并不明白父皇李世民为什么对自己的态度跟先前反差这么大。

对于李泰,其实用一句话可以形容:机关算尽太聪明,反误了卿卿性命。

李泰虽然没有丢掉性命,但是对于一个视夺取储君地位为人生理想的皇家子弟而言,政治生命的终结也意味着从此退出了历史舞台。

四月初七,李世民正式下诏书立晋王李治为皇太子,宣布大赦天下!

所有的人都长舒一口气,储君之位的选立,终于以平稳的方式而收场。虽然每个人对先前的一切还心有余悸,但无论怎样,结果还是不错的,正像李世民所说的:“立李泰为太子,承乾和治都不能保全,立治为太子,承乾和泰都可以安然无忧!”

其实正应了那句话:稳定是发展的前提!

李治并不是最完美的选择,但是最合适的选择。因为在他的身上看不到一丝巧取豪夺的阴谋,更看不到刁钻经营的诡诈。

夫唯不争,故天下莫能与之争!

贞观十七年的政治地震让李世民心力交瘁,他的行为方式也改变了。或许是年岁渐老的原因,李世民开始变得多疑起来,每天他都用猜忌的眼神看着那些跪在朝堂之下的大臣。

不过,这也可以理解,连自己的亲生儿子都会背叛自己,你说还指望他会相信谁呢?

孤家寡人!名副其实的孤家寡人!

长时间的压力让李世民对朝廷的内政暂时有了一种厌倦,他迫切地需要把压力释放出去。

作为大唐帝国的皇帝,释放的方式绝对不能是站在高山之巅对着群山高声喊叫,更不是找几个出气筒随便发泄一下。李世民需要的是一种自信力,他青年时代东征西讨的时候曾经有过这种自信,现在他还能找到当初的感觉吗?李世民的目光由内政转向了国外。

第十一章

高句丽恩怨

恩怨渊源

贞观十七年以前，唐朝对外重点防范的地区是西部，当然这和我们中国所处的地理位置有关。中国往西是一片广袤的大陆，而往东除了朝鲜半岛，全部都是汪洋大海，所以当时唐朝将防御重点放在西部也就不足为奇了。在前边我们介绍过唐朝在西部分别与东突厥、高昌、吐蕃过招的历程，在经历了贞观十七年的政治地震后，唐朝在东部又迎来了一个对手。

这个对手的名字叫高句丽！

高句丽是公元前 1 世纪至公元 7 世纪在我国东北地区和朝鲜半岛上存在的一个国家，与它并存的还有新罗和百济。这就是朝鲜历史上的“三国时代”。高句丽因为领土最大，人口众多，所以成为三个国家中实力最为强大的国家。

高句丽历史悠久，始建于公元前 37 年。公元前 37 年，扶余王子朱蒙因与其他王子不和，逃离扶余国到卒本扶余，建立高句丽。很长时间以来高句丽和中原的关系时好时坏，从西汉一直到隋朝，中国几乎每个朝代都和它发生过冲突。

中原的各个王朝曾经给高句丽以毁灭性的打击。例如，三国时代的曹魏政权就攻破过高句丽的王城丸都城，迫使其国王东川王向南逃窜。不过，曹魏在攻破其都城后，以为高句丽就此灭亡，所以没过多久就将军队撤回本国，让人意想不到的是，仅仅过了七十年，高句丽就重建了丸都城，并开始进犯辽东。公元

313年，高句丽攻破原汉朝四郡的最后一郡乐浪郡后，高句丽就控制了朝鲜半岛的北部，并开始对南部的百济和新罗形成了长达三百多年的军事压制。

公元413年，高句丽长寿王登基。这位国王即位后，大肆对外侵略扩张，吞并了扶余和契丹部落，并且加强了对百济和新罗的控制，在东部与北魏政权进行对抗。高句丽终于迎来了建国后最为鼎盛的时期。

可是好景不长，没过多久，高句丽因为内部的政治斗争而开始逐渐衰落。6世纪中期，其北部受到北方游牧民族的攻击，南部受到百济和新罗的联合进攻，高句丽由此丢掉了汉江流域。从此汉江流域被新罗所控制，新罗因此可以跨越黄海，直接与中国进行贸易交流，并且成为中国的属国。这样新罗在外交上就不再受高句丽的控制，可以直接从中国学到先进的科学技术。让高句丽人想不到的是，正是因为他们丢掉了肥沃的汉江流域，从而成就了新罗与中国的联盟，这种联盟最终在7世纪中期给他们带来了灾难性的结局。

隋朝建立后，与高句丽也是摩擦不断。让隋朝人意识到高句丽是中国的心腹大患，是因为隋炀帝杨广有一次在突厥的始毕可汗那里看见了高句丽的使臣。在前面我们介绍过隋朝和突厥的交锋，而高句丽人如果和突厥联合成功，那么接下来隋朝将有可能受到两面夹击，所以才有了隋炀帝杨广的三伐高句丽。

杨广的军事水平实在差劲，可以说隋朝灭亡的导火索就是杨广的三伐高句丽。隋朝几度在高句丽惨重失败，前后数十万将士魂断辽东，造成了国库空虚，民不聊生，进而点燃了农民起义的熊熊烈火，隋朝最终在杨广的倒行逆施之下灭亡了。

唐朝建立后，在武德和贞观初年，高句丽和唐朝的关系还算平稳。可是作为唐朝来讲，对于隋朝在辽东的惨败始终耿耿于怀，李世民就曾经说过："辽东地区(高句丽)自古就是中国的地盘，从曹魏到周(南北朝的北周)，始终不曾收回来，隋朝几次东征，都是大败而回，高句丽杀我们的将士不计其数，朕只要一想起这些就夜里睡不着觉，想为他们报仇雪恨。"

史料上没有记载李世民是在什么场合说的这些话，或许带有个人的主观色彩，但作为大唐帝国的皇帝，这种言论势必会给国人带来一种心理上的暗示，那就是辽东是中国人的辽东，在那片土地上浸满了中国人的鲜血。

唐朝自上而下虽然没有忘记和高句丽的恩怨，但是自建国以来，一直忙于全国统一，不停地东征西讨，所以无暇顾及。李世民即位后，又一直忙于恢复生产，加上后来和东突厥、高昌、吐蕃的战争，所以唐朝对于辽东地区算是睁一只眼，闭一只眼。

可问题的关键是，有的时候你越置之不理，反而越会助长对手的嚣张气焰，在这一点上，高句丽就是典型的代表。

就在李世民即位不久，高句丽做了一件相当有损阴德的事情。

“京观”

这件事情就是建造“京观”！

所谓“京观”，其实就是一个超级大坟冢，不过这个坟冢的建造材料实在有些特殊，它是用敌人阵亡将士的尸骨建成的。高句丽人在贞观初年建造“京观”，白痴都能看出来是用什么人的尸骨建成的。

是的！用的就是隋军阵亡将士的尸骨！

我们不能否认杨广东征高句丽是错误的，但那些魂断辽东的隋军将士又有什么错，既然已经战死疆场，为什么就不能让他们安息呢？

我们可以想象得出，当猎猎寒风吹过“京观”的时候，会卷起漫漫烟尘，顷刻间会露出那森森白骨，“尸山血海”早已不再是文学中的形容词，而是一幕映入眼帘的真实惨景。

那一刻，我听到了几十万将士的英魂不断地嘶喊，仿佛在向世人倾诉着他们的冤屈！

正是山有木兮国有殇。魂兮归来，以瞻河山！

高句丽人建造“京观”就是为了向新生的大唐帝国炫耀武功，因为那个时候他们还不太知道大唐帝国究竟是个怎样的国家，他们更不知道在不远的将来，这个新崛起的帝国，将以王者的姿态屹立在他们的西边。

面对着雄壮的“京观”，高句丽人是那样的傲慢，在他们看来，“京观”代表着自己的荣耀，因为数百年来，他们面对中国从没有过这样的胜利。但是，“京观”只要存在一天，就代表着唐朝的耻辱，面对此种情况，雄才大略的李世民是不会不闻不问的。

当时刚刚即位不久的李世民面对着来自突厥的压力，所以他实在不愿意在东边再树立强敌，但李世民是不能忍受耻辱的，所以在贞观五年（631 年），他决定首先通过外交方式来尝试解决问题，于是他派出广州司马长孙师前往高句丽解决“京观”问题。

李世民只给了长孙师一个命令：在不能有失国体的情况下，让高句丽人毁掉

“京观”。

应该说长孙师的任务完成得还是不错的。在到达高句丽后觐见了国王高建武,他详细陈说唐朝对于高句丽建造“京观”的看法,希望高建武能够毁掉“京观”。高建武是杨广三伐高句丽时国王高建元的同父异母兄弟。

坦白地讲,高建武还算是个不错的国王。从个人角度而言,他对唐朝还是很有好感的。早在武德年间,高建武就曾经几次遣使向唐朝进贡,特别是武德五年(622年)的时候他还奉李渊之命,搜罗隋末散落在辽东的隋朝士兵和百姓,并且以礼遣返。

对于这样一个和唐朝保持友好关系的国王,为什么会忽然间想起来建造“京观”来触痛大唐的神经呢?

在我看来,建造“京观”可能不是高建武的决定。

首先从高建武个人来分析,从他先前和唐朝的关系来看,他是不应该也不可能主动下令修建“京观”的,也就是说修建“京观”不是高建武的主观意识所为。

如果这个假设成立,那么决定修建“京观”的很可能是当时高句丽国内一位地位非常高并且有威望的大臣。虽然史料上没有明确地记载这个人是谁,但是决定修建“京观”这样一件有国际影响力的事情,绝不会是一般人的决定。

如果这个假设也成立,那么就可以看出,这位大臣在某种意义上已经超出一般臣子的概念,甚至说成了权臣。

现在长孙师已经找上门来,所以高建武不得不作出姿态,表示立即毁掉“京观”,正式安葬那些牺牲在辽东的隋朝将士尸骨。

长孙师的任务完成得还算顺利,因为在他的背后有一个强大的国家作为后盾。后来的清朝也和洋人们谈判,但因为国家积贫积弱所以只能签下不平等条约。因为弱国无外交!

“京观”终于毁掉了,李世民总算是出了一口气,毕竟表明了自己的态度。但对于高句丽来讲,这却是一个敏锐的信号。在他们看来,唐朝并没有忘记曾经在辽东的惨败,而且这预示着唐朝在未来的某个时刻很可能会抽出手来解决辽东的问题。

弹丸之地的高句丽如何能与具有“天可汗”威名的太宗治理下的大唐相抗衡?想到这里高建武觉得不寒而栗。虽然自己的国家曾经打败过隋朝,但自己的国家同样伤了元气,如果未来大唐大兵压境,恐怕高句丽会有亡国之险。

为了以防万一,高建武决定效法当年的秦始皇,在国内东起扶余城,西南至海的千里地带上修建起了一座长城,他的初衷和秦始皇一样,两个字:防御。这条长城的规模虽然无法和中国的万里长城相比,但它却好像一道裂痕一样。从此高句丽和唐朝的关系发生微妙的变化,准确地说是开始有了隔阂。

当然两国的隔阂截至贞观十七年并没有升级,表面上还维系着一团和气,因为高建武对唐朝还是十分恭敬的,如贞观十四年还让儿子向唐朝进贡。而导致双方最终大打出手的导火索是一个人的出现。

这个人的名字叫渊盖苏文!

弑君

渊盖苏文,原名渊盖苏文,又名渊盖金。

这是个颇具争议的人物,在同行眼中他是个铁腕的军事独裁者,在唐朝人的眼中,他是个与大唐帝国势不两立的人,而在高句丽民间,人们却把他奉为成功抵御唐朝入侵高句丽的大英雄。

当然,所有人都不能回避他弑君摄政的那些事儿!

渊盖苏文经过了多年的努力,终于在贞观十六年成为高句丽最有实权的人物。此时高句丽国内一半以上的军队都在他的掌控之下,甚至说当时军界很多人只知有渊盖苏文,而不知有高建武也并不为过。

面对渊盖苏文势力一天天地膨胀,作为国王的高建武心中当然不舒服。任何一个皇帝都不希望自己变成傀儡,任由臣子摆布。最关键的是渊盖苏文是个野心勃勃的人,高建武明白只要时机一到,渊盖苏文一定不会放过自己。

不甘心的高建武决定除掉渊盖苏文,不过这位仁兄的智商显然没有盖兄高。就在高建武和自己的嫡系在深宫中商议如何除掉渊盖苏文时,消息早已经传到了渊盖苏文那里。看来很多时候,凭借自己奋斗而身居高位的人确实比坐吃家底儿的人要强很多。

听到消息后,渊盖苏文笑了,在笑容的背后,他的一双眼睛放射出摄人心魄的精光。

“高建武!本来你可以活得更久些,但现在你却给了我对你痛下杀手的机会……”

渊盖苏文决定在高建武出手之前,先下手除掉高建武,正所谓:先下手为强,后下手遭殃。他知道,君臣二人早晚有一天会兵戎相见,这只是时间问题,现在这个时间已经提前来到,所以自己要做好应对的准备。

显然,和高建武比起来,渊盖苏文的计划十分严密。

第一步:发布举行盛大的阅兵仪式的消息,理由很简单,自从打败隋朝后,本国还没有举行过盛大的阅兵仪式以示纪念,所以有必要搞一次阅兵仪式。这个事情的具体操办人是渊盖苏文自己。

第二步:邀请国王和所有的大臣观摩盛大的阅兵仪式,并举办庆祝晚宴,国王和大臣都要参加。

第三步:在晚宴上设伏兵袭杀高建武及其嫡系,同时命令自己的嫡系部队控制整个王城。

第四步:找一个傀儡代替高建武,自己做摄政王,总揽朝中一切大权。

在这四个步骤中,最能体现渊盖苏文权谋的是第四步。他明白,如果自己贸然称帝等于将自己放在了众矢之的的位置,那样全国老百姓一人一口唾液也会把他淹死。渊盖苏文的策略很明显,就是暂缓一步,伺机而动,最终的目的还是那个高高在上的国王宝座!

在渊盖苏文的精心策划下,高建武很不幸地牺牲在庆功晚宴上,被砍成了数段,而且他死后的长眠之地,是一个不折不扣充满黑色幽默的地方——水沟!一代国王最终落得如此下场,确实有些让人同情,不过在政治舞台上,"同情"只是个理想化的词汇,决定成败的是实力。

政变成功后,渊盖苏文找到了高建武的替代者——他的弟弟高藏。渊盖苏文初步达到了自己的目的,接下来他所要做的就是如何像当年的李渊一样,在最短的时间内,将高藏踢到一边去,自己坐在那个位子上。

以上是渊盖苏文的发家史,很快他就会走向人生的制高点。

导火索

渊盖苏文是个有野心的人,并不仅仅体现在他将高建武砍成数段扔进水沟,然后将高句丽的军政大权集于一身那么简单,事实上,在他的心中一直埋藏着一个秘密,这个秘密也是他的理想,那就是统一朝鲜半岛,进而脱离唐朝的控制。

渊盖苏文是个雷厉风行的人,在他刚刚兵变成功没多久,就下令向南部的邻国新罗发起了攻击。

如果单从渊盖苏文的角度来分析,高句丽进攻新罗算是明智之举。渊盖苏文知道唐朝时刻没有忘记隋朝曾经在辽东的惨败,唐朝发兵收复辽东是早晚的事。而高句丽如果想没有后顾之忧地和唐朝一决雌雄,就必须先解决掉南部的两个邻国新罗和百济。

但无论解决哪一个国家都势必会触动大唐的神经，因为两个国家都是唐朝的属国。

渊盖苏文最终决定先对新罗动手，是因为他有合适的理由。这个理由就是新罗在隋朝进攻高句丽的时候，趁火打劫地侵占了高句丽的五百里土地，现在渊盖苏文要将被占领的土地夺回来。

这是个冠冕堂皇的理由。欲加之罪，何患无辞？

高句丽决定首先攻取新罗，还因为新罗的地理位置比较特殊。

如果你找来当时朝鲜半岛的地图，你就会发现百济靠近中国的黄海，与山东半岛隔海相望，而新罗则靠近日本海。

如果攻取百济势必影响到唐朝的利益，因为黄海的对面就是唐朝，而唐朝是绝对不能允许在朝鲜半岛出现一个超级大国与自己隔海相望的。

狡诈的渊盖苏文知道，如果出兵攻取新罗，唐朝不会轻易出兵相救，一是路途遥远，二是牵涉的利益并不至关重要。

事实证明，在渊盖苏文出兵的最初阶段，局势确实是按照他的想法进行的。新罗一溃千里，迅速向唐朝求救，而李世民在得到新罗的求救后，确实没有出兵相救，而是派遣司农丞相里玄奖前往高句丽进行调解。李世民相信渊盖苏文会看在自己的面子上，停止对新罗的攻击。

但李世民并不明白渊盖苏文内心深处的想法，这绝不是仰仗谁的面子的事情，因为利益远比面子重要。

此时的渊盖苏文可谓意气风发。新罗就像一只蚂蚁一样，顷刻间就会被渊盖苏文这只粗壮的大手捏死，而且不会留下任何痕迹。

或许是骄傲得过了头，渊盖苏文的脑子开始发热起来。在我看来，唐朝派出使者进行调停，这是他稳住唐朝的绝好机会。而渊盖苏文此时却犯了一个错误，这个错误最终导致了唐朝与高句丽的一场战争。

抱歉，调解无效

相里玄奖是信心百倍的，他相信通过自己的努力一定会完成李世民交给的任务。坦白地讲，相里玄奖的自信并不为过，因为他天生一副好口才。

但事实证明，再好的口才碰到“利益”二字的时候，也会变成哑巴吃黄连——有苦说不出！

相里玄奖到达高句丽的第二天，立即去见渊盖苏文，希望能尽早阻止他对新

罗的军事行动。在渊盖苏文的住处,两人有了以下一番对话:

“大人(渊盖苏文的官职)新上任不久,一切当以稳定为前提,新罗并没有侵害您的利益,而且它也是我们的属国,所以希望大人能够看在‘天可汗’的面子上,停止对新罗的进攻。”相里玄奖率先开口说道。

“唐使怎么知道新罗没有侵害我们的利益呢?”渊盖苏文反问道。

“新罗是个小国家,地处偏远,高句丽和它比起来乃是大国,难道弱小的新罗敢侵犯强大的高句丽吗?”面对渊盖苏文的反问,相里玄奖毫不示弱。

“哈哈哈!看来唐使并不知道二十多年前的事情啊!”渊盖苏文一边摆着手,一边说道,话语中颇有些轻蔑。

“哦?还请大人明示!”

“二十多年前,隋朝攻打我们的时候,新罗趁机侵占了我们五百里的土地,请问唐使,被侵占的土地我们是不是该讨回来?”

“那自然是应该!”相里玄奖随声附和。

“好啊!唐使既然这么说,那我们可以停止进攻新罗,但要有一个条件!”

“什么条件?”

“新罗主动归还我们的土地,不然的话誓灭新罗!”渊盖苏文的语气开始强硬起来。

这样一来,轮到相里玄奖为难了。毕竟是陈年旧账了,翻老账这种工作,操作起来的确有难度。身为李世民的特派使者,相里玄奖明白,此时如果退让一分,势必会引起高句丽人的耻笑,所以在短暂的思考过后,相里玄奖缓缓说道:“人人此言差矣!您说的事都是陈年旧账了,如果按照您的说法来判断,那辽东曾经是我们的地盘,被你们侵占了这么长时间,我们并没有讨要啊!”

辽东!一个敏感的词汇,此刻直刺渊盖苏文的心窝。

在听相里玄奖说完后,渊盖苏文的脸顿时阴沉下来,在他看来,此番李世民派使者前来,根本不是什么调解,而是挑衅!

“不要再提辽东!”渊盖苏文指着相里玄奖说道,每个字都说得很重,他仿佛要将这六个字一个个地塞进相里玄奖的耳朵里。

相里玄奖颤抖了一下,瞬间又恢复平静,然后他缓缓地说道:“这是个永远绕不开的话题!”

“来人,将他轰出去!”

至此,双方彻底决裂!

显然，在这场对话中，渊盖苏文并没有很好地控制自己的情绪。他太在意唐朝对辽东的看法了，以至于最终不得不面对唐朝和新罗的夹击。

贞观十八年(644年)二月初一，憋了一肚子气的相里玄奖回到长安后，立即向李世民汇报了出使高句丽的经过，而就是这次不起眼的汇报工作，成了唐朝和高句丽关系的分界线。不可否认双方曾经有隔阂，但毕竟没有撕破脸皮，可从现在开始，李世民决定用武力解决辽东问题。

“渊盖苏文杀死国君，残害忠良，现在居然敢违背我的命令。朕决定出兵讨伐，而且要夺回辽东的土地。”李世民说完后，拳头使劲地砸在御书案上！

当然，促使李世民决定出兵辽东，还有更深层次的原因。

错位的想法

如果说贞观十七年之前的李世民是一位虚心纳谏，能够客观、冷静分析问题的皇帝，那么贞观十七年后，在经历了储位之争的震荡后，李世民似乎变得有些焦躁和自负。

虽然他依旧让大臣们给他指出不当之处，虽然他依旧面带笑容向大家征求谏言，但人们明显感觉出，这位威名远播的皇帝内心深处是不能接受不同意见的，而且很多人发现，皇帝大人明显比以往更加暴躁。

这一点，从他处理高句丽的问题上就可以看出来。李世民听完相里玄奖的汇报后，在没有征求朝臣意见的情况下，就说出了决定出兵辽东的话，这明显不符合李世民以往的性格。

那么李世民为什么会轻易决定征辽呢？除了这位皇帝由于更年期的原因有些焦躁，事实上，李世民决定出兵辽东，和当时朝廷的局势有关。

贞观十七年的储位之争，是继“玄武门之变”以来，唐初内部矛盾最突出的一次政治事件，虽然在李世民的精心处理下，最终没有演变成流血事件，可是在很多人的心中，已经造成了阴影，那就是唐朝这个光芒万丈的帝国，内部依然有它的阴暗面。试想大唐帝国的储君居然是恋童癖，曾经最有希望继承储君的魏王原来是个要弄老爹恐吓兄弟的主儿，就连新任太子也是个性格懦弱的人。在人们的印象中，大唐帝国不应该是这个样子的，它应该是所有人膜拜的对象，没有瑕疵，没有污点。可是随着储位之争的爆发，人们才发现，唐朝原来不过如此。

于是很多人改变了此前对唐朝的一切美好印象，他们对唐朝产生了信任危机。很多人冷眼旁观、嬉笑怒骂，生怕错过唐朝一幕幕权力斗争的大戏，仿佛这个帝国一夜之间崩溃了才是他们最愿意看到的。一个内部纷乱的国家凭什么成为我们的领导？

在我看来，渊盖苏文不留情面地拒绝李世民的调解，似乎也有这种因素。

在这种境遇下，最难受的莫过于李世民，他知道这个帝国所发生的一切，最终都会和他牵连在一起。他是这个国家的掌舵者，“天可汗”的威名会让他光耀四方，但人们背后的非议，他也必须要承受。

所以，在承受了太多的压力过后，李世民迫切地需要证明自己，证明这个帝国依然是这个世界上最强盛，最应该受人敬仰的国家。

可是现在的李世民不再是曾经的李世民，此时的他事实上已经进入了晚年，固执、刚愎自用已经占据了他整个心灵。

虽然李世民想用实际行动证明自己的想法并没有错，但是他忽略了一点，证明自己的方法有很多种，可是他偏偏选择了武力。

贞观十七年的政治地震虽然已经结束，但李世民的心里还处在一种动荡游离的状态，对于外界的很多事物，真的无法冷静、客观地对待。

而这次决定出兵辽东，李世民就是在一种毛躁的心态下做出的决定，虽然也有很多人提出了反对意见。

分歧

当李世民在朝堂上愤怒地宣布出兵辽东的决定后，立即遭到了谏议大夫褚遂良的反对。

“臣望陛下三思而后行，陛下手指一动，中原就宣告平静，顾盼之间，四方都会折服，这说明陛下的威望已经很高了。现在陛下决定讨伐辽东，如果有把握迅速取得胜利还可以；如果没有把握，万一失败了那就会有损陛下的威望，如果将高句丽整个国家的愤怒情绪挑起来，那结果就更难讲了。”

褚遂良的话虽然是一盆冷水，但不无道理。当年杨广三伐高句丽的时候，实力不可谓不强大，可是最后的结果却是狼狈至极，最终成了亡国的导火索。褚遂良正是敏锐地看到了这一点，所以才果断地站出来反对。但褚遂良是个老油条，他知道如果从吸取隋朝教训的角度来说服李世民是不可能的。因为这之中必须要提及杨广，这样很可能就会让人联想到现在李世民的决定很像当年的杨广。

将当朝的皇帝李世民和暴君隋炀帝杨广联系在一起，相信不用李世民说话，褚遂良也会被淹没在朝堂上那些言官们的唾液里。

褚遂良话音刚落，兵部尚书李世勣就提出了不同的意见。

“我不这么认为，前几年薛延陀不断骚扰我大唐的边境，陛下想要进行征讨，因为魏征的劝告而停止，结果现在薛延陀越来越强大。如果以前采用陛下的策略，那北方的边境早就安定了。

褚遂良是文臣，李世勣是武将，双方都从不同的角度阐述自己的观点，应该说都有其道理，现在问题的关键就在于李世民的心态。

在听完两位朝臣的话后，如果按照李世民以前的性格一定会沉思片刻，再征求一下其他朝臣的意见，然后最终做出决定。但这一次李世民却轻率地给出了答案。

而且是一枚重磅炸弹！

“渊盖苏文蔑视我大唐，罪不容诛，不仅要出兵讨伐，而且朕要御驾亲征！”李世民猛然间站起身来在朝堂上高声喊道。

很多人都在怀疑，很多人都在感慨，因为他们看到了李世民头上那丝丝白发，那眼角间深深的皱纹，以至于说话的气力都已不复当年。

自从渭水之盟后，已经将近二十年的时间，李世民没有亲自挂帅出征了。二十年的时间足以完全改变一个人的心智，此时那个高高在上的皇帝李世民还是曾经那个四处征讨、意气风发的秦王李世民吗？

李世民说完后，朝堂下一片寂静，所有人都低头不语。

“为什么不说话，难道你们不相信朕吗？”李世民厉声问道。

依然一片寂静。

“朕荡平四海，刘武周、薛仁杲、王世充、窦建德哪个不是朕的手下败将，区区一个渊盖苏文你们难道就怕了？”李世民继续高声说道。

还是一片寂静。

刹那间，朝堂的气氛颇有些尴尬！

最终打破这尴尬氛围的依然是褚遂良。

“天下就好像一个身体，长安和洛阳两京就像是心脏，而州县就像是人的四只手脚，而四方夷狄就像是身外之物。高句丽虽然罪过很大，如果陛下真要讨伐，只需派遣二三员猛将率领几万人马，相信依靠陛下的神威，打败高句丽是不成问题的。现在太子刚刚封立，年龄还小，陛下远离故土，到遥远的辽东，臣等很是担心啊！”

“是啊！陛下！辽东地处偏远，而且气候变化无常，陛下要亲自带兵远征，臣等担心陛下的身体啊！”长孙无忌紧跟着说道。

“哈哈哈哈！你们认为朕那么脆弱吗？朕这辈子什么磨难没有经历过，想当年朕差点死在战场上，可是结果呢？”李世民神情骄傲地说道。

“朕告诉你们，就算是八个尧、九个舜，遇上寒冷的冬天一样种不出庄稼来，而到了春天，就算是普通的庄稼人也能种出好庄稼，你们说这说明什么？”

朝堂下没有人开口。

“这就是时令！”李世民得意地说道。

“现在渊盖苏文祸国殃民，高句丽的百姓都等着我大唐去解救他们呢！如果我们不去做，这就叫违背时令！你们说愚蠢不愚蠢？”

自认为天才的人，有时真的会变成蠢材！

在李世民看来，在这个世界上，只有自己懂得这个道理，因为他是皇帝，是主宰很多人命运的皇帝，可是他忘记了一点，皇帝也是人。

只要是人就会有无法克服的弱点！

“朕意已决，出兵辽东，关于这件事还得自己筹划详细的方案。退朝！”李世民起身回到了内宫。

先头部队，挺进！

出兵辽东的方针已经定下，李世民为此进行了很长一段时间的准备。

首先，他针对高句丽的具体情况进行了调研。他先找到了已经退休在家的宜州刺史郑元寿。郑元寿曾经跟随隋炀帝杨广讨伐过高句丽，相对比较熟悉高句丽的情况。

郑元寿根据自己的经验，向李世民提了两点忠告：

一、辽东地处偏远，粮食运送相当困难。

二、高句丽擅长防守城市，不可能速战速决。

郑元寿虽然没有明确反对李世民远征辽东，但从他提的忠告来看，他是持反对意见的。隋朝在辽东的惨败，他有着切肤之痛，他不希望李世民重蹈杨广的覆辙。

可是，李世民并没有听进郑元寿的话，就像在朝堂上对朝臣信心百倍时的样子一样，他只告诉了郑元寿一句话：现在的大唐不同于隋朝，你就等着听好消息吧。而后来的事实证明，郑元寿的这两点忠告都应验了，唐朝和隋朝的结果相差并不远。

其次，为了确保本次作战万无一失，李世民决定在自己统率兵马出征之前，让先头部队先来个“前排进攻”。

贞观十八年(644年)十一月二十四日，李世民诏命刑部尚书张亮为沧海道行军总管，中郎将常何为副总管率领江淮、岭南、三峡等地区的水军4万，战船500艘，并在长安、洛阳地区招募士卒3千余人，出莱州横渡黄海，直插高句丽首都平壤。

同时诏命兵部尚书李世勣为辽东道行军大总管，江夏王李道宗为副总管，率领步兵6万人以及早就投降唐朝的兰州、河州的突厥骑兵，共计8万人向辽东进发。

而且为了保险起见，他还诏命奚、契丹、新罗、百济等属国，分道进击高句丽，从而形成一张网，牢牢地罩住高句丽。

仔细观察我们不难发现，李世民这次远征高句丽的策略和当年的杨广有异曲同工之处，都是水陆并进，形成前后包围的态势，让高句丽首尾不能兼顾。坦白地讲，进攻高句丽没有比这种战术更加对头的了，那为什么杨广会惨败呢？答案只有一个：战术是战争的组成部分，但绝不是全部。

李世民是从战场上摸爬滚打出来的，这个道理我相信他一定明白。只是此时的他实在太想证明自己，以至于认为只有战术对头就可以大获全胜。

殷鉴不远，仿佛去年！隋败之痛，犹在眼前！只是李世民的眼睛现在已经被那虚无缥缈的“胜利”二字所遮掩。

两只拳头已经狠狠地击向了对方，他坚信依靠“前排进攻”的威力，可以严重削弱高句丽的抵抗力，而等到自己出征的时候，前面将是一片坦途。

李世民笑了，杨广，你在辽东的惨败，我会为你找回来。这不是为你，而是为了这个国家的荣誉，更是为了魂断辽东的数万将士！

第十二章
东征高句丽

留守者

贞观十九年(645 年)二月十二日,继张亮和李世勣水陆两军先行出击之后,李世民率领大军出长安,在洛阳短暂停留后继续北上。值得一提的是,这次随李世民北上的还有太子李治和一帮文臣。

三月十九日,到达定州(今河北省定州市)。在这里,李世民决定让太子留下监国,同时让高士廉、刘洎、马周、张行成、高季辅等共同辅政。

一个奇怪的问题产生了!

唐朝从建立以来,每次皇帝离开京城,基本都是太子留京监国,这个传统从李建成那里就已经形成,而这次李世民亲征高句丽,居然将长安交给了房玄龄,洛阳交给了萧瑀,并没有交给太子李治。

那我们不禁要问,李世民为什么要这样做?

有的史书分析,李治生性柔弱,李世民这样做是为了让他得到锻炼,使李治提高威信,从而为将来继承大统打下良好的基础。而且史书上也确实记载了李世民对李治说过"欲使天下识汝风采"这句话。李世民的这些做法都很正确,但问题的关键是,让太子监国本身就是对太子的历练,为什么非得让他在定州监国呢?

在我看来,李世民除了有意识地历练太子,事实上他对李治并不放心。而这一切都源于李世民一直对贞观十七年的储位之争心有余悸。

前边我们分析过，李世民是杀兄逼父者，虽然他夺得了皇位，但很长时间以来，他的内心深处都是不安的，随着年龄的增长，其负罪心理与日俱增，而就在这一切都深深地日益扎根在李世民的心中时，发生了贞观十七年的储位之争，这对李世民来讲是个沉痛的打击。他曾经背叛过，如今他却深深体会了“被背叛”的滋味，一个儿子图谋造反，一个儿子利用权术忽悠自己。已经紧绷了二十年神经线的李世民，每天都用自己的勤政力争去掩盖曾经的杀戮。他以为只要自己带领这个帝国走向盛世，人们就会忘记自己曾经做过的一切，而他恰恰忽略了一点，帝国制度下的权力斗争，是轮回的，是无人能逃避的。

盛世已经开启，可是权力斗争依然在老生常谈地继续。

李世民用自己的魄力及胆识将贞观十七年的政治地震的损失尽量减少到最小，可是他的内心深处却产生了怀疑态度。李承乾可以背叛，李泰可以忽悠我，那么李治呢？谁能担保李治未来没有什么想法呢？

所以我认为，李世民带上李治前往定州，其实是对李治的监控，而决定让李治在定州监国，则体现了李世民老谋深算的一面。

定州地处河北，西边不远即是洛阳，往北不远就是幽州。我之所以标明定州的地理位置，是因为李世民将李治安排在这里是有很深思考的。

在李世民看来，李治在长安和洛阳监国都是危险的。一旦李治也像李承乾那样被侯君集一类的人所忽悠，那么长安或洛阳瞬间就会落在李治手里，这是他绝对不允许的。而在定州，李治就会面临一系列的掣肘，首先西边是洛阳，李治一旦有什么动向，洛阳进可以攻，退可以守，而且李世民得到消息后，可以回身占据幽州，和洛阳前后夹击李治。

也就是说，定州是个前不着村，后不着店的地方，李治在这里只能安心地监国，如果有什么异心，将会是死路一条。

至于李世民将长安和洛阳交给大臣，是不是也会面临背叛的问题？首先房玄龄是个谨小慎微者，更是个不折不扣的执行者，却不是贼大胆。让房玄龄造反，还不如一刀宰了他反倒痛快。而萧瑀虽然不讨李世民的喜欢，但他是个中正耿直之人。

虽说耿直万人嫌，但在这个时候，中正耿直之人绝对应该是值得信赖的首选！李世民对留守者的安排可谓煞费苦心，没办法，贞观十七年的储位之争使他一朝被蛇咬，十年怕井绳。不怕一万，就怕万一！

当然李世民的内心所想，李治是不明白的。在李世民即将率军离开定州时，李治还哭哭啼啼，一是感动，二是担心。

在古老的帝国制度中，表面看起来温情脉脉，事实上掩盖着当权者内心深处的猜忌与觊觎。

出击

李世民安排好一切后，于贞观十九年(645 年)三月二十四日，率领大军从定州出发。这一次李世民亲自穿上盔甲、佩戴弓矢，亲手将雨衣捆缚在马鞍上。那个东征西讨、身先士卒的李世民仿佛又回来了。

在李世民出征的同时，他下令让身在柳城(今辽宁朝阳市)的李世勣率先向高句丽发起进攻。

著名的东征高句丽之战就此开打！

前方第一个目标是建安城(今辽宁盖州西南)。

如果想顺利拿下建安城，必须首先渡过辽水，这一点李世勣明白，高句丽人同样明白。而渡过辽水的最佳方案就是向东穿过怀远镇(今辽宁辽阳西北)，所以高句丽人提前做好了防范措施，在怀远镇设下了重兵，等候着李世勣的到来。

作为唐军的先锋部队，李世勣手上的人马并不多，所以李世勣在出征之前就已经定下了出其不意的作战方针。在经过短暂的准备后，李世勣拿出了“明修栈道，暗度陈仓”的本领！

三月二十六日，他下令让 1 万步兵张开旌旗，大张旗鼓地进行战前动员，表面看起来李世勣准备以硬碰硬，强攻怀远镇。

消息很快传到了高句丽人那里。在高句丽人看来，久经百战的大唐名将李世勣也不过是一介蛮横武夫，远征到此本应先扎稳本部兵马，看准时机伺机而动，如今李世勣却迫不及待地开打，显然功夫并不到家。

所以，乐观的高句丽人对此一笑置之，只为怀远镇增援了 2 万人马，他们坚信凭借自己高超的城市防守经验，一定会将李世勣拖垮。

高句丽人的算盘不可谓不精明，可是他们忽略了一点——李世勣的用兵之道。就在高句丽两万人马刚刚走进怀远镇时，高句丽人得到了一个让他们大吃一惊的消息，李世勣的部队已经到达了玄菟(今辽宁省沈阳市)。

李世勣难道有双隐形的翅膀，飞过来的？

事实上，李世勣让1万步兵虚张声势，是为了转移高句丽人的注意力，自己则悄悄地带领大队人马向北经过甬道，穿过通定镇（今辽宁新民），成功避开了怀远镇的重兵，在高句丽人意想不到的地方渡过辽水，使高句丽人倚仗辽水为屏障的愿望落空。

这固然体现了李世勣高超的用兵之道，不过他也是迫不得已而为之。当时高句丽人在边境上大修长城，如果采用常规的策略按部就班行军，那么就必须经过一大片沼泽地，显然这对唐军不利，所以李世勣才被迫绕道而行。

李世勣刚刚成功渡过辽水之后，就迅速将部队分为三部分，自己前往玄菟，李道宗率领数千人马直逼新城（今辽宁抚顺市西北），赢州都督张俭率领人马直扑建安城。

按说深入敌军腹地，分兵是兵家大忌，这个道理李世勣是明白的。他之所以这么做是因为高句丽人在听到唐军渡过辽水深入腹地后，所有的城市都关起了门户，典型的水退龙王走——自顾不暇！

而李世勣正是敏锐地看到了高句丽人这种表现会使城市之间彼此切断联系，所以他大胆地分兵，目的是全面开花。

李世勣的这种大胆，收到了良好的效果。

就在李世勣到达玄菟的同时，李道宗也同时到了新城城下。虽说手上的人马不多，但是李道宗和李世勣一样，很会虚张声势。他让折冲都尉曹三良率领十余名骑兵，旌旗招展地到达新城城门下，向城上的守军挑衅。

这样一来，城上的守军反倒有些害怕，他们认为唐军如果没有十足的把握是不可能只让十来个人挑衅的，所以干脆闭紧城门，静观其变。

这正是李世勣想要的效果。因为新城的不远处，就是建安城。新城驻军闭门不出，建安城顿时陷入了孤立无援的境地。

伏击

在李世勣逼玄菟，李道宗兵进新城之时，赢州都督张俭也在向建安城急进。

建安城的前方就是盖牟城（今辽宁省抚顺市）。盖牟城对于高句丽人来讲，是一座重要的城市，它是辽东重镇、辽东城的门户。如此看来，建安城的重要作用就凸显出来了，那就是要想守住辽东城，必须在建安城设立坚固的防线。

应该说当时高句丽人还是看到了建安城的重要性，所以在该城部署了将近两万人防御，而且为了确保万无一失，又从盖牟城拨出精兵五千增援建安城。

高句丽人的策略很明显，李世勣和李道宗已经深入辽东腹地，绝不能再让张俭放马过来。可结果偏偏是事与愿违！

高句丽人增援建安城的五千人，在走出盖牟城后，不知是行军向导喝高了，还是领兵将军脑子进水了，居然走错了方向。他们没有奔向建安城，而是向着辽水方向直奔而去。

所以在半路上这五千人正好和张俭的部队碰个正着。坦白地讲，张俭手中的人马并不多，可是这五千人作为被刀剁的鸭子——乱窜，完全成了孤军，面对主动送到嘴边的肥肉，张俭当然不会错过这个机会。

"给我狠狠地打！"

张俭听到侦察校尉的报告后，决定在半路上伏击高句丽的这五千精兵。

前边我们提到过，李世民这次远征辽东，除了唐军自己的主力部队，还有早先投降唐朝的兰、河二州的突厥骑兵，这股骑兵虽然人数不多（三千左右），但在开阔地上可以发挥骑兵冲击的威力。

李世勣率领先锋部队渡过辽水挺进辽东腹地时，将突厥这三千骑兵拨给了张俭。这次半路伏击战，张俭手中能够获胜的筹码就完全押在了这三千突厥铁骑上。

张俭明白高句丽能够派出这五千人增援建安城，说明这五千人还是有战斗力的，至少不是酒囊饭袋。所以张俭为这次伏击战制定的方针是——迅速围歼！

李世勣和李道宗都已经旗开得胜，张俭当然也要用胜利来为自己在辽东之征打响头炮。

拿定主意后，张俭迅速做出了部署，命令三千突厥骑兵分成三队，彼此之间距离不到五里，中军由张俭率领少量步兵，整个部队共分为四路。张俭的意图是以中路的少量步兵引诱敌军进攻，然后利用突厥骑兵的冲击力，以迅雷不及掩耳之势，合围这五千人，力争就地全歼。

事实证明，张俭的策略很对头。当高句丽人发现张俭的中军后，立即发起了冲击。这些人就像发现了宝藏一样，挥舞着刀枪向唐军冲去，全然没有发现在自己的周围还有突厥骑兵那冰冷的眼神在死死地盯着他们。

"擂鼓！""撤退！"

在高句丽人距离本部中军还有三里的时候，张俭下了两个命令。表面看起来是两个自相矛盾的命令。擂鼓应该是前进才对，为什么会是撤退？实际上，这两个命令蕴含两种含义，擂鼓是信号，撤退是策略。

突厥骑兵什么时候向高句丽人发起冲击，要看张俭的中军什么时候擂起战鼓，而要想让高句丽人心甘情愿地追过来，撤退是最好的方式。

高句丽的这五千人依然毫无顾忌地继续追击，当然接下来他们就要面对突厥骑兵的合围。

在听到鼓声后，三路突厥骑兵开始向高句丽人发起了猛烈的冲击，其中两路从左右两侧将高句丽人截成两截，另一路包抄高句丽人的背后，同时，张俭的中路军也反戈一击。

这种突然的四面合围态势，显然大大出乎高句丽人的意料，很多人还没有回过神来时，脑袋和身体已经完全分家。

在经过了将近半个时辰的攻击后，高句丽的这五千人已经所剩无几。当然他们的失败除了过于托大，没有骑兵也是一大原因。

这次伏击战虽然是东征高句丽中不大的一次战役，但对当时辽东整个战场形势产生了重要影响。

伏击战大胜后，张俭一路杀到建安城下。高句丽人听到援兵被吃掉后，不敢出战，张俭包围建安城，该城数万部队无法动弹，于是李世勣可以放心大胆地进攻盖牟城。

盖牟城是辽东城的门户，防守严密。这一仗使李世勣迎来了东征高句丽的第一个难题。

盖牟之战

在张俭兵围建安城的同时，李道宗留下一万人马继续包围新城，而自己则率领主力部队迅速与李世勣会合，目标直指下一座城市——盖牟！

盖牟城作为辽东城的门户，其重要性不言自明，高句丽人在这里的防守远胜于建安城的十倍。盖牟城一旦失守，辽东城就会彻底暴露在唐军面前。

最重要的是，在这座城里，储存着大量的粮食。据不完全统计，当时盖牟城中至少存有 15 万担的粮食，这对于远道而来的唐军而言，绝对是极度诱惑。当然，盖牟城的防守兵力也的确不少，总共 5 万多人。

李世勣这一路兵马出征的时候，兵力总共是 6 万，现在除去张俭的人马和李道宗留下包围新城的一万人马，还剩下 4 万多人。单纯对比兵力，双方半斤八两。

可现在高句丽人龟缩在城里处于守势，而李世勣必须主动进攻。城市攻坚战自古以来都是老大难。双方所处的位置和不同的心态，决定了李世勣处于劣势。

这是进兵辽东以来，李世勣面临的第一个考验。李世勣虽然是武将，但并不是那种猛冲猛打的猛将。在来到距离盖牟城五里的地方时，李世勣下令安营扎寨静观其变，现在他需要的是冷静地思考。

前方不远处就可以看到盖牟城那高大的城墙，城头上旌旗招展，刀枪林立，仿佛在向唐军示威。

"如果高句丽人能够出来那该多好啊！"李世勣一边望着盖牟城，嘴里一边喃喃自语。

高句丽人擅长城市防守战，想让他们主动出击，是绝对不可能的。但李世勣还是决定派人前去骂阵，宁可无效，也不能不试。

事实证明，骂阵确实无效。

高句丽人的确精明得很，让他们放弃自己擅长的作战方式，比登天还难。

没办法，不出来，就只有强攻！

李世勣随后下达了攻城的命令。他一生经历战阵无数，始终坚信只要坚持强攻，盖牟城坚持不了多久。不过，在强攻了不到半个时辰后，李世勣彻底否定了自己的想法。

唐军的强攻并没有带来很好的效果，并不是唐军的战斗力不行，而是盖牟城的城墙实在高大。这就出现了一个问题，唐军的攻城云梯有的根本架不到盖牟城的城头上，很多士兵在爬到云梯的最高处时，变成了武大郎爬杠子——上下够不着。

就在唐军士兵打愣，思考接下来该怎么办时，高句丽人的狼牙棒、滚筒、擂木已经落在了他们的头上，一时间唐军伤亡惨重。有个别攻城云梯高大，爬到盖牟城墙之上的士兵，也由于势单力孤很快阵亡。

这一切李世勣都看在眼里，所以他急忙下令停止了攻击。没办法，本来兵力就不是太多，如果这样打下去，用不了多长时间自己就会成为光杆司令。

面对盖牟城稳如磐石的防守，再看到城墙下横七竖八的唐军士兵的死尸，李世勣的脸上布满了阴云。这是他平生以来遇到的最大的难题之一。作为李世民的先锋部队，他负有披荆斩棘的责任，现在刚刚进入辽东，如果连盖牟城都拿不下来，那么征服辽东则更是痴人说梦。

李世勣转身回到了行军营帐，此时他没有想到自己会在盖牟城下整整停留十一天。

从贞观十九年(645 年)四月十五日，一直到四月二十六日，整整十一天的时间里，李世勣想尽了各种办法，什么云梯强攻、强撞城门、投石机发射，等等，唐军始终无法攻克盖牟城。当然高句丽人在这期间也是伤亡惨重，可以说双方打到现在完全是比拼意志。

盖牟城能够坚持到现在，是因为城里的粮食储存丰厚，而李世勣始终不曾放弃，是因为他内心坚毅。

任何事物都有它的关键节点所在，战争亦不例外！

盖牟之战进行到第十一天，终于迎来了它的关键节点。

四月二十六日，清晨，阳光明媚。

李世勣正在行军营帐中苦苦思索破敌之策，忽然侍卫来报，说前军哨位猛然发现盖牟城城门打开。李世勣听到这个消息后，顿时站起身来，快步走出行军营帐，他定睛观瞧，确实看到了盖牟城门大开。

这的确有些诡异！难道是诸葛亮的空城计？

李世勣心里开始矛盾起来。十一天的时间唐军已经在这里消耗了太多，眼前的确是个机会，可谁能担保前方不是圈套呢？

李世勣面对敞开的城门看了很久，里边死一般的寂静，而且城墙上的守军也不见了。

高句丽人唱的这是哪出戏啊？

最终，李世勣决定不放弃这个机会，即使前方有埋伏，也要勇敢地试一试。

于是，东征高句丽之战最狗血的一幕发生了，当李世勣率领唐军冲进盖牟城时，发现城中没有守军，只有百姓。这真是戏剧性的一幕。

为什么会这样，实在抱歉，我也不知道。

不过，唐军顺利拿下盖牟城还是值得庆贺的，而且缴获了很多粮食，这无疑为唐军接下来的作战，打下坚实的后勤保障基础。

盖牟之战结束，接下来的目标是辽东城。

在介绍辽东城大战之前，我们暂时离开唐军的陆上作战，去看一看与李世勣同时出征的海路作战。

与李世勣相比，张亮的开局还是比较顺利的。

攻陷卑沙城

张亮几乎是和李世勣同时出发的，当然走的是海路。

李世勣策马扬鞭，一路挥军直指辽东腹地，而张亮则首先要面对海上风浪的侵袭。值得一提的是，这是唐朝建国后首次渡海作战，而张亮也成为大唐帝国首位渡海作战的指挥官。

在此之前，唐朝并没有渡海作战的经验。虽然在唐初南征萧铣和辅公的时候，有过在长江上的水战经验，但和大海比起来，实在有些小巫见大巫。

在唐朝内部，最具水战经验的当然是李靖，可是李靖此时年事已高，不再适合出征。陆上进攻最好的人选是李世勣，那么海路呢？

这次李世民之所以选中张亮作为海路征讨的最高指挥官，是因为张亮曾经是萧铣的手下，相比较而言对于水战还是熟悉一些。当然，在张亮出征之前，所有的人都对海路进攻并不看好，即使成功克服了风浪的侵袭，还要面对敌人坚固的城防，谈何容易？

面对茫茫的大海，张亮还是信心百倍的，他坚信唐军在自己的率领下，一定会成功登陆，迎来唐朝渡海作战的首胜。

前方目标：卑沙城（今辽宁省大连市）。

之所以选中卑沙城作为攻击的目标，除了高句丽人在那里的防守较薄弱，还因为从东莱（今山东莱州）到卑沙城路途较近。首次渡海作战，风险一定要降到最低。

唐军怀揣必胜的信念，且带着对蔚蓝色海洋的一丝好奇与探求的心理，在张亮率领下扬帆远航，踏上了征途。

张亮等人是在三月初起航的，这些人在大海的深处忍受着黑夜的孤寂，抵御着风浪的拍打，经过了一个多月的海上颠簸，终于在四月二十九日成功登陆辽东半岛。

前方不远就是卑沙城。登陆后张亮并没有就地休整，而是留下少数人马看护船只后，随后立即率领大军急速向卑沙城挺进。

卑沙城依山而建，四面陡峭，是个易守难攻的地方。

张亮从海上进攻，其实比李世勣攻打盖牟城时面临的困难要大十倍。李世勣强攻不行，可以暂缓。但是，张亮如果进攻不力，丝毫没有退路，因为他的身后只有海洋。

面对如此情况，张亮并没有像李世勣那样率先强攻，而是首先选择了观察。卑沙城虽然高大坚固，但张亮始终告诉自己，再坚固的城池也会有弱点，关键在于你是否能找到。

张亮的观察的确很仔细，在经过了两天的研究后，他终于发现了卑沙城的弱点。

西城门！

表面看上去卑沙城是无法进攻的，因为四周陡峭，绝对不是普通的攻城云梯所能够到的。高句丽人之所以擅长城市防守战，与他们城市城墙的高大有很大关系。

张亮发现卑沙城的西城门相比其他三门而言，更利于攀爬，虽然难度也很大，但至少找到个突破口。

为了减少伤亡，张亮决定采取夜间突袭的方法。

五月初一，夜。

在一切准备就绪后，张亮开始实施攻陷卑沙城的计划。

张亮明白，自己发现了西城门的弱点，相信高句丽人会比自己更明白，所以在西城门一定会派重兵把守，如果采取强攻，即使利用夜色的掩护，伤亡也会不小。

首先需要吸引敌军的注意力。为此，张亮将大部分人马调到了东门，做出进攻的态势。

这一招的确很有效，夜间要想摸清对方的情况不是件容易的事儿。高句丽人只看到大部唐军在东门前来来去去，直觉告诉他们今夜唐军可能要从东门发起进攻。

高句丽人只猜对了一半，进攻是正确的，方向判断却是错误的。

“叫阵！”张亮发出了命令。

“守城的将士听着，这里本来是大唐的领土，赶快打开城门投降，如不投降，立即攻城！”

城楼上一片寂静。

“继续喊！不要停！”张亮的嘴角露出了一丝微笑。高句丽人虽然没有反应，但并不意味着没有听见，他相信高句丽人一定在调兵遣将，他们的注意力此刻全在这里。

唐军士兵在东城门叫阵的同时，一队人马悄悄出现在了西城门前。为首将领叫程名振。

程名振本来是沧州刺史，李世民听说他善于用兵，曾经召见他询问用兵之道，程名振因为回答得不卑不亢而且头头是道，所以得到了重用，任命为右骁卫将军。这次李世民让他随张亮渡海作战。

这次夜间突袭西城门，程名振是主动请缨，一来是想立功，二来是报答李世民的知遇之恩。

张亮在程名振临走之时，告诉他攻城以烟花为信号。

此刻程名振带领唐军掩藏在西城门下的草丛里，他目不转睛地盯着天空，烟花升空，即是攻城之时。

等待总是漫长的。等待同样考验一个人的耐心。

“砰！砰！”程名振终于看到了张亮的烟花信号。绚丽的烟花照亮了整个夜空，也吹响了唐军进攻的号角。

“弟兄们！跟我登上西城门！拿下卑沙城！”

……

五月初二清晨，张亮跨步走进了卑沙城，此时距离程名振攻城已经过去了整整四个时辰。能够攻陷卑沙城，程名振应该是首功，可在进城后，张亮却没看到程名振。

“程将军呢？”

“正在给受伤的士兵敷药！”护卫回答。

张亮点了点头，“皇上的确是慧眼识人啊！”

程名振因卑沙城一战成名，立功后还能如此关心手下将士，堪称奇人。虽然他不是个大人物，但“高尚”始终是他手中的通行证。我相信“高尚”这两个字最终也会成为他的墓志铭。

卑沙城一战，唐军大获全胜。在此之后，张亮依据自己的实际情况，对最初的作战方案做了改变，他命令总管丘孝恭率领两万唐军跨过鸭绿江威逼平壤城。而他自己则率领大军向北，与李世勣会合。

张亮的这个改变是依据战况而调整的，一个小小的卑沙城就已让他绞尽脑汁，何况平壤城？所以稳妥的办法就是与主力部队会合。当然，他的人生顶点也就止步于此了。

信心

贞观十九年(645 年),五月初八,在张亮部成功与李世勣会合后,唐军迅速对辽东重镇辽东城(今辽宁省辽阳市)形成包围之势。

渊盖苏文在得到消息后,立即派遣 4 万人马援救辽东城。当时辽东城是距离高句丽国界最近的城市,也就是说唐军拿下辽东城,就可以顺利进入高句丽国界。这是渊盖苏文所决不允许的。

4 万人马并不算多,可是对比唐军而言,已经算是声威浩大了。

面对高句丽的增援部队,唐军是主动迎战,还是被动防守?这的确是个问题。在重大抉择面前李世勣犹豫了。

当然,李世勣犹豫并不是他优柔寡断,而是他的心里在算一笔账。

李世勣在出征的时候,手中有 6 万兵马,此时除去守城、围城、后勤补给等人马,能够作战的有将近 3 万人,算上张亮带来的人马,能够派上用场的不过 5 万人马。而包围辽东城又会分散一部分兵力,所以对付高句丽的 4 万增援部队,李世勣的兵马最多 2 万人。

如果主动出击,可能会寡不敌众,但如果被动防守,又能坚持多长时间?而且 4 万人马到来之时,辽东城中高句丽人一旦倾巢出动,那么唐军有可能会被做了汉堡包。

此时的李世勣面临着东征高句丽的第二个难题,如果说先前的盖牟城之战,自己还有喘息的余地,而现在李世勣必须尽快做出抉择。如此情况下,李世勣召开了东征高句丽的第一次军事会议。

"敌兵声势浩大,不如我们暂时解除对辽东城的包围,撤出 20 里外,广挖深沟,修建高垒,等皇上的主力部队全部到齐后,再发动进攻!"

会上,大部分将领都同意这个观点。

虽然,这种观点看起来比较孬种,但也可以理解,消灭敌人的前提是保存自己。可问题是,远征辽东的目的是夺回被高句丽人占领多年的土地,如果被动防守就违背了出征的原则,这一点李世民也不会答应。

幸好,会上有一个人想到了这一点。这个人就是李道宗!

"绝对不行!"在听大部分人说完后,李道宗霍然站起身来,高声喊道。"大家有没有从另一个方面考虑过,我军兵力虽然不足,但是敌人很可能会轻视我们。"他说完,停顿一下环视众人。

所有的人都默不作声。

李道宗清了清嗓子继续说道："敌军远道而来，相信一定很疲惫，此时我们主动出击，打败他们的可能性很大，大家要明白，我们是天子的先锋部队，任务就是为天子扫清障碍，哪有把敌人留给天子处理的道理啊！"

李道宗说得慷慨激昂，迎来了众将钦佩的目光。

"说得好！食君之禄，为君分忧，为人臣子者，当如是者！"李世勣一边说着，一边走到李道宗的身边，拍着他的肩膀说道。

"不遇劲敌，何以显壮士？"言语者，果毅都尉马文举。

可见，李道宗的话语感动了在场很多人，同时也给了他们以打败敌人必胜的信念。

"总管！给我四千骑兵，足可大破敌军！"李道宗的眼睛放射出精光，在他的心中已有战则胜，不胜则死的信念。

"还等什么？现在就走！"马文举是个急脾气，言罢，出门上马，直冲高句丽援军来路而去。

面对马文举离开的背影，李道宗眼含热泪，转身向李世勣拱手一揖，然后快步走出行军营帐，带领本部骑兵前去追赶马文举。

行军营帐中，李世勣早已是热泪盈眶！

一群热血男儿，他们时而欢笑，时而忧愁，唯一不变的是那颗成就伟业的坚毅果敢的心。

四千 PK 四万

李道宗只要四千骑兵去对抗高句丽的四万援军，表面看起来颇有些痴人说梦的意味，其实如果战术对头，并非不可能。

正像李道宗所说的那样，高句丽的这 4 万人马确实轻视了唐军。由于是渊盖苏文的命令，所以这 4 万人马刚离开平壤城时，可以说是全速前进，不敢有丝毫的耽搁，但是当走出高句丽国界时，这些兵油子立刻放慢了脚步。

想来也可以理解，本来在国内待得挺舒服，这回上前线说不定就埋骨异国了。所以这些人能拖就拖，最好传来辽东城陷落的消息，免得上前线去送死。

基于这样一种心理，高句丽的这 4 万援军行军速度极慢，而且是走走停停，一路上颇为悠闲，可他们没有料到李道宗的四千精兵正在向他们猛扑过来。李道宗是战场老手，在率领人马急进的时候，并没有忘记派出快马刺探敌人的动向，很快探马将一个重要的消息带到了李道宗这里。

就在李道宗离开本部大营100里后，探马飞速来报，前方20里处发现敌军动向。

李道宗勒紧了马头，深邃的目光中闪烁出一丝犹疑。

“难道是高句丽的援军？”李道宗喃喃自语。

“有多少人马？”

“启禀将军，至少有上万人！”

“动向如何？”

“敌军正在安营扎寨，并没有前进的迹象！”

“嗯？不像援军的模样啊，难道是另一股部队？”李道宗心中想道。

此时，一个问题亟待李道宗去解决，该不该继续前进？就目前情况来看，谁都无法判断出对方究竟是什么部队。

李道宗并不是胆小鬼，他是怕落入敌军的圈套。唐军现在已经身处辽东腹地，人员不能再有无谓的牺牲，未来还有许多硬仗在等待着唐军。

“马都尉，你怎么看？”李道宗向马文举问道。

“怕他作甚，管他什么援军不援军，反正都是高句丽人，冲上去杀他个痛快！”说罢，不等李道宗回答，马文举策马带领100名亲兵已经率先冲了过去。

刹那间，李道宗感到热血沸腾，他拔出长剑，直指前方：“弟兄们，一块儿上！”

四千唐军骑兵急速向高句丽人冲去！

高句丽的援军此刻依旧在施展他们的“磨洋工”本领，他们从平壤城走到现在，一路上可谓风光无限，但是接下来他们就要面对唐军铁骑的冲击了。

就在高句丽人刚刚安营扎寨完毕，几名士兵忽然看到营帐的正前方卷起漫漫烟尘。

难道是龙卷风？

就在高句丽士兵发愣的一瞬间，马文举带领着100名亲兵已经杀到！

“噗！噗！”随着两声闷响，马文举的长刀已经插进高句丽人的胸膛。

“冲进去！”马文举下令！

高句丽营寨顿时一片慌乱！

“唐军来袭！”一名高句丽士兵高喊。

随着这声高喊，高句丽人终于反应了过来，急忙组织人马，进行抵抗。

马文举虽突然杀到，高句丽人一时慌乱，但时间一长，随着高句丽士兵越聚越多,马文举便开始显示出势单力薄。幸好在他的后边还有李道宗。

马文举在高句丽军营横冲直撞的时候,李道宗率领骑兵已经逐渐接近了高句丽军营,此时高句丽的军营内已经烟尘漫天,血水四溅。

李道宗并没有像马文举那样不顾一切地直冲过去,虽然他也知道马文举在里边需要自己支援,但他还是利用短暂的时间,首先登上了不远处的土丘。

李道宗的意图很明显,借助土丘的高度,观察高句丽军营内的情况,不仅要成功增援马文举,而且要彻底打败敌人。很快,李道宗发现了敌人薄弱的环节所在。

马文举的目标是中军大营,可是在他和100名亲兵还没有冲到中军大营的时候,已经被众多高句丽士兵团团围住,也就是说现在高句丽人以圆形包围的方式正全神贯注地围攻马文举。

李道宗敏锐地判断出,要想替马文举解围,最好的方式是将高句丽人的包围圈冲垮,而且此后不能再给高句丽人重新包围的机会。

为此,李道宗迅速做出了部署,将手下的四千骑兵分为两组。

"冲进营寨之后,分兵左右冲击!"李道宗下了命令。

是的,只有从两面夹击,敌人才能无法兼顾。而且此战的关键点在于:速度!

李道宗在分组完毕后,带领两组骑兵急速向着高句丽营寨冲去。

此刻,高句丽士兵所有的注意力都在马文举身上,对于李道宗的到来,可以说毫无防备,当这些人耳边听到马蹄声的时候,为时已晚。

李道宗的四千骑兵用尽全力从左右两个方向向高句丽人发起了猛烈的冲击,包围圈顿时被打破。

4千PK 4万,玩的就是心跳!

……

100里之外,唐军大营。当李道宗率领骑兵离开后,李世勣的眼泪不知不觉地掉了下来,不是难过,而是感动。

李世勣是个重感情的人。他当年曾厚葬李密,剜下大腿上的一块肉送给单雄信。这一次,看着李道宗只带着四千骑兵出战,李世勣的心中有些愧疚。不过,这也是没有办法的事情,手中的人马只有这么多,包围辽东城需要足够的兵力,所以只能委屈李道宗了。

可是李世勣的心中实在放不下,万一李道宗有什么闪失,那将是李世勣一生无法弥补的遗憾,何况李道宗还是皇亲国戚。思虑再三,李世勣决定出兵增援李道宗。

“诸将留下继续包围辽东城，我前去助江夏王一臂之力。”说完，李世勣走出营帐，点齐三千精兵，向高句丽大营呼啸而去。

都说人心齐，泰山移，事实证明，这句话确实超级有道理。李世勣在赶到高句丽的军营时，在他前面的是一片厮杀声，李道宗的四千骑兵和高句丽的四万援军已经完全搅在了一起。虽说李道宗人少，但是凭借骑兵的冲击，并没有落下风。“直冲过去！”李世勣随即下令。

就这样，算上马文举和李道宗的前两次突袭，高句丽人此时已经受到了唐军的三次突然袭击，即使不被打死，也得被吓死。

事实证明，高句丽人因为精神受到了严重刺激，确实成了惊弓之鸟，在李世勣和李道宗的冲击下，完全乱了阵脚，最终大败而退，唐军由此也缴获了不少军用物资。

这一战，是东征高句丽中，唐军为数不多的以少胜多的经典战例。唐军除了战术对头，必胜的信念是一个重要因素，当然最关键的就是两个字——团结。

集体的力量是无穷的！

这句话，虽然我们听了无数遍，似乎耳根早已被磨破，但是你静下心来仔细思考这句话，你就会发现，无数的事实都在重复印证着这个千古不变的真理。

辽东城大战

成功击败高句丽的援军后，李世勣和李道宗回师继续包围辽东城。五月初十，李世民亲率六军经北平（今河北卢龙）、辽泽（今辽宁北镇与辽中之间泽地）渡过辽河。

值得一提的是，李世民在渡过辽河之后，做了一个惊人的举动——拆除河上的桥梁，这个举动很有些当年项羽破釜沉舟的味道，其意义不言自明，那就是和众将士一同共生死、共患难，背水一战。

李世民将大军驻扎在马首山下（今辽宁辽阳西南），然后自己率领五千轻骑兵，急速赶往辽东城下，与李世勣的大军会合。李世民之所以这样迫不及待地赶到辽东城，是因为辽东城对于唐朝来讲有着特殊的意义。隋炀帝杨广东征高句丽都是止步于辽东城下，始终没有再往前迈进一步，可以说辽东城成了中原人的一个魔咒，现在大唐皇帝李世民也站在了辽东城下，他能打破这个魔咒吗？所有的人都不知道答案。

远眺辽东城那高大的城墙，李世民的心中感慨万千，曾经不知道有多少隋军将士倒在这片城墙之下？又有多少人看着那辽东城上高高飘扬的高句丽军旗而愤恨，无奈地退回中原？

杨广！你跨越不了的障碍，我李世民今天必须要跨越，这不是为了你，而是为了整个国家的尊严和荣耀。李世民坚定的信念已经掩埋于胸，辽东城大战一触即发。

为了打好这一仗，李世民决定放下皇帝的九五之尊，和普通的士兵一起并肩战斗。

第一项工作：填平护城河。

辽东城的布局和当时高句丽其他的城市不太一样，在内城外五里的地方，环绕着一条宽约 30 米的护城河，这的确给唐军的进攻带来了困难。

面对如此情况，李世民下令让全军行动起来，用三天的时间填平护城河，为拿下辽东城做好前期准备工作。

为此，李世民脱去了身上的铠甲，走进了士兵队伍中，和这些最普通却又是最可爱的士兵们一起运送黄土。当走进这些人中间，李世民切身地感受到了什么是放松，什么是平凡。

平凡是石缝间的一株青草，是草丛里的一朵野花，虽然看起来不那么惹人注目，但是自由生长在天地间。

李世民的举动使旁边的官员受到了震动，于是大家一起脱下官服，争先恐后地加入运送黄土的队伍中。

终于，在李世民的带领下，唐军填平护城河工程提前竣工，接下来就是“修埋”辽东城工程。

李世民很有信心，所有的人都有信心，但有信心不一定代表有一个好的结果。

在唐军一连十二天的攻城战中，辽东城依然稳如磐石。

这十二天中，唐军的进攻不可谓不猛烈，平均每天两次进攻，每次进攻大约一个时辰，但就像先前攻打盖牟城一样，唐军的脚步只能止步于高大的城墙之下，而且损失惨重，最麻烦的是士气逐渐低落。

难道真的无法打破魔咒吗？辽东城真的会再一次成为中原人的梦魇吗？

时间进入了第十三天，这一天和往常一样，李世民在清晨准备照例召开作战会议，研究新的作战方案。

当他打开行军营帐的帷幕，准备先呼吸一下新鲜空气时，有着多年战阵经验的李世民敏锐地发现了一个信息——风！

风？这有什么奇怪的，刮风是自然现象啊！

没错，但是在李世民眼里，这一个小小的发现已经足够了，因为这可以成为克敌制胜的法宝。随即在李世民的脑海里形成了一个攻破辽东城的绝佳计策。

是的！火攻！

火攻在中国历史的战争大戏中，是老得不能再老的套路，但正所谓不论白猫黑猫，抓住耗子就是好猫，能够打败敌人的计策就是好计策。

计策已定，接下来就是实施。

目前看起来，火攻是一个不错的计策，但是李世民现在面临一个很关键的问题，如何能让辽东城的城头上着起火来。当然，最好的办法是唐军士兵在上边放火，可怎样上到城楼上呢？

难道要架好云梯，一步一步地爬上去吗？

显然，答案是否定的。

请注意，在火攻的计策中，有一点需要明确，那就是速度，要以迅雷不及掩耳之势，在敌人没有防备的情况下，让大火熊熊地燃烧起来。

所以爬上去的方法显然不可行。

最终，久经沙场的李世民想出了一个绝好的主意，这个主意需要借助一件工具——冲竿。冲竿比普通的竹竿要粗很多，而且要有高度，具体说有三人来高，且柔韧性能佳，有点类似于现在撑竿跳运动员使用的撑竿。

冲竿的具体用法是：一人抓住冲竿的一端，其他人抓住冲竿的另一端，两端一起发力，将人直接送到城墙之上。相信这个速度，高句丽士兵无论如何也是反应不过来的。

事实证明，这个方法十分有效。

那个冷风不停的夜里，在李世民的亲自指挥下，唐军利用冲竿将 30 多人送上了辽东城的城墙，这些人的任务就是放火。

当李世民看到城楼上那通红的火光时，他的嘴角露出了一丝微笑。杨广，这个计策你想到了吗？

是夜，辽东城内一片大乱，唐军趁势架起了攻城云梯，一鼓作气地登上了辽东城的城墙。

天明！城破！

魔咒终于被打破！

攻陷了辽东城，一万高句丽士兵阵亡，唐军俘获了一万高句丽士兵和四万高句丽百姓，并且再一次获得了充足的粮食，唐军士气一下子大大提升。杨广没有做到的事情，李世民做到了，相信那数万倒在辽东城下的隋军将士在九泉之下，也会瞑目了。

但李世民明白，对于他自己来讲，这仅仅是个开始，前方的道路依然布满荆棘。

第十三章
半途而废

不战而降

拿下辽东城后,下一个目标就是白岩城(今辽宁省灯塔市)。

白岩城也是高句丽边境的一座重要城市,拿下白岩城就意味着唐军打进了高句丽国境之内。和辽东城誓死顽抗到底不同的是,在李世民挥军包围白岩城的时候,城主孙代音主动请求投降。

这当然是个皆大欢喜的事情。正当李世民兴高采烈地准备受降事宜时,这位仁兄又反悔了,理由是本人愿意投降,但手下人不愿意,为了照顾大多数人的意愿,咱们还得接着打。

就算是忽悠,翻脸也不能像翻书那样快啊!

“命令所有的士兵全力攻打白岩城,城破之日,所有俘获的百姓和财物都赏赐给士兵们!”李世民愤恨地对部将说道。

威震八方的大唐皇帝李世民岂能被人当猴耍?为此唐军开始了一系列的攻城准备工作,当然唐军的动向也都在高句丽人的掌控之中。看到唐军在积极备战,高句丽人生怕白岩城有什么闪失,于是向不远处的乌骨城(今辽宁省凤城市)求救。

乌骨城是座小城,守军并不多。但即使这样还是派出了一万人马驰援白岩城,可见白岩城的重要性。乌骨城为了能够让白岩城坚守到底,可谓下了血本。当然,有了这一万人,孙代音的心中稍稍踏实了一些,虽说人数不多,但至少总比没有援军要好过。

可是让孙代音想不到的是，自己连一万援军的影子还没有看到，就传来了消息，这一万人在半路上遭到了唐将契苾何力的伏击，不仅损失惨重，而且基本被打散；不仅增援自己的目的没有达到，而且还让乌骨城本就薄弱的防守更加雪上加霜。

孙代音有些绝望了，这一仗自己本不想打，被手下人放在火架上烤的滋味可真是不好受。不过，孙代音的头脑比较灵活，不像前边的几座城池的守将只知道顽抗到底，孙代音在绝望之余再一次想到了投降。孙代音心中是有顾虑的，虽然上一次不是存心忽悠李世民，但本来处于敌我双方，谁又能相信你的初衷呢？

孙代音还是决定再试一试，有1%的希望，就要尽100%的努力。

为了表达自己的真诚，孙代音特意给李世民修书一封，派使者亲自转交给李世民。首先对上次的反悔表示了歉意，进而详细说明了自己现在的处境，最后他恳请李世民为自己支着儿，安抚住城中那些反对投降的人。

李世民是个高瞻远瞩的皇帝，对于孙代音的再次请降，他并没有因为上次的被忽悠而彻底否定，在仔细分析唐军的现状后，李世民决定接受孙代音的请降。

不过，这一次他也采取了防范措施，在看完使者带来的书信后，李世民命人拿出了自己的帅旗，然后对使者说道："把这面帅旗交给你们城主，如果他真心投降，就把这面帅旗插到城楼之上！"

李世民这种做法可谓一箭双雕。在城楼上插上敌方的帅旗，意味着城池已被占领，相信那些反对投降的人一定会惊恐不已。当然如果孙代音是存心忽悠，是断然不会在本方城楼插上敌方帅旗的，除非孙代音是脑残。

使者行礼过后转身离开了行军营帐。唐军内部反对者站了出来。

"陛下！孙代音反复无常，万万不可轻信啊！"说话的人是李世勣。

"没关系！如再反悔，继续围攻！"李世民说道。

很长时间以来，作为行军总管，李世勣除了考虑行军作战，考虑最多的就是手下士兵的利益。李世勣是个饱经沧桑的将领，他深切地明白手下的士兵们那么勇猛作战，究竟为的是什么。除了民族大义、履行军人的天职，不能否认的是物质利益。

每次攻下一个城池，这些士兵都盼望着得到赏赐，盼望着多多得到城里的金银财宝。

这次，皇帝陛下已经许诺了攻下白岩城之后的封赏，而现在又接受孙代音的请降，这让将士们心中作何感想？

所以李世勣作为行军总管，有义务为士兵站出来讲话："陛下！士兵们之所以奋勇攻城，其中一个愿望就是希望得到城中的财富，现在白岩城已经坚持不了多长时间，陛下又要接受孙代音的请降，士兵们知道了会寒心的！"李世勣拜倒在地动情地说道。

其实，李世勣明白的道理，李世民又何尝不明白呢？

李世民缓缓地扶起李世勣，然后开口说道："将军的心意我十分理解，我更加明白士兵们的心愿，只是让士兵们任意杀戮，是我所不希望看到的，想必将军也一定不愿意看到。这样吧，将军手下有功的兵士，朕愿出自己的钱来封赏，来代替白岩这座城中的财富，将军意下如何？"

"陛下英明！实乃大唐将士之幸啊！"言罢，李世勣再一次叩头在地。

皇帝作为至高无上的权威者，能够拿出自己的钱财奖励最普通的士兵，千古以降，相信没有几个人。我相信在中国历史上，李世民能够作为为数不多的名垂青史的皇帝，除了他的雄才大略、智勇双全，更重要的是因为他能读懂人心。

刘备摔孩子是在作秀。李世民用自己的钱财进行封赏，是在做人。

孙代音最终按照李世民的做法，将帅旗插在了白岩城的城头上。

当然这也就意味着白岩城不战而降，而对于城中那些不愿投降的顽固分子，这一招的确有效。在看到城楼上出现唐军的帅旗后，这些人都以为唐军占领了城池，孙代音趁机因势利导安抚住了这些人，白岩城免于一场战火。

是夜，李世民接受了白岩城一万多名百姓的投降。为了显示大唐帝国"天可汗"的恩典，李世民特意封赏城中的所有百姓，每个人都发给食物，尤其是80岁以上老者，特别赏赐绸缎和布匹，而且下令投降的守军愿意随军的继续随军，不愿意的发给盘缠，回家种地去。

典型的人性化管理！

看着城中百姓兴高采烈的样子，李世民也情不自禁地跟着笑了起来。在他看来，在辽东这片土地上，还没有谁能像自己一样，做得游刃有余。

白岩之战后，唐军进入高句丽的国境。

李世民是有信心的，当然此时他想不到，随着兵不血刃地占领了白岩城，唐军征讨辽东的步伐，即将止步。

无奈的保守

白岩城的不战而降，让身在平壤城的渊盖苏文甚是恼怒。在他看来，孙代音就是个无耻的叛徒，该杀！可他应该想到的是，辽东这片土地本来就应该属于中原人，自己占了那么长时间，以至于忘了本来拥有它的主人。

白岩城是高句丽国界的最后一道屏障，唐军现在已经长驱直入高句丽国内，渊盖苏文必须拿出切实可行的防范措施，否则后果不堪设想。

唐军过了白岩城，进入高句丽国境后面对的第一座城市就是三面环山的安市城（今辽宁海城市）。

为了阻挡唐军前进的步伐，渊盖苏文决定在安市城和唐军彻底地较量一番。在他看来，先前唐军的节节胜利，并不是由于唐军的战斗力多么强劲，而是因为自己过于保守，死抱住城市防守战不放，才导致现在的被动局面。

所以，消灭唐军，就在安市城！

为此，渊盖苏文下令让北部缛萨（高句丽官名）高延寿和高惠真率领高句丽、靺鞨士兵共计 15 万人增援安市城，渊盖苏文特别强调了一点，这次作战千万不要保守，该进攻的时候必须进攻。

高延寿和高惠真两个人，确实是不折不扣地按照渊盖苏文命令去做的，只是两个人没有依据实际情况去变通和调整。

在大军临出发之际，高句丽有个对卢（高句丽官名）就对高延寿分析道：李世民东征西讨，发动"玄武门之变"，最终当上了皇帝，而且国家在他治理下一片欣欣向荣，可见李世民是个著名于世的人才。现在唐军在李世民的率领下士气正旺，万万不可与之正面交锋，应该采取守势。唐军远道而来不能长期在这里待下去，到时切断他的粮道，唐军不攻自破。

应该说，这番分析确实切中了唐军的要害，可惜的是，在高延寿看来，对卢的话显然不如渊盖苏文的话有分量。因为对卢决定不了高延寿和高惠真能否升官发财。所以对卢的话也只能是按鸡头啄米——白费心机。

贞观十九年(645 年)六月二十一日，李世民率领唐军到达安市城 30 里外。在闻听高延寿和高惠真率领 15 万大军前来的消息后，李世民迅速召开了军事会议，研究作战方案。

"我分析高延寿的援军会有三种作战方案。"李世民首先发言。

“第一,15 万大军扑面而来,与安市城的守军共同协作,同时倚仗周围的高山,坚守不出,然后派出少量部队骚扰我军,我军则进不能立即克敌,退又有沼泽河流,势必困于此地。第二,迅速援救安市城,救出全城的人后,火速撤退。这样虽然没有打败我们,但至少可以保存实力。第三,猛冲猛打,与我军决一死战!大家认为高延寿会采取哪种战术呢?”说完,李世民眼含笑意环视众将。

所有的人都在思考,似乎三种战术都可行。

“哈哈哈!我提示大家一点,战术一是上策,战术二是中策,战术三是下策,大家这次猜猜看!”

“那肯定是战术一!高句丽人又不是白痴!”张俭随口说道。张俭的说法得到了所有人的同意。

“不!我猜高延寿一定会用战术三!”李世民坚定地说道。

众人都瞪大了眼睛,看着李世民,他们实在没有想到,这位战场老手居然会给出这么一个狗血的答案。

“我知道大家一定会问为什么。呵呵!”李世民继续说道。

“告诉你们,前边高句丽人都坚决使用他们擅长的城市防守战术,我军连克数城一直打到高句丽国内。大家想一想渊盖苏文该是什么想法,我断定这一次渊盖苏文一定命令高延寿等人改变先前的战术。”

李世民猜对了。当然,这是他多年来在战场上历练的结果。

“陛下!高句丽派遣 15 万人马前来增援安市城,想必平壤城定会防守空虚,臣请带领五千精兵奇袭平壤城,攻下平壤城,这 15 万人一定会不战而降。”说话的人是李道宗。

李道宗的这个计策很像当年诸葛亮北伐魏国时,魏延所献的出兵子午谷的计策,都属于出险招,有赌博的味道!

不过,仔细分析李道宗的计策,并不是不可行。当时的高句丽不比当年的魏国,15 万大军倾巢出动,平壤城防守确实空虚。

可惜,此时李世民和当年的诸葛亮一样,当场否定了李道宗的计策。不过,和诸葛亮不同的是,李世民并不完全是因为思想保守,而是因为自己的兵力本就不足。如果李道宗一旦有什么闪失,唐军的士气将会遭受沉重的打击。

李世民不想因为出险招而毁掉此前的一切大好局面。当然,这也意味着李世民无奈地错过了一次奇袭平壤城、彻底征服高句丽的绝好机会。

计划

唐军兵力不足,这是不争的事实。

本来东征高句丽的人马就不太多,算上张亮的海路总共将近10万人马,而且先前攻下那么多城市,都需要部队驻扎防守,现在李世民手中可用的人马最多不超过4万人,所以他拒绝李道宗奇袭平壤城的计划,并不是没有道理。

李世民的设想是集中手中的全部兵力,用一种突袭合围的方式将高延寿的15万人马一举吃掉。高延寿也的确很好地"配合"了李世民。

六月二十二日清晨,高延寿和高惠真率领15万大军急速赶到了距离安市城东南八里的地方安营扎寨。由于人数众多,这15万人的行军营帐连起来共计40余里长。连营扎寨实为兵家大忌,其机动性不强是致命的弱点。

当然,李世民是绝对不会放过这个机会的。经过短暂的思考后,李世民开始实施他的突袭合围计划:

第一步:忽悠。

李世民这一辈子不知忽悠过多少人,忽悠老爹,忽悠兄弟,忽悠对手,可谓"忽"功深厚,面对高延寿、高惠真两个一根筋,李世民仅仅几句话,就将两个人忽悠得感天动地。

李世民给两个人特意修书一封,信中是这样写的:

"我这次前来,是为了询问渊盖苏文为什么要擅杀国君,至于咱们两方兵戎相见,这可不是我的本意,前边之所以要攻打你们的几个城市,是因为我们粮草不够用,等到你们国家修好臣礼,朕答应你们以前失去的会加倍还给你们。"

粮草不够居然会大老远地攻打辽东?询问事情难道需要海陆一齐进军吗?白痴都能看出来,李世民纯粹是扯淡!但让人意想不到的是,这两个二杆子居然相信了。而且下令撤掉防卫!

白痴是允许的,但绝不允许白痴到这种地步!

看到高延寿和高惠真就这么轻易地上钩,李世民心中不禁好笑,这可能是他平生忽悠的所有人中,档次最低、级别最低、智商最低的"三低"人员。

可惜了15万人马居然在两个白痴的手中被轻易地打垮!

在成功实施了第一步骤后,李世民开始实施第二步骤,和第一步骤相比,第二步骤是实实在在的杀着。

当夜李世民召开军事会议进行了相关的部署：

一、命令李世勣率领一万五千人，在安市城西边的山脚下布阵，任务是从侧面截击高句丽援军。

二、命令长孙无忌率领一万五千人从安市城北面山谷绕到高句丽援军的背后作为奇兵，从敌军背后突袭。

三、李世民自己率领四千人马悄悄地爬到北山之上，从正面突袭敌军。

“各军务必在听到鼓声、号角声后一齐从三面杀出，誓将高句丽15万人马生吞下去！”李世民下令说道，语气中带有必胜的信念。

李世民说完后，特意嘱咐李道宗，在三路大军突袭这15万人的时候，务必率领人马死死地包围住安市城，坚决不能让安市城的守军出城，否则后果不堪设想。

部署完后，李世民开始实施他的第三个步骤，和前两个步骤相比，这个步骤颇有些诙谐的色彩。李世民命令随军的工匠马上搭建受降用的帐篷。

这是什么意思？在李世民看来，这一仗自己必胜无疑，受降的帐篷当然是为高延寿和高惠真准备的。

“三天之内，这两个白痴必将在我事先准备的受降帐篷中，向我跪地求饶！”言罢，李世民的嘴角露出了一丝得意的微笑。

薛仁贵

六月二十二日清晨，一切准备就绪。

当高延寿发现李世勣在西山脚下布阵的时候，他当时马上意识到自己被李世民忽悠了，清醒之余，高延寿立即集合兵马，准备趁李世勣立足未稳，实施突袭。

可惜高延寿的目光过于专注，全部的注意力都集中在李世勣这一边，丝毫没有发觉身旁还有长孙无忌和李世民。

高延寿的突袭策略是正确的，没有关注自己周围的情况是错误的，仅仅就这一个错误，足够失去拥有15万兵马的优势。因为李世民是个善于抓住敌人犯错的瞬间，给予致命打击的老手！很快，高延寿就领教了李世民的这一点。

就在高延寿准备对李世勣进行突袭时，他忽然听到了一阵嘈杂的鼓声，紧接着就是一阵不规则的号角声。这是三路唐军发起总攻的信号。

鼓声起，号角鸣，三路唐军以水银泻地般的攻势向高延寿的四十里连营发起了猛烈的冲击。高句丽军营顿时大乱。

“不要慌张！不要慌张！立即集合，反击！反击！”高延寿慌乱之中不断喊道。

在这种乱成一锅粥的情况下，主帅的话没有丝毫的分量。逃生的本能促使这些士兵们慌乱地抱头鼠窜。

三万唐军猛冲猛打，将高延寿的四十里连营冲得七零八落，此时就连老天爷也在为唐军打的这场漂亮仗而鼓掌叫好。

天空顷刻间电闪交加，雷声轰鸣，大雨倾盆！

本来高句丽士兵的神经已经十分脆弱，雷声轰鸣之际，所有的人都几近于崩溃。

抵抗？也许在那一刻只是个传说。

李世民站在北山之上正在观望着一切，山脚下这场惊天动地的厮杀，他都看在眼里，这一切都是他的杰作。此时，李世民觉得自己就像是操盘手一样，山下18万人的动向都操控在他手里。这种感觉实在太棒了！

就在李世民陶醉于自己的“杰作”中时，他忽然发现山脚下一个身穿白盔白甲的士兵向高句丽的中军大营勇猛地冲去，没有人能拦住他，正所谓来一个杀一个，来两个斩一双。

试想一下，山脚下黑压压的一片，猛然之间冒出一个白晃晃的好像怪物一样的人，的确是吸引眼球。

“这是谁啊？”李世民自言自语。

在他看来，这个人敢身穿白盔白甲进行战斗，至少说明这个人不怕死。白色固然惹人注目，但同样会成为敌人进攻的靶子。

此时的李世民当然不知道这个普通士兵的名字，因为在此之前，这个士兵真的是默默无闻。但从现在开始，这个士兵因为这场厮杀，将迎来他人生的转机。他的名字叫薛礼，字仁贵，以字行世。

东征高句丽是薛仁贵平步青云的开始，更是他迈入大唐名将之列足以名垂青史的起点。在不远的将来，你会从薛仁贵这里，听到很多传奇故事，如“三箭定天山”“神勇收辽东”“脱帽退万敌”等。他一生驰骋沙场四十余年，就从高句丽的这场“围城打援”战开始。

高调亮相！荣耀一生！

事实上，此时的薛仁贵也没有想到，二十多年后，高句丽的问题，最终要由他来解决。

薛仁贵的异常行为，引起了李世民的关注，他对这个年轻人有一种钦佩之情，又有一种好奇之心。无论如何，让皇帝能够成功关注自己，薛仁贵的这身白盔白甲就算没白穿。

至于他这身打扮是否就是为了引起皇帝陛下的注意，由于薛仁贵一生没有亲口给出标准答案，所以大家只好去猜了。

李世民凭借自己高超的军事指挥，用 3 万唐军一举成功打垮了高延寿、高惠真的 15 万援军。这一战李世民又刷新了以少胜多的军事纪录，接下来事先计划的第三步骤将顺利实施。

六月二十三日，高延寿带领残余的 2 万多人向李世民投降。

就在那个事先准备好的帐篷里，李世民举行了受降仪式。值得一提的是，高延寿和高惠真两个人是爬着进的帐篷。

敢犯天威者，这就是下场！

“你们不过是两个东夷少年，在你们国内嚣张一下还可以，至于战场上兵戎相见，决胜于千里之外，你们还差得太远，还敢和我交战吗？”

“不敢！不敢！天可汗的威名，我等已领教！”两个人伏在地上，始终不敢抬起头来。

“哈哈哈哈！算了！算了！朕乃宽容大度之人，让你们萨縟（高句丽官名）以下的酋长，到我们那里去居住，其余的人都放回平壤城。”

李世民始终不曾忘记攻城为下，攻心为上的道理。当然攻心为上也是有不同策略的。放走高句丽人后，李世民并没有对随高句丽人一起对抗唐军的士兵手软，下令全部坑杀！

李世民的意图很明显，让高句丽人感动之余，还要有所惊骇。

这一招的确很管用。在闻听坑杀士兵的消息后，安市城旁边的后黄城、银都城守军都吓得放弃城池，退回平壤城。但安市城的守军依然没有动静。莫非他们有足够的信心守住这座城吗？

死局

在李世民生吃高延寿 15 万援军的时候，安市城的守军没有丝毫动静。

表面看起来，似乎是李道宗包围得紧，以至于安市城的守军动弹不得，但事实上，在安市城外的这场打援战役中，安市城内的守军仿佛是视而不见，丝毫没有出手相救的意思。对于 15 万援军被李世民生吃，他们表现得毫不在意，任凭风吹雨打，我自岿然不动。

这明显不合常理。要知道15万援军的覆灭，使得安市城更加成为一座孤城，守城的将领一定会明白这个道理。那为什么却又按兵不动呢？

顺便说一句，当时安市城守军将领的名字叫杨万春，事情的一切缘由其实都在这位仁兄身上。

事实上，杨万春有自己的私心。原因是他对渊盖苏文甚为不满。

当年渊盖苏文杀掉高建武篡夺王位时，命令高句丽国内所有城市的守军将领向自己表达忠心，很多将领本着“识时务者为俊杰”的原则纷纷响应，可唯独安市城的杨万春偏偏不买账。这位性格刚烈的将军给渊盖苏文的回话是：跪天跪地跪父母，想让自己向乱臣贼子效忠，那是搬着梯子上天——没门！

渊盖苏文听完后，差点背过气去。

恼怒之下，渊盖苏文下令出兵攻打安市城，可是让他想不到的是，一连几次攻打，安市城在杨万春的精心指挥下，宛若铜墙铁壁一般，毫发无损，搞得渊盖苏文很是无奈。

不过，渊盖苏文心里也明白，杨万春虽然反对自己，但绝不是献城投降之类的人，安市城有这样的人镇守，并不是一件坏事。

就这样，杨万春继续做他安市城的土皇帝，而渊盖苏文并没有忘记杨万春那几句发狠的话，他只是在等待时机，一个合适的时机出现时，他必将置杨万春于死地。

安市城就这样在高句丽国内以其特有的方式存在着，一直到李世民兵临城下。

对于15万援军的覆灭，杨万春很是幸灾乐祸。在他看来，渊盖苏文派出高延寿和高惠真这两个二杆子来援救自己简直是笑话，安市城只要有自己在就绝对保证连只苍蝇也飞不进来。

在我看来，杨万春未免有些心胸狭窄，在大敌当前之际，当以国家利益为重。不过，我们不能否认杨万春的军事才能，事实上，在是否攻打安市城的问题上，就连李世民都在犹豫。

在军事领域，李世民不是一般的牛人，可是在对待安市城的问题上，李世民显得有些优柔寡断，原因是李世民对杨万春的所作所为有所耳闻。

目前唐军深入辽东腹地，最好的办法当然是速战速决，尽快攻下平壤城是上上策，而现在杨万春又是块难啃的骨头，所以李世民想绕过安市城，采取避实就虚的策略，先攻打南面张俭包围的建安城，等拿下建安城后，再加紧对安市城的包围,那样胜算会更大一些。

这个方案遭到了李世勣的反对。

李世勣认为暂时放弃安市攻打建安是冒险之举,建安在南,安市在北,也就是说唐军要背对安市城作战,一旦杨万春从后边拍上黑砖,唐军恐怕会陷入不利的境地,而且如果杨万春想到截断唐军的粮道,那唐军将会彻底陷在辽东腹地而不能动弹。

李世勣的分析不无道理,而李世民的避实就虚策略也很有创意。有的时候解决一个问题有很多种方式方法,正所谓"条条大路通罗马",关键就在于你是否敢于尝试。

战争是不允许你犯错误的,即使很小的疏忽也会造成全军的溃败。所以此时的李世民实在不敢冒险,对于唐军来讲,其实又是一次无奈的错过。

就这样,唐军继续留在原地,加紧了对安市城的包围,不知不觉双方陷入了胶着的状态。

一连很多天,唐军的进攻很不利,高句丽人除了用自己擅长的城市防守战术坚守城池,还运用了一种看起来只有市井泼妇们才用的招数——谩骂!

大家想一想泼妇们在骂人时候的那种神态,那种表情,那种语气,肯定会有一种扭曲的映像映入你的脑海,而高句丽人就是用这种方法不断地向唐军挑衅。而且高句丽人很聪明,不到关键时刻坚决不张嘴,只在看到李世民的时候才开始破口大骂。虽然他们不认识李世民,但他们却认得皇帝的龙旗标志,只要见到龙旗,就说明李世民一定就在那里。

骂!给我使劲儿地骂!唐朝皇帝一定没有"享受"过这种待遇。让唐朝皇帝的辽东之旅,感觉不虚此行!

坦白地讲,李世民是很有城府的人,谩骂挑衅这种招数他见得太多了,可问题是当了皇帝的李世民的心境与当年东征西讨的秦王李世民是不一样的。

天子的威严是不允许任何人侵犯的!

所以对于高句丽人的谩骂,李世民表现得怒不可遏,恨不得立即将安市城夷为平地,将杨万春碎尸万段。

李世民这种心理失衡的状态,迅速在唐军中间蔓延。李世勣当时就向李世民提出了一个近乎疯狂的建议:只要攻破安市城,城里边所有的男人都活埋!

这个建议,得到了李世民的同意。

大家都知道任性、失神经、无意识是非理性的三种状态。而目前唐军上下表现的恰恰就是这三种状态。

准确地说是士兵无意识，将领失神经，皇帝任性！

兵家大忌就此犯下！

要知道围城的要义在于“围而不死”，也就是说在包围的过程中，一定为对方留下一条生路，这样城里的人才能看到希望，而只有看到希望才不会做殊死的搏斗，因为突围出去就意味着生存。

可是现在李世民已经掐断了安市城守军生存的希望，抵抗也是死，投降更是死，与其死得窝囊，不如壮烈地以身殉国。

抱定必死之坚守的信念，安市城的守军在杨万春的指挥下，坚强地抵抗着唐军一波又一波的进攻。

时间一点点地过去，安市之战陷入了死局。

放弃

安市之战陷入了僵持阶段，这对唐军是极为不利的，深入对方腹地不能速战速决，是兵家大忌。唐军在安市城下已经足足耗费了二十天，丝毫没有任何进展，的确是有些“望城兴叹”。

在此期间，已经投降的高延寿和高惠真给李世民提出过建议，他们认为与其在此拼消耗战，还不如先绕道攻打防守薄弱的乌骨城，然后一路向前直取平壤城，一旦攻下平壤城，安市城一定会不战而降。

这个计策和先前李道宗的奇袭平壤的策略有异曲同工之处，最重要的是得到了李世民的同意。李世民甚至已经开始下令集结兵马，准备向乌骨城挺进。

但就在众人即将分头去准备的时候，长孙无忌提出了反对意见。长孙无忌的理由似乎很老套，但的确有道理，他认为如果这次东征高句丽来的是一般将领，这个计策是可行的，但现在是皇帝亲征，一旦有什么闪失，谁来埋单？

长孙无忌考虑问题是很有深度的，他是从国家的整体利益出发，进而做出判断，而不仅仅是局限于辽东战局去分析。

最终，长孙无忌的话起了作用，李世民放弃了高延寿和高惠真的计策，继续围攻安市城。

有很多人认为，高延寿和高惠真的计策是李世民东征高句丽中最后一次攻取平壤城的机会，错过这次机会，李世民今后就再也不会有机会了。

实话实说，我并不这么看。说得通俗点，高延寿和高惠真的主意只是理论上可行，实际操作起来有很多不确定性。

一、唐军到目前为止已经显出兵力不足。平壤城是高句丽的国都，一定会有重兵防守，唐军有把握在短时间攻取下来吗？如果攻取不下来，唐军就彻底地陷在了高句丽国内。

二、就算攻下乌骨城，挥军直逼平壤，谁能担保安市城的守军不会从背后拍黑砖，虽然杨万春和渊盖苏文势不两立，但那属于内部矛盾，当外敌来袭时，内部矛盾就会下降到次要地位。

三、目前唐军这点兵力，攻下平壤城又当如何？要知道占领就意味着接下来的坚守和治理，唐军有这个能力吗？

所以，综上所述，李世民这次东征高句丽，除了能出口恶气，不会有丝毫收获，事实很快就证明了这一点。

安市城是唐军最难啃的一块骨头，但李世民有信心在最短的时间内将它拿下，当然这是他的一厢情愿。

在这里简要介绍一下安市城的特征。这座城市依山而建，城东明显高于城西，从远处望去是一个略有倾斜的城市。

为了尽快拿下安市城，李世民改变了先前只从一面进攻的策略，采取了东西夹击的方法，李世勣负责进攻城西，李道宗负责进攻城东。在李世民看来，要让安市城的守军首尾不能相顾，自己才会有胜算。

但没多久就传来了李世勣进攻不力的消息。这也的确难为了李世勣，李世勣进攻城西，属于自下而上的进攻——仰攻。既然是上坡，速度就会慢下来，所以唐军的攻城速度十分缓慢，而缓慢就意味着士兵有可能会有“扎堆儿”的现象。所以，只能成为安市城守军的活靶子！

一连攻了几次，唐军损失惨重，李世勣不得不赶快叫停。不过，相比于李道宗而言，李世勣的损失还不算太严重，而李道宗纯粹是上演了一出黑色幽默剧。接下来就让我们看看李道宗这边出现的戏剧化场景！

离岗惹的祸

在和李世勣分兵之后，李道宗的几次进攻也颇为不顺利。

安市城高大的城墙不断阻碍唐军的进攻，于是李道宗想出了一个办法，建筑土山试图以居高临下的姿态来进攻安市城。这是个不错的想法，居高临下，安市城中的一切可以一览无余，李道宗可以依据城里的实际情况随时作出战术调整。

为了确保“土山工程”的顺利实施，李道宗采取了“且战且建”的策略，就是一面继续进攻安市城，一面修建土山。

李道宗命令唐军每天都对安市城进行不少于六次的进攻，士兵每次都要交替作战，并且要利用冲锋车、炮石、投石机等一切可以利用的攻城武器，尽可能地摧毁安市城的城楼、较低的矮墙等。不过，对于唐军的进攻，安市城的守军并没有表现得慌乱，城墙被毁了，迅速竖起木栅栏堵住缺口，实在堵不住，诸多士兵亲自上阵，形成“人体盾牌”去填补缺口。

总之一句话，唐军休想踏进安市城半步！

李道宗倒是显得并不急躁，他将自己的赌注全部押在了那座“土山”上，在他看来，只要“土山工程”竣工，拿下安市城指日可待。

那么李道宗的“土山工程”究竟建造得如何呢？

首先，为了建造这座土山，据史书记载，李道宗动用了近50万人。虽然我认为这个数字有些夸大，因为如果真有50万人，李道宗还用费力建造土山？直接奇袭平壤城不就可以了？但这个数字至少说明建造这座土山动用了不少人力，所以说是个巨大的工程。

其次，“土山工程”从建造之始，一直到竣工之时，一共耗费了六十天的时间。也就是说唐军在安市城下至少待了近三个月的时间，算上唐军每天都要进攻安市城的伤亡情况，大家可以想一想唐军现在是个什么状况。

但无论如何，“土山工程”还是竣工了，当然绝对算不上圆满竣工，只因为一个戏剧化场景的出现。

在这期间，李道宗由于监督施工情况不小心扭伤了脚，从而影响了行走。鉴于安市之战的紧迫性，李道宗在土山建造好之后，命令手下的果毅都尉傅伏爱率军驻扎在土山顶上，密切注意安市城内的动向，而且李道宗叮嘱傅伏爱，这座土山是唐军目前唯一的制高点，一定不能马虎，必须做到万无一失。

傅伏爱认真地点点了头，但就是没有记住。

在李道宗走后，傅伏爱并没有按照李道宗叮嘱的去做，他将坚守土山的重任交给了手下人，而他自己则擅自离岗，所有的人都不知道他在做什么。

如果没有那场意外事故的出现，傅伏爱的擅自离岗或许不会被李道宗发现，即使发现了最多也就是严厉批评。但这场意外事故，却是李世民东征高句丽无功而返的导火索！

就在傅伏爱擅自离岗没过多久，土山不知什么原因其中部分地方忽然崩塌了，典型的豆腐渣工程！

崩塌的土山倒向了安市城一面，城墙顿时出现了倒塌。

而前边我所说的戏剧化场景就在这里，在城墙倒塌的一瞬间，安市城的守军和唐军都蒙了，双方全愣在那里不知所措。大家可以想象两方士兵拿着刀枪站在原地互相对望时的情景，的确有些狗血！

但很快问题就出现了，因为傅伏爱的擅自离岗，唐军等于没有了带头人，接下来该进攻还是撤退，所有的人都不知道。

而安市城这边就不同了，杨万春在得到消息后，立即下令守军从倒塌城墙的一侧杀向土山一侧的唐军。杨万春明白只要夺取土山，占领这个制高点，唐军攻取安市城的最后一线希望就会破灭。

拥有统一指挥的安市城守军向群龙无首的唐军发起了猛烈的冲击，其疯狂的进攻很快让唐军一败涂地。土山最终落在了高句丽人手里，随后他们在土山周围深挖壕沟，摆出了坚守的姿态！

六十天的心血，无数人的辛勤劳作，只因为一个人的擅自离岗，而彻底葬送了唐军的有利战机！

李世民听到消息后，愤怒得将桌子拍成了两半，下令将傅伏爱斩首示众。

"全力猛攻！夺回土山！三日内拿下安市城！"

李世民的眼睛已经喷射出了怒火，嘴角也开始颤抖！

撤兵

李世民始终没有放弃夺回土山。唐军的进攻犹如潮水一般，一时间土山周围双方一共聚集了将近上万人，不过唐军的进攻虽然猛烈，但高句丽人凭借着事先挖好的壕沟，有条不紊地抵抗着唐军的进攻，丝毫不见慌乱。

李世民三天拿下安市城的想法不过是个梦想。

目前的情况下，李世民是最着急的，而李道宗却是最害怕的。虽然土山失守他不是直接责任人，但他却负有连带责任。所以李道宗不顾自己一瘸一拐的样子，来到李世民面前，向李世民叩头请罪。

李世民明白此时治李道宗的罪丝毫没有意义，所以他学习当年秦穆公再用孟明的做法，赦免了李道宗，因为在他看来，前边还有许多硬仗等着李道宗去摆平。不过，老天爷并没有再给李世民机会。

从六月二十日到达安市城开始，一直到土山失守为止，李世民在此足足耗费了两个月的时间，未曾前行半步。虽然两个月对于大战来讲，不算是太长的时间，但是对于辽东这个地方来讲，时间对于唐军是十分宝贵的。

因为冬天即将来了！

辽东的天气不同于中原，一过了农历九月就会降下寒霜，气温急转直下，转眼间秋风就会转变为凛冽的寒风，紧接着草枯水冻，而唐军多为中原人，对于辽东的天气肯定极为不适应。

李世民是“真龙天子”，却左右不了老天爷的安排。

看着安市城那高大的城墙，李世民是不甘心的。当年杨广止步于辽东城下，现在他只比杨广前进了一步，而平壤城依旧是遥不可及！

贞观十九年九月十八日，李世民在经过了内心反复地挣扎后，终于下令撤兵。李世民在回眸安市城城楼上那高句丽的旗帜后，愤愤不已地离开了这座他曾经下定决心一定要拿下的城池！

至此，东征高句丽宣告结束。

值得一提的是，李世民对于杨万春还是十分赏识的。在临走前，他特意赏赐杨万春百匹绸缎，而杨万春亦登城拜谢，遥送唐军回国。

站在国家的角度，你是我的敌人。站在个人角度，我们是朋友。

平心而论，安市之战无论唐军还是安市城守军，双方攻防都表现出了极高的水准，所谓英雄惜英雄。虽然作为敌对的双方，但是最后李世民和杨万春都表现出了大度的骑士精神，可谓战争史上的一段佳话。

东征高句丽，共攻拔玄菟、盖牟、辽东、白岩、卑沙、麦谷、银山、后黄等十余城，迁徙辽、盖、岩三州户口 7 万人入山海关内。共歼敌 4 万，降其大将二人，裨将及官人酋帅子弟三千五百人，兵士 10 万人，并给程粮放还本土。又获牛马各 5 万以及大量的粮食。唐军自身损失近两千，战马死者十之七八。

从数字上来看，李世民是获胜者，但从远征高句丽的目的和意义而言，李世民是彻头彻尾的失败者。

本来经历了贞观十七年的政治地震后，李世民想借助东征高句丽的机会，打一场漂亮的胜仗，再展“天可汗”的雄威，让所有的人都知道大唐帝国依然是这个世界上最强大的国家，依然是所有人效仿的对象。可是随着东征高句丽的无功而返，李世民当初的目的并没有达到，相反高句丽依然延续着逢中原人不败的神话。自李世民即位后，东突厥、高昌、吐蕃都不在话下，而高句丽却成了李世民唯一没有征服的对手，这个遗憾，直到他死也没能弥补。

最关键的是,李世民的心境!

在这场战争中,李世民自始至终都是冲在最前,与士兵们一同前进,一同撤退,大家仿佛看到了二十多年前那个带兵四处征讨、虎虎生威的秦王李世民,人们似乎暂时忘记了他的皇帝身份,但所有的人都不知道,事实上,李世民是在调整自己。

贞观十七年的那场政治地震,给李世民造成了极大的心理伤害,怎样忘记伤痛?怎样才能走出过去的阴影?在李世民看来,唯有重新回到战场,找到当年的自己,才能渐渐地忘记过去。

当然忘记过去只是暂时的,但即使是短暂的忘记,也比时刻徘徊在过去的阴影中要强很多!

而胜利无疑是他最期望的,现在因为寒冬的到来,而不得不半途而废,李世民不仅没有走出曾经的阴影,相反,他的内心再次遭受打击。因为他平生从未败过,甚至面对敌人的时候,敌人只有两个选择,要么是死,要么就是投降。可现在高句丽人却实实在在地给李世民上了一课。

在李世民看来,没有结果,就是失败。

心情极差的李世民率军回到了大唐,不久他生病了,一些人的命运也即将改变。

第十四章

三人之死

刘洎的失误

东征高句丽无功而返，让李世民很是郁闷。气火攻心之下，在回来的路上，李世民病倒了。具体症状是生疮化脓。

对于有的人来讲，这是个机会。比如李治。

贞观十九年十二月十四日，李世民到达了定州。在定州监国的李治看到自己的父亲身处病痛之中，毫不犹豫地用嘴将父亲疮里的脓吸出，就是这个举动，让李治在李世民的心中赚足了印象分，先前的怀疑和猜忌一切都烟消云散，也就是从这一刻开始，李治的太子地位才真的算是稳如磐石。

虽然我们无从考证，李治的这个举动是不是有作秀之嫌，或是有高人背后指点，但不能否认的是，在经历了贞观十七年的储位之争后，所有的人都不再希望李治的储君地位受到威胁，无论是皇帝，还是其他人。现在李世民已经放下内心深处的猜忌，这实在是大唐帝国之幸。

可以说，李世民生病客观上给了李治巩固自己太子地位的机会，可另一个人却因为皇帝陛下生病导致的糟糕心情而丢了性命。

这个人就是刘洎。

萧铣覆灭，刘洎投降唐朝后，一直是顺风顺水，尤其是李世民即位后，刘洎平步青云地从给侍中一路升到左庶子、检校民部尚书。李世民从定州出发东征高句丽时，特意让他和马周留在定州辅佐李治监国，总管礼、户、吏三部。尚书省一共才六个部，而刘洎一个人就管了三个，可见其受重用的程度。

表面看起来，刘洎当时是个炙手可热的人物，事实上，刘洎在朝廷的地位并不稳固。大家应该还记得在贞观十七年的那场储位之争中，刘洎是支持谁的。没错，魏王李泰！

从政治角度而言，站错队远比做错一件事要可怕，虽然后来李治当了太子，没有人再提起刘洎当初支持魏王李泰的事儿，但并不等于大家就忘记了这件事儿，甚至说太子党一派很可能在谋划抓住一个适当的时机，将刘洎拉下马。所以说，刘洎当时身居高位，并不是件值得高兴的事。

刘洎是个有才华的人，但缺点同样突出，他的缺点有点类似于当年的刘文静——狂妄。

李世民出征辽东前，曾经特意对刘洎做了一番交代，说自己马上要远征了，你辅佐太子一定要尽心尽力，一定不能出现差错，我对你的期望值很高。

稍微有点头脑的人都能领悟李世民这番话的含义，这等于在说只要这次辅佐太子有功，未来很可能就会成为下一任皇帝的重臣，真可谓前程似锦。

可惜，刘洎在听完皇帝陛下说完后，说了一句只有二杆子才会说出的话：陛下你就放心吧，大臣们如果有犯错的，我就直接把他杀了。

典型的二杆子＋愣头青！

连皇帝都不敢随随便便地就诛杀大臣，你一个为皇帝打工的，有什么权力诛杀大臣？简直狂妄至极！

李世民听完后，倒吸一口凉气，当场就把脸沉了下来，不过大军即将远征，为了图个吉利，他并没有发作，而是用低沉的声音警告刘洎说道："皇帝不谨慎会失去大臣，大臣不谨慎会丢命的，你性格耿直，甚至有些狂妄，如果不改的话，早晚会吃亏啊！"

言罢，李世民拨转马头带领大军离去，剩下刘洎愣在原地不知所措。

在我看来，这是刘洎一生命运的转折点，而他的悲剧也是从这里开始的。

刘洎之死

应该说在辅佐李治监国的这段时间，刘洎的工作做得还是相当出色的。李世民回到定州后，刘洎听说皇帝陛下生病，还和马周特意前往行宫去看望皇帝。刘洎所做的这一切都合乎一个做臣子的标准，但最终导致他悲剧结局的关键点在于刘洎从皇帝行宫出来后的态度。

就在刘洎刚刚走出皇帝行宫时，他碰到了几个同僚，这几个同僚就向刘洎询问皇帝的病情。想必这几个同僚的级别一定比刘洎要低，平时也没有机会见到皇帝，今天看到了刘洎可能是出于客套，随便问了一句。

“刘尚书，皇上的身体如何啊？”

“唉！皇帝病得很严重，真是让人担忧啊！”

刘洎随口说着，当然他并没有想到这句话为自己埋下了祸根。

史书上没有记载刘洎在觐见李世民的时候，李世民是个什么状态，我想应该是卧病在床，甚至给人一种虚弱的感觉，不然的话，刘洎绝对不敢和同僚这样说。

小时候，老师告诉我，要做个诚实的人，好孩子不能撒谎。长大了，很多人告诉我，善意的谎言必不可少。可惜，刘洎不懂得这个道理！

刘洎将自己所看到的，所想到的，毫无保留地，掏心窝子地一股脑地倒了出来，说完后摇摇头面带忧虑地转身离去。

我相信刘洎的忧虑是出自真心的，但事实证明，别人未必理解，甚至是有意歪曲。

不久后，李世民接到密报，说刘洎图谋不轨。告密的人是褚遂良。

在向皇帝陛下汇报情况的时候，褚遂良将不久前刘洎和同僚说的那些话，告诉了李世民，只是，他篡改了内容：

“陛下！刘洎上次从您这里走后，和同僚们说您病情严重，他还说陛下生病，国家的事也不用忧虑，如果陛下一旦有什么三长两短，当辅佐太子行伊、霍之事，大臣如果有异议的，就直接杀掉，这样自然而然就会安定。”

褚遂良说话的声调并不高，但句句都像尖刀一样，扎在李世民的心窝里。伊尹、霍光是什么人物？除了辅政有功，历史上给人印象最深的是专权。

李世民当然不希望在自己百年之后，出现伊尹、霍光之类的人物，现在刘洎居然公开表态要做这样的人，李世民岂能容忍？不过，李世民还是决定把事情弄个水落石出之后，再做处理。所以，他给了刘洎机会。

于是在李世民病情有所好转后，他立即召见刘洎前来对质这件事。

“刘尚书，有人在朕面前，说朕病的时候，你十分担心朕的病情，朕甚感欣慰啊！”李世民缓缓地说道。

听到李世民这么说，刘洎顿时觉得高兴起来，立即说道：“这是臣应该做的，臣的确很是担心陛下的龙体，真怕有什么闪失！”虽然刘洎的语气有些低落，但谁都听得出来，刘洎的话是发自内心的愉悦，毕竟得到皇帝的表扬不是件容易的事儿。

李世民接下来说的话，才是正题。

“不过，朕还听说，上次你看望朕之后，和同僚们说在朕百年之后，你立志要做伊尹、霍光那样的人，而且还说大臣有异议的立即杀掉，只有这样才会安然无恙，有这回事儿吗？”李世民冰冷的眼神紧盯着刘洎。

刚才还一脸灿烂笑容的刘洎，此时脸已经变得铁青。

“陛下！臣没有说过这样的话啊，这是小人在诬告臣啊，请陛下明察！”言罢，刘洎连连叩头。

李世民长吸了一口气，凝神沉思了一会儿，然后说道：“你还记得朕出征辽东前，你曾经和朕说过的话吗？”

这句话的意思很明白，虽然朕不愿相信你会说那些话，但是你曾经确实流露过自己的意图。

事实证明，如果给上司留下不好的印象，任凭你怎样努力拼命地工作，想要改变你在上司心目中的形象，也不是件容易的事儿。

刹那间，刘洎已经汗流浃背。

直到此时，刘洎才意识到自己目前已经处在极度危险的境地，怎么办？必须找到能够证明自己没有说过那些话的证据才行。灵光闪现的一瞬间，刘洎想到了一个人。

马周！

上次是马周和自己一起前来看望皇帝的，和同僚说皇帝病情的时候，马周也在身边。对，让马周做证，我确实没有说过火的话。

刘洎的脑子飞速运转之后，开口说道：

“陛下！马周可以证明臣确实没有说过那些话，陛下可以召马周前来询问！”

“宣马周立即前来！”李世民没有丝毫犹豫。

马周来了，刘洎似乎看到了希望。可是让刘洎万万没想到的是，在李世民问完马周后，马周选择了沉默。

在李世民看来，沉默等于默认。

“马中书（马周时任中书令）！你为什么一句话不说？你和皇帝实话实说啊？”刘洎急得已经流出了眼泪。

马周依然沉默！

刘洎绝望了,马周这根唯一的救命稻草,最终他也没有抓住。绝望之下的刘洎孤零零地站在那里,眼前已是一片模糊。

"赐白绫三尺自尽,保全尸首!"这是李世民留给刘洎最后的话。

刘洎最终自尽于家中,本来可以前程似锦,本来可以大展宏图,但最后却落得如此下场。刘洎的悲惨结局,固然有其性格上的原因,但是综合当时整个事件来看,中间似乎有很多疑点。

褚遂良为什么要诬告刘洎?马周为什么要选择沉默?李世民为什么那么不留情面地将刘洎杀掉?甚至说刘洎真的罪当至死吗?在刘洎之死的背后,是否隐藏着什么秘密呢?

隐藏的秘密

自古以来,君叫臣死臣不得不死,的确有些无奈,这是做臣子的悲哀。除非有少数几个猛人拍案而起,将皇帝直接做掉(如渊盖苏文)。不过,在李世民的贞观年间,尚且无人能做到这一点。

所以,面对那三尺白绫,刘洎别无选择。

但刘洎的死在当时来讲,仅仅是个表象,事实上,刘洎的死除了是因为他说了不该说的话,其实还隐藏着很深的玄机。

我们就来分析一下,在刘洎之死的背后究竟隐藏着什么。在弄清这个问题之前,首先让我们回望一下贞观十七年的那场储位之争。

在那场没有硝烟的战争中,李承乾由于种种原因,率先出局,接下来最有希望的就是李泰,而刘洎那个时候恰恰是李泰阵营中的一员,后来李泰因为自己的疏忽,成为第二个出局者。最终,在长孙无忌、褚遂良等人的力挺下,李治这匹"黑马"杀出,并且笑到了最后。

接下来在李治被立为太子后,随着地位的不断巩固,长孙无忌一派顺理成章地成为朝廷中实力最大的一派,同时这一派也势必会成为未来朝廷的顶梁柱。而刘洎恰恰不是这一派的人。

不可否认,在李治被立为太子后,刘洎也确实一心一意地辅佐新太子,有的时候还提醒李世民要教育好太子,期望李治将来成为贤君。

显然,刘洎并没有将自己曾经支持过李泰这件事放在心上,其实"宽仁孝友"的李治也没有因为刘洎曾经是李泰阵营的人而排挤打压他,仅从这两个人的角度来看，合作还是不错的。但问题的关键是，朝廷不仅仅是由这两个人组成的。

事实上，刘洎的命运还掌握在长孙无忌一派的手中。长孙无忌一派因为未来会成为朝廷的顶梁柱，所以在当时最受宠、最得势，他们不允许有任何公开反对者、非暴力不合作者和非本派人士的出现。

而在长孙无忌一派看来，刘洎就属于第三类人，只因为他曾经支持过李泰。当然，如果刘洎当时的官职不算高，不是什么实权人物也就罢了，而偏偏刘洎当时是身居高位，而且大有总揽一切大权之势，对于长孙无忌一派来讲，刘洎这样的人物简直就是定时炸弹。

所以结论就是：刘洎越受到重用，其实处境越危险！

我猜想，在刘洎当时大展身手之时，长孙无忌一派一定在暗中紧紧地盯着刘洎，并且下定决心找个合适的机会将刘洎往死里整。所以，我们也就不难理解褚遂良为什么会向李世民诬告刘洎了。

但是，长孙无忌一派诬告刘洎，并不能决定他的生死，生杀大权还是掌握在皇帝李世民手里，那么疑问就出来了，雄才大略的皇帝李世民真的就相信刘洎说过那些话吗？

在我看来，答案是否定的。

我们说一个细节，刘洎在自尽之前，曾经找旁边的监察人员要过纸和笔，想最后给皇帝写些东西，却遭到了拒绝，后来李世民知道后勃然大怒，将相关的人员都下狱治罪。从这个细节我们至少可以猜出李世民内心深处的想法，那就是赐刘洎自尽并非出自本心。

但李世民为什么要这么做呢？答案是怕引起未来朝政的混乱。

李世民明白除了选好储君，还要为未来的储君搭建良好的班底，现在长孙无忌一派就是未来的班底，这一点毋庸置疑，所以在这一派忠心耿耿的前提之下，皇帝在某些方面要学会妥协。比如排挤打压异己！

我相信当褚遂良向皇帝李世民诬告刘洎的一瞬间，李世民早已经看出长孙无忌一派的心思，只是他没有办法。因为他不可能永远地活在这个世界上，当自己离开这个世界的时候，未来的李治是要倚仗长孙无忌一派的。为了李唐皇室的未来，他必须妥协。所以，李世民杀刘洎是向长孙无忌一派的妥协。

其实，这更是一笔政治交易，皇帝献出的是良心，长孙无忌一派献出的是未来的忠心。而马周的沉默不语，更加可以说明，长孙无忌一派已经是朝廷中成势的一派，所有的人都必须依附这一派，即使是马周这样的人也不例外。

正所谓:顺我者昌,逆我者亡!

刘洎的死其实是个标志,它标志着长孙无忌一派即将登上历史舞台。在不远的将来,“长孙无忌”这个让所有人既崇拜又忌惮的名字,会很长时间印刻在人们的心中,即使是未来的皇帝李治对于这一派也很头疼,当然那个时候李世民已经看不到了。

归根结底一句话,刘洎其实罪不当死,他是政治斗争的牺牲品,原因是他曾经站错了队伍。不能否认刘洎一直极力在忘记过去,但长孙无忌一派却始终不会忘。

在成功做掉刘洎之后,长孙无忌一派继续寻找目标,他们发誓要将异己全部排挤打压掉,立志打造一支纯洁的队伍。很快,他们找到了下一个目标。这个人就是张亮!

张亮的历程

从李世民角度而言,张亮属于嫡系。

大家应该还记得“玄武门之变”之前,张亮是怎样咬牙顶住李元吉严刑拷打的,这样的人想不得到李世民的重用都很困难。

张亮“打死也不说”这股哏劲儿让李世民很是感动。在李世民即位后,张亮得到了重用,尤其在贞观十年前后李泰备受宠爱之时,李世民特意让张亮代替李泰前去镇守相州,张亮也因此升为金光紫禄大夫(正三品)。从此,张亮成为李泰阵营中的人。

史书上记载张亮“外敦厚而内怀诡诈,人莫知之”,说明张亮是个城府很深的人。在相州主政期间他经常微服私访,拿手的绝活是破案,在当地破了很多悬案。他还时刻想着老百姓的疾苦,抑制豪强,抚病济贫,在当地获得了良好的口碑。

如果张亮照此发展下去,其实是很有前途的,但也许是性格的原因,从贞观十九年以后,张亮的仕途道路急转直下。

张亮曾经密报李世民说侯君集谋反,而得到了李世民的重用,被任命为刑部尚书。贞观十九年他又跟着李世民东征高句丽。这一切说明张亮在李世民的心中位置还是十分重要的。

但“内怀诡诈”的性格,最终害惨了张亮,这一切都源于三个人的出现。第一个人:程公颖。

程公颖的身份按照现在的话来说就是个算命的,张亮在相州时和他成了好朋友。既然是好朋友就无话不谈,两个人曾经有过这样一番对话:

张亮:“相州这个地方人气很旺,有人说过不了多久这里会出现王者,你认为呢?”

程公颖:“卧似龙形,必当大贵!”

在旁人看来,程公颖的话明显是在拍马屁,可是旁观者清,当局者迷。在张亮的内心深处开始有了一些躁动,在当时来讲,它未必能产生什么效果,但对于张亮这种心怀诡诈的人来讲,的确是很要命的。

第二个人:公孙常。

公孙常的职业和程公颖是一样的,唯一不同的就是他比程公颖更能忽悠,更能拍马屁。

在听了上次程公颖的话后,张亮的脑子里始终在回味“必当大贵”的含义,可以说程公颖的话已经让张亮有些着了魔。为了印证程公颖的话是否准确,这次借着和公孙常谈话的机会,张亮率先开启了这个话题:

“我曾经听说图谶上说‘有弓长之君当别都’(含义是姓张的人可能会自立为王),虽然有这样的说法,我实际是不想听到的。”

典型的虚情假意!你要是真的不愿意听到,为什么主动提这个话题?

公孙常的反应还是很快的:名应图录,大吉!

既然你爱听,我就可以说,反正吹牛不用上税。

从公孙常这里,张亮印证了程公颖的话。在张亮看来,两个职业算命者,都说自己有王者风范,那所言一定不虚。

事实证明:当很多人都说你是个天才时,如果你自己也真的认为自己是个天才,其实你已经变成了蠢材。

张亮仅仅经过了两个人的忽悠,就开始觉得自己非同常人,所以接下来,他所做的愚蠢事情也就不足为奇了。

自感非同一般的张亮,开始了自己独特的行为方式,不像李承乾、侯君集那样密谋不轨,也不像李佑那样公开造反,更不像李泰那样处心积虑地算计。

张亮的做法颇有些哗众取宠的味道,他居然收养了500个干儿子!

这本来是张亮的私事,但对于身居高位的他来讲,这的确不是什么好事,很快有人向李世民密报张亮蓄意谋反。于是,第三个人出现了。

张亮之死

第三个人的名字叫常德玄。

关于常德玄这个人，史料上并没有记载他的确切信息，只知道他是陕州（今河南三门峡）人。他的出现，将为张亮带来厄运。

贞观二十年（646 年）三月二十日，常德玄向朝廷密报张亮和程公颖、公孙常曾经的谈话内容，同时将张亮收养 500 个干儿子的事情也告诉了朝廷。李世民在得到消息后，命令马周等人调查这件事情。马周在审问的过程中，遭到了张亮的否认。

马周不敢怠慢，将调查报告呈交给了李世民。在看完马周的报告后，李世民决定亲自审问张亮、程公颖、公孙常、常德玄四个人。在李世民看来，张亮不承认是因为没有人抓到他确凿的证据，李世民明白要想让张亮认罪，必须要有当事人做证，所以程公颖、公孙常两个人至关重要。

这次审问对于张亮个人来讲是性命攸关的。

在四个都到齐后，李世民率先发问：

"张尚书，旁边的三个人你都认识吗？"

"回禀陛下，臣全认识。"

"张尚书曾经和他们说过什么吗？"

"回禀陛下，臣和这两个人是朋友，我们是无话不谈，不知道陛下指的是什么内容。"张亮故作镇静地说道。

虽然李世民的嘴角露出了一丝微笑，但是在场的所有人都感觉到了一丝杀气。皇帝大人亲自召见，很有可能是站着进来，躺着出去。

"你们两个人说说吧！"李世民的眼睛瞬间盯向了程公颖和公孙常。

刹那间，两个人似乎感受到李世民眼神中那凛冽的寒光，那是一种让你看起来不经意间感到畏惧的眼神，让你瞬间可以失魂落魄。

不可否认，程公颖和公孙常作为职业算命者，也是见过世面的人，而面对高高在上的大唐皇帝，两个人实在是心虚。所以，接下来就产生了戏剧化的一幕。还没等李世民正式审问，两个人已经开始招供。

"陛下！陛下！是张尚书问我们他是否有王者之相！不是我们主动要说的啊！"程公颖首先招供。

"是啊，陛下！张尚书和我谈话，我必须要顺着说啊，其实这并非出自我的本心啊！”公孙常紧跟着说道。

正所谓墙倒众人推，破鼓万人捶！

张尚书，我们两个人现在是泥菩萨过江，自身难保，所以哥们儿义气暂时就先不要提了！

两个人说完，张亮已经是面色铁青！

“陛下，这两人是因为怕死，所以才诬陷臣啊，请陛下明察！”张亮说完叩头于地。

目前这种场面是李世民最愿意看到的，程公颖和公孙常到底是两个凡夫俗子，李世民的一个眼神，就彻底将他们电晕。而张亮完全陷入了困境。

“陛下！这下能证明臣所说的话都是真实的了吧！”最后，常德玄依然不忘添油加醋。

李世民收起了先前的笑容，下令将张亮、程公颖、公孙常三个人先行收押，待商议后再做决定。

张亮等三人被收押人员押出大殿后，李世民便开口问旁边的大臣：

“张亮居然养了500个干儿子，他究竟想要干什么呢？看来的确是想要谋反啊！”表面看起来，这好像是自言自语，其实他向大臣传递了一个信号。

在李世民说完，朝堂之上所有人异口同声地说道：“亮罪当诛！”

声音洪亮，节奏整齐划一，和上次处理侯君集的问题时一模一样！可是就在此时，一个声音忽然响起。

“陛下！亮反形未具，不能轻易诛杀啊！”说话的人是将作少监李道裕。

很长时间以来，我对李道裕在当时划破朝堂寂静的这句话很是钦佩。在那个所有人，包括皇帝在内都已经统一认识的情况下，一个人只身站出来提出反对意见，这不是谁都能做到的。所以仅凭这一点，官职不高的李道裕绝对比那些唯唯诺诺的人要强。

当然他也没有想到，在不远的将来，他的这句话会让他得到李世民的重用。不过眼下，出于某种原因，李道裕的话还不能起作用，张亮最终被斩于市，死后全家被抄。心怀诡诈最后落得惨死的下场，的确让人深思。

以张亮的所作所为，虽然最终落得这个结果也不算冤枉，但是细究起来，李道裕的那句话也不无道理。和刘洎之死一样，其实张亮也是政治斗争的牺牲品，虽然自始至终我们没有看到长孙无忌一派从中有什么行动，但是仔细分析，我们从一些蛛丝马迹中还是能感觉到张亮之死和长孙无忌一派有着密切的联系。

杀人于无形

从张亮的所作所为来看，最终落得个惨死的结局并不冤枉，但如果你认为仅仅是他自身的原因，那就大错特错了。事实上，造成张亮惨死的结局，长孙无忌一派起到了主要的作用。

我之所以这么说，是因为张亮之死和刘洎之死一样，其中有几个疑点。

第一个疑点：常德玄的身份。

常德玄的身份史料上并没有明确的交代，估计不是朝廷的官员或者知名人士，那么张亮在相州和程公颖、公孙常的谈话他是怎么知道的？而且一个没有一点背景的人居然敢向朝廷上报朝廷大员的私事，可见在这个人背后一定隐藏着支持者。

第二个疑点：朝臣的态度。

当李世民在朝堂之上询问张亮的案子该如何解决时，除了官职不高的李道裕，所有的朝廷大员都异口同声地说张亮该杀，难道是巧合吗？还是这本来就是预谋好的？

第三个疑点：张亮的身份。

贞观十九年东征高句丽回来后，首先刘洎被杀，前边我们分析过这是长孙无忌一派积极运作的结果。紧接着就是张亮被诛，而张亮也曾经是李泰阵营中的人，前后连续两个李泰阵营的人被杀，难道这一切也是巧合？还是这本来就是一起政治谋杀？

在我看来，这绝不是什么巧合，而是长孙无忌一派蓄意而为。

不过张亮一案，我们自始至终都没有看到长孙无忌一派有任何行动，其实这反而说明这一派的人都是整人高手，他们采取了与整倒刘洎完全不同的策略，那就是杀人于无形。

接下来，我将为大家分析其中的玄机。

在我看来，长孙无忌一派早已经瞄准了张亮，只因为他和刘洎一样，曾经是李泰阵营中的人，而且身居高位，对长孙无忌一派是个威胁。

长孙无忌整倒刘洎的策略是诬告，那么接下来想要顺利整倒张亮，如果还是使用诬告的策略，就显得有些缺乏创意。一来张亮不像刘洎那样当着长孙无忌一派的人说过过火的话，二来如果继续诬告，会引起皇帝的警觉，虽然李世民明白长孙无忌一派排挤打压异己的意图，但总是没完没了地陷害别人，会让皇帝反感，显然这是不利于长孙无忌一派在朝廷立足的。

明白这个道理之后，长孙无忌一派开始使用升级版本的打压之术，也就是将本派的人全部隐藏，暗中操作，待时机一到给予致命的一击。

所以，我猜测那个告密的常德玄很有可能受到了长孙无忌一派的指使，有的朋友也许会问，常德玄只是个普通人，他怎么会和长孙无忌一派扯上关系呢？

其实要弄清这个问题很简单，在当时来讲，长孙无忌一派不仅仅局限于朝廷，很多地方大员都依附于这一派，而常德玄很有可能是受到陕州当地依附于长孙无忌一派的官员的指使，进而上报张亮图谋不轨。至于张亮和程公颖、公孙常的谈话，常德玄是如何知道，世界上没有不透风的墙，正所谓好事不出门，坏事传千里。

指使常德玄上报朝廷，只是长孙无忌一派扳倒张亮的开始，那么接下来的一个环节将至关重要，那就是当李世民征询意见的时候，该怎样表现。长孙无忌一派的人明白，张亮的案子不同于刘洎，养500个干儿子也不一定就是造反，所以在证据不确凿的时候，李世民必定会和朝臣商议该如何处理。

而这正是长孙无忌一派的人所愿意看到的，所以"亮罪当诛"的声音不失时机地响起，也就不足为奇了。你可以认为是心有灵犀，也可以认为是事先排练好的。

不管怎样，这句话一出口，张亮基本上已经宣告死刑！

所以，张亮之死，看似是其心术不正导致的，其实在这背后，隐藏着长孙无忌一派的意图。

如此看来，长孙无忌一派整人的手段已经练到了炉火纯青的地步，在今后很长的时间里，他们在朝廷内部将所向无敌，直到那个女人——武则天的出现。

张亮之死对于李世民来讲，未必知道是长孙无忌一派在运作，但是在他内心深处，知道张亮是李泰阵营中的人。和刘洎一样，张亮因为曾经站错了队，所以现在必须要承担后果。他和刘洎唯一不同的是，张亮加入李泰的阵营，是李世民安排的。

真是成也萧何，败也萧何！

值得一提的是，在张亮被斩的一年后，刑部正好缺人，很多人都向李世民推荐人选，最后李世民选中了李道裕。

所以，张亮的死，李世民心里其实是很矛盾的，有的时候牺牲别人，成全自己的滋味并不好受。

刘洎、张亮两个曾经李泰阵营中的人，在李世民和长孙无忌一派的“非显性”合作下，算是被冤杀，不过和接下来这个人相比，他们两个人还不完全冤枉，毕竟两个人由于性格的原因说过不该说的话。

而接下来的这个人，却是实实在在地被冤杀，只因为他的名字，当然根本的原因还是李世民的猜忌之心。

这个人的名字叫李君羡。

天象

李君羡本来是王世充的手下，降唐后成为李世民手下的一员猛将，由于作战勇敢，深得李世民的赏识，贞观九年由于西征吐谷浑立下战功，晋升为左武威将军，封武连郡公，率领禁军把守玄武门。

没有人比李世民更知道玄武门的重要性，而让李君羡前去镇守，说明他在李世民心中是个什么位置。

李君羡的名字很好听，“君羡”乃君子羡慕之意，连君子都羡慕的人，可见这个人一定不一般。李君羡的经历确实不一般，本来可以有个很好的前程，如果不是因为自己的小名犯了大忌，他可能会像薛仁贵那样成为未来大唐帝国新一代的战将。

这一切都从那场诡异的天象开始。

贞观二十二年(648 年)六月的一天，长安上空出现了奇特的天象，人们抬头仰望天空忽然发现天上有两个太阳，一个明亮，一个昏暗。这个天象在中国古代有一个专用名词叫“太白昼见”，用现代科学知识来解释就是金星在白天显现，明亮的那个是太阳，昏暗的那个是金星。我们现代人都知道这是天文现象，不值得大惊小怪。可是在中国古代，人们看到这种天文现象时，就认为它是有寓意的，是上天带来的某种启示。

很快，朝廷的太史(观察星象的官员)撰写了观察报告上报给了李世民，报告中有一条让皇帝很敏感的三个字:女主昌。

所谓“女主昌”就是说有女皇帝要兴起。李世民在看完报告后，陷入了郁闷之中。恰好此时长安城中流传着一本《秘记》，其中大意是说唐朝建立三代之后，女帝武王将取代李氏而拥有天下。

结合《秘记》的内容和太史的观察报告，李世民顿时觉得心惊肉跳。唐朝建立后到李世民这里是第二代，如果天象和《秘记》的内容属实，那也就意味着到儿子李治那里,这位女主就会兴起。这对于辛苦打下大唐江山的李世民来讲,是绝对不能接受的。

联想起太子李治柔弱的性格,李世民更加疑虑,但眼下他的确找不出什么更好的办法,无奈之下,李世民召见当时朝廷最具权威的谶语大师太史令李淳风前来询问。

"李太史,现在天象是太白昼见,而且民间流传的《秘记》又说三代之后有女主武王当皇帝,这是真的吗?"李世民忧虑地问道。

"陛下!这个确实是真的,臣研究天象已经快一辈子了,从来没有错过。其实这个人现在已经在陛下的宫里,是陛下很亲近的人,从现在开始不过三十年就会称王天下,到那时会把唐朝的皇室子弟屠杀殆尽,而且这是天意,不可改变!"李淳风回答得很详细,也很诚恳。

听完李淳风的话后,李世民的脸顿时阴沉下来,倒不是因为李淳风说得有些露骨,而是作为大唐帝国的皇帝,他是不甘心未来会出现李淳风说的那种情况。

此时,李世民的眼睛开始露出凶光,目前他唯一可以利用的是手中的权力,于是他开口问道:

"把姓武的女人全杀掉如何?"

"没有用的,这是天命,不可违也!那个人不会被杀死,如果陛下大肆屠杀姓武的女人,不过是多杀些无辜的人罢了。我倒是认为从现在起三十年后,那个女人已经老了,或许出于慈悲之心,为祸之心有所减轻。如果陛下现在杀掉她,上天可能会降下更加强势的,到那个时候,陛下的子孙恐怕一个也不会留下来!"

李淳风的声音很低沉,说完后缓缓地闭上了眼睛,多年的经验积累让他对任何事情都保持着镇定。

从李淳风的神态中,李世民感到了一种绝望,大殿中寂静得似乎能听到两个人的心跳声,高高在上的大唐皇帝面对天意是那么的脆弱,是那么的渺小。

直到今天为止,我依然认为李世民和李淳风的这场谈话,是贞观时期最无奈的一次谈话,而且气氛是那么诡异,因为三十年后李淳风当初所说的话一切都应验了。

很多人都认为君臣二人的这次谈话是武则天在当了皇帝后,为了说明自己是顺应天意称帝而杜撰出来的,可我始终坚信在贞观二十二年六月的某一天,在一个燥热的午后,一切都早已注定。

不是迷信，不是制造紧张气氛，而是人世间的一切事物都有它的发展轨迹，有它的命运，过去是这样，直到今天依然是这样。

李世民让李淳风先行离开了大殿，他需要自己一个人静一静。从贞观十七年之后，李世民的心似乎不能经受住一丝风浪的拍打，而眼下那个可恶的天象又成了李世民挥之不去的阴影。

李世民闭上了眼睛，脑海中瞬间出现了那个女人大肆屠杀李唐皇室子弟的场面，血雨腥风的场面让李世民打了一个哆嗦。

武姓女人？女主昌？她会是谁呢？

虽然李世民缓缓地睁开了眼睛，深邃的眼神仿佛想要在瞬间寻找到答案，但是他实在不知道该从何下手。

难道真的天意不可违吗？不！我不相信！“天可汗”是天之骄子，我坚信上天会让我找到那个人的。

在不久后的一场宫廷宴会上，李世民确实找到了那个人，至少在他看来是不会有错的，而这场宴会却让李君羡断送了性命。

李君羡之死

自从和李淳风那次谈话后，李世民的确有些神经质，每天都用一双狐疑的眼睛盯着朝廷中的每个人，他希望能在最短的时间内找到李淳风所说的那个人。由于这个人具有不确定性，所以朝廷中的每一个人都在李世民的怀疑范围之内。

当然，具有高超政治手腕的李世民是会用很多办法来寻找那个人的，不一定非得是正式场合，也不一定非得是公开的质问，很多时候，营造一种轻松的氛围，效果也许更好。

所以，李世民不失时机地举办了一次宫廷宴会。

参加这场宫廷宴会的大部分是武将，当然把守玄武门的左武卫将军李君羡也在其中。

既然是宫廷宴会，就少不了饮酒助兴，同时更加少不了带有娱乐氛围的话题。当酒过三巡，菜过五味的时候，李世民想起了一个活跃宴会气氛的话题，他让在座的诸位爆料一下自己的小名儿。

这的确是个很有意思的话题，想一想在座的诸位都是身份很高的人，让他们当着同僚的面说出自己的小名儿的确有些难为情。因为小名儿一般情况下都不怎么好听，什么“二狗”啊、“三胖”啊、“狗剩”啊之类的，反正说出来会降低自己的身份。

不过，既然是皇帝陛下发话，所有的人都不敢违抗，而且这本来就是抛开自己身份、地位、官职的娱乐大会，在这里只有君臣之间的融洽和谐，不受职位高低的限制。

于是，很多人放开脸面开始说出自己的小名儿。我相信在那个场合中，大家一定会笑得前仰后合，即使李世民也不例外。其实融洽的氛围完全在于最高统治者去如何营造，这一点李世民堪称高手。

可是，这种融洽的和谐氛围却随着李君羡爆出自己的小名儿而被完全破坏。

“李将军说说自己的小名啊！”李世民指着李君羡说道。

“臣的小名叫武娘！”李君羡郑重其事地回答。

“哈哈哈哈！”朝堂之上一片哄堂大笑，所有的人看着这个五大三粗的将军，他们实在没有想到李君羡的小名儿如此“秀气”！

“这算哪类女子啊？长得这么高大健壮啊！哈哈哈！”李世民继续指着李君羡说道，说完后已经笑得前仰后合。

忽然之间，李世民收住了笑容，在这之前没有丝毫的征兆，让李世民的脸上这么快就布满了阴云，当然朝堂之下的大臣们由于距离李世民的座位比较远，所以没有发觉李世民面部表情的变化。

李君羡说完自己的小名儿后，笑呵呵地继续坐下来吃菜饮酒，对于皇帝陛下的反常变化他也并没有注意到，可是李世民那阴森的目光已经在注视着他。在李世民的心中迅速出现了几个词组：左武卫将军、武连郡公、玄武门守将、武娘……

想到这里，李世民不禁倒吸一口凉气。难道会是他？怎么会如此巧合，在李君羡的身上居然带有四个“武”字，而且他的小名儿又是那么女人。最关键的问题是，李君羡的手上有兵权，而古往今来凡是篡夺帝位的无一例外都是手握兵权的人。

想到这里，李世民已经完全失去了对这场宴会的兴趣。片刻之后，李世民站起身来向所有的朝臣说自己的身体不舒服，然后转身回到了后宫。

不久之后，李世民下令解除李君羡守卫玄武门的重任，同时免去左武卫将军的职务，而改为出任华州（今陕西省华县）刺史。

在李世民看来，无论李君羡是不是那个人，让这么一个看起来十分敏感的人去守卫玄武门实在有些不放心。

如果事情到此为止，李君羡的结果也还算不错，虽然被降了职，但毕竟没有像刘洎、张亮那样丢掉性命，因为被皇帝陛下盯上的人一般不会有什么好下场。

事实证明：李君羡最终也没能逃过这个宿命！在李君羡出任华州刺史仅仅一个月后，长安城的上空再次出现“太白昼见”的天象，对于李世民来讲这是十分敏感的，而对于李君羡来讲，这却是置他于死地的。

很快，朝廷御使上疏弹劾李君羡，说他在华州和妖人员道信图谋不轨。员道信是华州当地有名的术士，自称通晓长生不老之术，而且精通法术。关于他是否和李君羡真的图谋不轨，史书上并没有明确的记载，只是说他们是好朋友，李君羡在和他谈话的时候，总是不让其他人在身边。这样一来谈话的内容就显得很神秘，所以被御使弹劾也不是件奇怪的事儿。

面对御使的弹劾，再看到“太白昼见”的现象，联想到李君羡小名儿的诡异，李世民再也坐不住了。

虽然你一直是忠臣良将，但为了我的江山能够长治久安，即使错杀你我也在所不惜。

贞观二十二年(648 年)七月十三日，李君羡被杀，身后家产全部充公！毛泽东主席在点评二十四史时曾经批注过：李君羡冤死！一语道破了其中的玄机！

李世民悬着的心似乎可以放下来了，在他看来，上天最终还是眷顾了自己，让他找到了那个人。虽然三十年后的那场腥风血雨他无法看到，但至少到目前为止，他认为能够找出那个人完全依赖于自己的睿智和敏锐的洞察力。

刘洎、张亮、李君羡三人之死虽有不同，但都殊途同归，这背后掩藏着李世民那颗早已经脆弱不堪、猜忌已久的心。

也就是从此时开始，李世民的身体健康状况开始每况愈下。

第十五章
扬 威

贞观十七年的储位之争，对李世民是个沉重的打击。贞观十九年的东征高句丽，又让李世民的身体健康状况每况愈下。脆弱的心理加上衰弱的体格，昔日纵横捭阖、意气风发的大唐皇帝显得越发苍老。当然，在朝臣面前，他依然努力保持着威武的姿态，所有的人都能看出来，透过那越发显得呆滞的目光，依稀还可以看见他雄心勃勃的壮志。

身体衰弱的李世民每天依然幻想着通过“武功”使大唐帝国扬威于国外。也许东征高句丽的被迫退兵，让他有些不甘心，所以不经意间李世民将目光再一次瞄向了西部。

西部的确是李世民的福地。

在这里即将上演贞观时代最后的两场“武功”传奇故事，只是它们的性质有所区别，一件带有个人行为色彩，另一件则是大唐帝国的官方行为。先说第一件：王玄策的传奇故事。

突生变故

和大唐帝国诸多名臣相比，王玄策并不太出众。作为大唐帝国的外交使节，他在贞观时代奉命两次出使印度，而他书写的这段传奇故事就是在第二次出使印度之时。

这件事还得从头说起。

贞观十五年，在玄奘前往印度求法面见戒日王之后，戒日王为了正式建立和大唐帝国的外交关系，特意修书一封给唐朝，表达了自己亲近唐朝的意愿。唐朝方面的态度也很积极，命令云骑尉梁怀作为唐朝的使节正式出使印度，从而开启了中印两国历史上的首次官方往来。

看到唐朝使节的到来，戒日王大为欢喜，亲自到边境上迎接梁怀，而且亲自接受李世民下的诏书，将诏书高高地顶在头顶，可见态度相当恭敬。

不久后，戒日王派人回访唐朝，为李世民带去了印度当地大量的奇珍异宝。经过这样一番往来，中印双方建立了良好的关系。

贞观十七年三月，李世民特意派遣了一个使团前往印度访问，而王玄策正是这个使团的副团长。在到达印度后，戒日王不仅延续第一次迎接梁怀的做法，而且做得更加细致周到。例如，在大街上焚香迎接，率领全部大臣夹道欢迎，率领所有的大臣接受诏书后，向东部长安方向叩头膜拜等。

而且这一次，戒日王让使团为李世民带回去了火珠、郁金、菩提树等稀有的特产，可以说充分表达了戒日王对大唐帝国以及“天可汗”李世民的崇敬之心。可是这一切随着贞观二十二年戒日王的去世而完全改变了。

这一年，王玄策升任为东宫左卫率长史（东宫卫队参军），李世民再一次组团前往印度访问，这一次，王玄策被任命为团长。

在经过一系列准备后，王玄策率领使团踏上了前往印度的道路。由于当时长安距离印度较远，戒日王去世的消息，王玄策并不知晓。

王玄策一行三十二人经过了两个多月的长途跋涉，终于进入了印度的国境。所有的人都在憧憬着戒日王的前来迎接，尤其是王玄策，因为是第二次来到印度，在他的脑海中总会不经意间回想起上次出使印度时的宏大场面，而且一想到戒日王恭敬的态度，王玄策就觉得身为大唐帝国的子民是何等的自豪。

当一个人真正觉得脊梁挺起的时候，是因为在他的背后有一个强大的国家作为支撑！

王玄策坚信上次的宏大场面这次依然会出现，但是没多久让他意想不到的事情出现了。

在进入印度国境的三天后，王玄策终于看到了一大队人马向自己的使团急行过来，通过鲜艳的旗帜可以看得出来，是印度的官方军队。

“看来这次戒日王又亲自来迎接咱们了，呵呵！”王玄策笑着对手下人说。正当王玄策想率领众人迎上前去的一刹那，他忽然发现苗头不对，因为他感受到了这些军队在靠近自己时的一丝杀气。凝神观望时，王玄策发现这些人根本不是前来迎接自己的，似乎是来拼命的。

“不好！快跑！”王玄策大声喊道。言罢，他想立即拨转马头率领众人逃走。可是一切都晚了，就在众人打愣的一瞬间，印度军队已经冲了过来，不问青红皂白地一通乱砍乱杀，最终王玄策和副手蒋师仁被俘，其余人全部战死。

直到现在为止王玄策依然弄不明白为什么会出现这种情况，本来是大唐帝国的专使怎么瞬间却沦为了阶下囚？这到底是为什么？

借兵

百思不得其解的王玄策和副使蒋师仁就这样不明不白地成了俘虏。在被押往印度王城的路上，王玄策终于搞明白了是怎么回事。

在戒日王逝世后，印度的各国又重新陷入了混战之中，经过一番你争我斗，最终的结果是帝那伏帝（今印度北部蒂鲁特）的国王阿罗那顺成功夺取了帝位。

阿罗那顺是个激进分子，以残酷的手段镇压了反对者，并且对外扩张领土，同时废除戒日王在位时的一切条令和政策，这其中也包括亲近唐朝的政策。

所以，在听到唐朝使团来印度访问的消息后，阿罗那顺武断地做了一个决定，突袭唐朝使团。通过这个事件可以明显地看出，阿罗那顺是个典型的二杆子。即使要打也要拣弱的打，唐朝这只老虎的屁股实在摸不得。

王玄策知道事情的真相时，印度军队已经押着他们两个人即将到达印度王城。如果进了印度王城，那么王玄策即使插上一双翅膀，也休想逃离魔掌，所以在和副手蒋师仁商议后，两个人决定利用夜色的掩护趁机逃跑。

两个人的运气十分不错，在一个漆黑的晚上，王玄策对守卫说自己有内急，让守卫给自己松了绑，而趁守卫不注意，从背后拍了守卫的黑砖，然后换上守卫的衣服，趁机逃离了印度军队的行军营帐，一直向北逃去。

我还会回来的，此仇不报非君子！

王玄策和蒋师仁发誓一定要报仇雪恨，可是在遥远的异国他乡连个说话的人都没有，想要报仇谈何容易？

除非先回到长安，向皇帝陛下说明情况，请求出兵征讨。可是这样也有个问题，一来时间拖得太久，从长安到印度几千里的路程，中间还不知道会有什么变故。二来王玄策作为访问团团长，本来一行有三十二人，现在只剩下两个带队的，如果回到长安，王玄策怕李世民追究责任。手下人全部战死，王玄策深知虽然不是自己的责任，但作为上司实在没有脸面回去交差。所以复仇的火焰始终在王玄策的心中燃烧，一来为了给死去的弟兄报仇，二是为了维护大唐帝国的尊严。

既然不愿回到长安，也就意味着王玄策必须要自己承担复仇的全部责任。在经过了一系列的思想斗争后，王玄策决定前往一个国家——尼泊尔。

他的想法是找尼泊尔国借兵，回击阿罗那顺。

尼泊尔正好在印度的北边。王玄策之所以决定前往那里，除了因为路途较近，还有一个重要的原因，那就是尼泊尔国王的女儿尺尊公主是吐蕃国王松赞干布的妻子，而松赞干布和李世民是个什么关系，想必大家应该清楚地记得，当然这中间都因为一个人的存在——文成公主。

王玄策在见到尼泊尔王后，以松赞干布的名义借到七千骑兵，同时以李世民御封的外交使节身份向唐朝在附近的属国发布征兵的告示，又募得了两千余人，而且松赞干布在得到消息后，也迅速派出了一千多人支援王玄策。

曾经孤单的王玄策转眼间变成了手握重兵的将军。

在此之前，王玄策还真没有指挥过千军万马在战场上与敌人厮杀，这一次因为特殊的遭遇让他带领一支多国部队去实现开创“武功”的传奇故事。

在对这支多国部队进行整编后，王玄策自封为行军大总管，以蒋师仁为先锋，浩浩荡荡地向印度开进。

阿罗那顺！你会为你曾经武断的决定而付出惨重的代价，我始终坚信这一点，因为在我的背后有一个强大、富饶的国家作为后盾。而你却只有一颗血腥杀戮的心在支配你的行为，除此之外，其实你什么都没有！

王玄策端正坐在马鞍上，对着印度王城的方向深深地凝视着。忽然间，他抽出战刀用力一挥，高声喊道：为死去的弟兄报仇，为我大唐誓死一战！

刹那间，王玄策的喊声划破了旷野的寂静，马蹄声响，伴随着滚滚黄沙，一万余人向着印度王城的方向呼啸而去。

前方目标：茶博和罗城！

火牛阵的威力

茶博和罗城在印度北部。王玄策之所以选中这座城市作为攻击目标，是因为此时阿罗那顺身在其中。

经过三天的疾行，王玄策于贞观二十二年（648 年）五月初十，到达了茶博和罗城下。对于王玄策的突然杀到，阿罗那顺很是出乎意料，于是在准备不充分的情况下，下令坚守不出战。

阿罗那顺所采用的是拖延战术，一方面想通过闭门不出，拖垮王玄策。另一方面，即使王玄策赖着不走，也能为自己争取备战的时间。阿罗那顺对于自己的实力还是有信心的，毕竟自己是主场作战，有很大的优势。而且，他的手上还有一件在他看来足以彻底击垮王玄策的秘密武器——象军！

所谓象军，就是把大象当成坐骑上战场厮杀的军队，大象虽然行动缓慢，但是冲击力极强，在冲击对方的阵营时，就像坦克一样。

象军在当时的印度比较普及，当然这也是印度军队的特色。当时在茶博和罗城内有数万象军，在阿罗那顺看来，这些象军就是打败王玄策的筹码。所以在经过短暂的准备后，阿罗那顺决定主动出击。

第一波进攻就此开始，结果是王玄策由于缺少领兵作战的经验，更加没有见识过象军的阵势，所以被打败，不得不下令撤兵20里。

出师不利并没有让王玄策失去信心，在稳定住军心后，他的脑子开始飞速地运转。王玄策明白，阿罗那顺目前所依靠的就是象军，显然经过第一次较量后，他对象军的战斗力有了一个清醒的认识，但同时他也发现象军并非无懈可击。表面看起来，象军无坚不催，事实上在这背后，隐藏着象军一个严重的缺点，那就是象军的威力在于大象本身，而不在于掌控它的人。

在明白这个道理后，王玄策开始实施他的计划。

他首先针对大象这种动物，选中了一种可以稍稍与它对抗的动物。当然，不是狮子、老虎、猎豹。因为把这些动物弄来不是件容易的事儿，而且还有生命危险。

王玄策选中的动物是牛。牛这种动物比较温顺，而且体形健壮，虽然和大象不在一个等级上，但如果数量多了，也是甚为壮观。

但是，只有牛是不行的，接下来还得对这些牛进行一番武装。王玄策让士兵给牛角缚上利刃，牛尾扎浸油芦苇。

是的，王玄策的策略就是利用这些牛组成一个阵势冲击阿罗那顺的象军，当然在冲击的时候别忘了点燃牛尾的油芦苇，相信这些牛会疼得不顾一切地横冲直撞，只有这样才有可能抑制住象军的冲击。

如果大家记忆力好的话，可以记得在王玄策出生的一千多年前，战国时候的田单用过此计。王玄策这次也要山寨一把！

坦白地讲，在制订这个计划时，王玄策其实并没有十足的把握。因为在此之前，他根本就没有带兵打过仗，至于这个计策能否成功，也只能看自己的运气了。经过精心的准备后，王玄策率领多国军队和数百头牛，再次来到茶博和罗城下。

这一次王玄策充分吸取了上次的经验教训，在距离茶博和罗城五里的地方就摆开了阵势，然后让先锋官蒋师仁带领少数骑兵到城下挑战。

当然，阿罗那顺故技重演，打开城门让数万象军冲着蒋师仁这边猛冲了过来。

在看到黑压压的象军跑出城后，蒋师仁让手下的骑兵迅速散开。在他后边就是王玄策的大军，他的任务就是引诱象军出战，后边的事情由王玄策来完成。在蒋师仁的骑兵散开之后，王玄策的人马等于完全暴露在象军之前，这正是王玄策事先计划的一部分。

"点火！"王玄策下令道。

听到王玄策下令后，士兵们用极快的速度点燃了数百头牛尾巴上的油芦苇，霎时间这些牛感受到了火烧的疼痛，在一片"哞、哞"的嚎叫中，开始向象军所在的方向冲去。

数百头火牛 PK 数万象军！场面甚是壮观！

实际上这些牛并不是大象的对手，可问题是背后挟带着一团火球，威力顿时剧增，那些大象在看到这些火牛后，顿时受了惊吓，开始四散奔逃。而这也就意味着象军的阵脚大乱！

"冲击！"王玄策下了第二道命令，在此之前，他一直在观望，如果这些火牛不起作用，他也做好了撤退的准备。可是现在象军的阵脚已乱，所以王玄策带领大军冲了上去。

经过一番厮杀后，阿罗那顺的象军被打得体无完肤，不仅损失了好几千头大象，而且死伤的士兵达到了3000人，同时还有大批象军士兵慌乱之中从象背上摔下后，被逼得走投无路而跳河，从而溺死者达到了上万人。

这一战，阿罗那顺的象军算是全军覆没。曾经说起象军引以为豪的阿罗那顺，此时只剩下茶博和罗城的城墙可以阻挡王玄策的大军。

阿罗那顺确实是这样做的，在知道象军惨败后，再一次下令关闭城门坚守。不过这一次，王玄策倒是没有了什么顾虑，他所要做的就是用最短的时间攻破这座城池。

"不惜一切代价，必须攻陷茶博和罗城！"王玄策在心底暗自下定决心！

凯旋

下定决心之后，王玄策让手下人全力攻城，什么云梯、投石车、弓弩等攻城器具统统地用上，这样一来阿罗那顺可吃不消了。

显然，印度军队的王牌军是象军部队，也就是说他们所擅长的是阵地战，利用大象的冲击，彻底打垮对手。可现在自己的象军部队被王玄策的火牛军打得全军覆没，所以阿罗那顺也是巧妇难为无米之炊。

毕竟他们不像高句丽人那样擅长城市防守战。

印度城池的城墙不像高句丽的城墙那样高大，所以在王玄策的猛烈攻击下，阿罗那顺坚持不住了。

就在城池即将被攻陷的时候，阿罗那顺果断地做出一个决定——逃跑！就这样，阿罗那顺带领着残兵败将一路向南逃去，在他身后的是王玄策的一路追击。

人有时在一定环境下，想法是会转变的。在最初的时候，阿罗那顺的想法很简单，逃跑是为了彻底甩掉王玄策。在他看来，在自己的地盘上，王玄策是不敢深入追击的。可是随着时间的推移，他忽然发现，自己的想法是错误的。

从茶博和罗城出来后，阿罗那顺整整跑了一天，而王玄策也紧紧地跟着追了一天，一个大唐使节，一个印度国王，在巍峨的印度群山之间展开赛跑。

阿罗那顺几番停下来想喘口气，可是没等屁股坐热，就传来了王玄策即将追上来的消息，于是仓促之间继续向南逃跑。几个回合下来，阿罗那顺决定鼓起勇气，收拾残局与王玄策一决高下。

想一想也能理解，登上王位之后，阿罗那顺刚刚在本国树立了威信，现在居然让大唐的一个小小使节追得东奔西跑，今后还怎么服众？

在看清形势后，阿罗那顺停了下来，他决定不跑了，在原地摆开阵势等待王玄策的到来。

对于阿罗那顺转眼间的变化，王玄策的先锋官蒋师仁在第一时间得到了消息。作为先锋官，虽然蒋师仁有义务率领先锋部队冲过去和阿罗那顺搏杀，但是蒋师仁并没有这么做。

如果说在茶博和罗城没被攻陷前，阿罗那顺还心存侥幸的话，那么现在阿罗那顺已经变成了一只垂死挣扎的野兽，正所谓困兽犹斗。所以对这样的敌人必须慎之又慎。

因此，蒋师仁下令先锋部队停止追击，然后立即向在自己身后不远的王玄策请示。

在王玄策看来，要想彻底打败阿罗那顺，其实现在是最好的机会，因此此战战术很重要。

王玄策以最快的速度与蒋师仁合兵一处，接下来王玄策开始实施他的战术。

一、将自己的部队分为若干组，其中蒋师仁的先锋部队负责引诱敌军，在看到敌人出击后，佯败而退。

二、其他若干组分别聚在王玄策中军将近三里的地方，并且要偃旗息鼓，做到毫无声息。

三、如果看到印度军队冲过来，以自己中军帅旗摇动和击鼓为号，其他若干部队一齐从四面八方包围印度军队。

通过上述三点安排，我们可以得出一个战术名词：口袋战术。

安排妥当之后，蒋师仁开始实施第一个步骤。

当蒋师仁的先锋部队距离阿罗那顺还有二里的时候，阿罗那顺便开始了冲击，他的意图很明显，趁对方立足未稳先来个下马威。蒋师仁看到印度军队冲上来后，开始撤退，这一次轮到了阿罗那顺在后边追击。

角色的互换让阿罗那顺很是兴奋，可是他忽略了一个很重要的问题，蒋师仁是主动冲上来的，还没正式交手就主动撤退，这是为什么？当阿罗那顺意识到这个问题时，为时已晚，他已经进入了王玄策早已布好的口袋阵里。

结果可想而知，阿罗那顺再一次遭受了惨败，和当初武断地突袭王玄策的使团一样，这一次他依然犯了武断的毛病。

阿罗那顺还是很有韧性的，经过拼死搏杀后，阿罗那顺终于杀出了一条血路，向着朝乾陀卫江（印度河）方向逃去。

到当时为止，阿罗那顺依然没有放弃，企图以朝乾陀卫江为屏障进行坚守，可惜他的希望最终还是落空了，因为王玄策根本不给他喘息的机会。

最终，王玄策以一万兵马的多国部队一路南下深入印度中部，俘虏了阿罗那顺和王后及百姓一万两千人，占领大小村庄共计五百八十个。

平心而论，阿罗那顺在这场战斗中不可谓不用心，最初的时候凭借象军的冲击力完全占据了优势，但最终仍逃脱不了失败的命运，除了他本不该武断地突袭王玄策的使团，还在于王玄策很会打仗。

王玄策终于报了一箭之仇,押着阿罗那顺和他的王后回到了长安。李世民知道这件事后很高兴,下令晋升王玄策为散朝大夫,由原来的七品升到了五品。王玄策作为一个外交使节,在异国他乡突遇变故而处乱不惊,并且运用自己的智慧,在没有依靠大唐政府的情况下,居然活捉印度国王堪称奇迹。

即使是把他当成好莱坞具有华丽风格之冒险电影的主角也丝毫不会缺失分量。

——日本作家田中芳树

没错,王玄策的事迹既是一段冒险故事,同时也说明了在贞观时代,作为大唐的子民具有何等的自信心。

一个人的自信心和精神面貌的根本来自国家的强盛和民风的端正,而王玄策不过是将这种自信付诸行动的其中一人而已。

王玄策的个人行为在不经意间让大唐再一次扬威于国外。当然关于他的话题还没有结束,事实上这次王玄策从印度回来,除了带回阿罗那顺,还带回来了当地的一名术士,而这名术士却和李世民后来的死亡有着某种联系,关于这个问题,我们在后边还会详细说到,暂不赘述。

接下来我们说一说贞观二十二年大唐扬威于国外的第二件事情。

西征龟兹

前边我们说过,李世民东征高句丽回来后,就又将目光锁定在了西部。西部是李世民的福地,“天可汗”的威名也是源于他对西部的一系列征讨。

从贞观九年开始,李世民就想彻底地控制西域,因为成功灭掉高昌极大地激发了李世民经营西域的雄心,数年间李世民就经常对西域的焉耆、龟兹等国家用兵,虽然大战没有,但也是小战不断。

李世民用兵西域让那些小国叫苦不迭,对于它们来讲,面对大唐帝国的打压,唯一的生存之道就是依附于大国。当时在西部最大的国家就是西突厥,唐朝经营西域让西突厥感受到了巨大的压力,为了阻止唐朝伸手西域,西突厥首先极力拉拢焉耆,目的就是切断唐朝与西域各国的往来。面对西突厥的拉拢,焉耆毫不犹豫地跟了过去,宣布不再向唐朝进贡,并且切断唐朝通往西域的要道,对唐在西域的利益构成了极大的威胁。

为了改变这种局面,贞观十八年(644 年)八月,李世民任命郭孝恪为西州道行军总管,率步骑三千进击焉耆。恰在此时,焉耆内部发生了变故,焉耆王龙突骑支的弟弟颉鼻、栗婆准等三人乘机归降唐朝,郭孝恪趁机以栗婆准为向导纵兵奋击,斩杀七千多人,生擒龙突骑支,扶持栗婆准管理焉耆国事。

可是让人意想不到的是,郭孝恪仅仅退兵三天后,西突厥发兵攻打焉耆,俘虏了栗婆准,并且扶持了一个亲西突厥的焉耆傀儡政府。事实上,唐朝这次西征焉耆并没有彻底地解决问题,而且依然要面对西突厥在西部的威胁。

就在郭孝恪征讨焉耆的同时,焉耆东部的龟兹国(今新疆库车)不失时机地派兵增援焉耆,之所以会这样做,是因为龟兹当时和焉耆的想法是一样的,都依附于西突厥对抗唐朝。

本来在贞观初期,龟兹王苏伐叠经常遣使来长安进贡,两国的关系还是不错的。可是自从增援焉耆后,龟兹也不再向唐朝进贡。不久,龟兹王苏伐叠去世,他的弟弟诃黎布失毕即位。

诃黎布失毕即位后,依然延续着以前的政策,对唐朝的态度很是冷淡。他比自己的哥哥更猛,为了讨好西突厥,居然攻打唐朝在附近的属国,这样一来就引起了李世民的愤怒。从辽东回来后,李世民一直想找个借口继续用兵西域,现在诃黎布失毕给了自己现成的借口,如果不出兵的话简直天理不容。

贞观二十一年(647 年)十二月二十六日,李世民诏令左骁卫大将军阿史那社尔为昆仑道行军大总管、契苾何力为副总管,与安西都护郭孝恪等人率领十余万大军征讨龟兹,并且联合铁勒、突厥、吐蕃、吐谷浑等部分军队一同随行。阿史那社尔是突厥将领,贞观二年他因为抵抗薛延陀不利,受到颉利可汗的打压,率众西走,转而依附于可汗浮图。贞观四年(630 年)趁西突厥内部大乱之际,阿史那社尔率兵攻打西突厥,占领了一半的国土,自称都布可汗。

势力强大后,阿史那社尔没有忘记当年薛延陀给自己制造的麻烦,在没有准备充分的情况下,贸然远征薛延陀,结果被打得惨败,不得已败走高昌。

可是心有余悸的阿史那社尔又怕在自己走背字儿时,高昌国落井下石地帮助西突厥吃掉自己,无奈下于贞观九年率众东行,归顺大唐。

贞观十四年(640 年),阿史那社尔跟随侯君集攻打高昌,立下战功,被封为毕国公。李世民这次之所以选中阿史那社尔总领全军,是因为他有着丰富的西域作战经验,而且身为突厥人,对于西域的民风、语言、文化等甚为了解。虽然龟兹国不大,但是地处偏远,李世民明白这一战事关唐朝在西域的利益,所以此战不容有失。

曾经远征薛延陀的教训，让阿史那社尔这一次长了经验，在出征之前做了充分的准备工作。贞观二十一年(647 年)十二月李世民下征讨令，阿史那社尔一直准备到转年的四月方才出兵。

作为一名突厥将领，阿史那社尔明白此战对于大唐的重要性，虽然自己曾经跟随李世民、侯君集等人不断地南征北战，但那个时候他都不是主要角色，而这一次李世民将这次征讨龟兹完完全全地交给了自己，对于阿史那社尔而言，感受到了一种莫名的压力。

也许这一次还是一名汉人将领总领全军，或许没有阿史那社尔的这种感受，但是作为突厥人，阿史那社尔的心中对李世民有着说不出的感激之情。他忘不了当年在自己处境不利时，李世民毫不犹豫地收留了自己。他更加忘不了这么多年来，李世民对于这些外来的归降者始终没有戒备之心。如今皇上将这份重任交给了我，所以我只能赴汤蹈火，在所不辞！

皇上你放心吧，这一次我会为你在西域扬威的“武功”中，再次书写浓墨重彩的一笔！

值得一提的是，征讨龟兹是李世民一生最后一次的大规模军事行动，更是贞观时代大唐最后一次扬威于国外的征讨。

贞观二十二年(648 年)九月，阿史那社尔带领十万唐军，经过五个月的艰难跋涉后，终于到达了西域，为了确保能够一心一意地进攻龟兹，阿史那社尔决定首先剪除来自侧后方的威胁。

于是，他率兵攻打了西突厥的处月、处密二部。首战告捷。

战术是个大问题

其实在阿史那社尔的心中，此战也想就近攻取西突厥，毕竟自己曾经在西突厥纵横捭阖过。可是在阿史那社尔临出征时，李世民特意嘱咐他，西突厥可以敲山震虎，但绝对不能大肆攻伐。

所以阿史那社尔在解决了处月、处密二部之后，并没有过分纠缠，而是立即收兵继续向前。

要想到达龟兹境内，必须经过焉耆，而前边我们说过此时掌握焉耆的是一个亲西突厥的傀儡政权，国王薛婆阿那支是西突厥一手扶植起来的，所以接下来阿史那社尔将首先要面对焉耆这个对手。

在阿史那社尔看来，焉耆是个小国，如果大举征讨，相信用不了多久，焉耆就会坚持不住。但问题的关键是，唐军的目标是龟兹，如果在焉耆这里耗费时间和精力有些得不偿失，而且龟兹一旦拿下，相信焉耆一定转变态度再次依附于大唐。

在仔细分析形势之后，阿史那社尔决定从南面绕开焉耆，直接攻击龟兹。十月二十日，唐军在阿史那社尔的率领下，分五路从焉耆西境北上，直插龟兹北境。就在阿史那社尔行动的同时，薛婆阿那支得到了消息。

很长时间以来，焉耆和龟兹互为邻里，堪称依附西突厥的“双子星座”，两个国家当时的敌人都是唐朝，所以在阿史那社尔北上龟兹的时候，薛婆阿那支决定出兵增援。毕竟在郭孝恪攻击自己的时候，人家龟兹可是毫不犹豫地拉了自己一把，如果这次不出兵实在不够意思。

十月二十五日，薛婆阿那支率领五千人马急速赶往西部边境，他的想法是协助龟兹防守东部边境，可是这位仁兄，显然忽略了唐军的数量问题。如果他早一些多做些调研工作，相信无论如何他也不会只带五千人马的。也许他的印象还停留在上次郭孝恪攻击焉耆的军队数量（三千）。

阿史那社尔在知道薛婆阿那支亲自率军前来时，他果断做出了决策，那就是迅速派兵消灭薛婆阿那支，切断焉耆和龟兹的一切联系，同样也是为了震慑龟兹。

为此，他让郭孝恪率领一万人马，沿着焉耆国境一直奔向其王城方向，半路截击薛婆阿那支。

三天后传来消息，郭孝恪大获全胜，薛婆阿那支战败被杀。

阿史那社尔为这一喜讯兴奋不已，但他也明白，焉耆不能一日无主。所以思虑再三，他让行军校尉火速告诉郭孝恪，让他进入焉耆王城，立薛婆阿那支的堂弟先那准为王并且留下几千人马驻守，然后火速回来与大军会合。

郭孝恪的速度的确飞快，在一切安排妥当后，仅仅用了四天的时间就返回与阿史那社尔成功会合。现在阿史那社尔已经完全没有了后顾之忧，前方目标龟兹就在眼前。

十一月初六，阿史那社尔进兵至碛口（今新疆轮台地区），这个地方距离龟兹王城伊逻卢城（今新疆库车北）只有三百里远。唐军一路顶着西域茫茫的风沙前行，现在目标就在前方，所有的将士都蓄势待发，准备一鼓作气拿下伊逻卢城，而在此时阿史那社尔却下令大军暂时停止前进。

当然，并不是他打了什么退堂鼓，阿史那社尔现在需要做一件事，就是制定战术进攻龟兹。

龟兹虽然是小国，但唐军毕竟是客场作战。曾经远征薛延陀的惨败，让阿史那社尔一朝被蛇咬，十年怕井绳。为了慎重起见，他决定召开出兵以来的第一次军事会议。

在这次会议上，将领们对于战术问题确实产生了分歧。

“我们分五路大军直奔龟兹边境而来，现在已经进入龟兹国境，我认为还是应该分兵直插龟兹腹地，如果整个大军只攻伊逻卢城，其他龟兹重镇的兵马一旦从四面八方增援而来，实在对我军不利。”在阿史那社尔的开场白过后，副总管契苾何力说道。

“我不这么认为，龟兹不过弹丸之地，我军耗费数月方才行军至此。如果分兵深入其腹地，其实反而削弱了我军的实力；如果毕其功于一役拿下王城，相信其他重镇定会望风而降。”郭孝恪站起身来说道。

在阿史那社尔听起来，双方似乎都很有道理，第一次总领全军，在目标已经完全显现时，阿史那社尔切身地感觉到了做出一个正确的决定是多么不容易。由此他更加钦佩李靖、侯君集、李世勣、李道宗等诸多曾经经历过无数战阵的唐军知名将领，而现在自己也面临着同样的局面，没有人能够告诉自己最终的答案，最终决策只有靠他自己。

会议还在继续，继契苾何力、郭孝恪发言之后，伊州刺史韩威说道：“龟兹王城距离这里三百里，我觉得分兵不太合适，西域地形复杂，而且气候多变，如果几路兵马不能定期会合，想要攻下龟兹王城实属不易。龟兹国虽小，但其王城守备力量相信也不会弱。”

“10 余万人一起行动，我觉得机动性很差。”司农卿杨弘礼说道。

“将军！无论如何，必须做到进可攻，退可守！”右骁卫将军曹继书抢着说道。

会议开到现在，只有曹继书这句话彻底提醒了阿史那社尔。此次征讨，李世民是寄予无限希望的。作为行军总管，阿史那社尔是要负全责的，就算不能征服龟兹，也绝对不能损兵折将。大唐的声名远播四方，战败是不允许的，更何况面对龟兹这样的小国。

如果分兵，最大的弊处就是彼此联系不畅。一千多年前，通信设备很不发达，如果其中的一路或几路兵马一旦遭遇不测，那后果将不堪设想。

所以阿史那社尔决定，从现在开始，到攻下伊逻卢城之前，10 万唐军必须共进退。

进击

阿史那社尔在作出决定后,率领唐军向伊逻卢城继续挺进。

由于是初次深入龟兹腹地,所有的人都对地形不太熟悉,所以阿史那社尔让韩威率领一千人马充当先锋,曹继叔率领三万唐军紧随其后,自己率领6万主力唐军压在最后。在明确行军顺序后,阿史那社尔特别强调,韩威的先锋部队行进速度不可过快,最好与后边的曹继叔始终保持大约30里左右,这样韩威在最前方一旦碰到什么风吹草动,曹继叔可以接应上去。

阿史那社尔的这个安排的确实有点保守,那就是先锋部队如果进展不顺,由于人数较少,机动性强,可以迅速撤退,然后唐军主力部队依次撤退,这样可以避免整个唐军被动挨打。不过,我们也要理解阿史那社尔,第一次总领全军,即使不胜,也不能像杨广那样使数十万将士都倒在了辽东。

此时,阿史那社尔也许不会想到,这次征讨龟兹进展居然出奇顺利!

十一月十五日,韩威率领先锋部队进至多褐城(今新疆轮台西),在这里唐军终于遇到了龟兹军队。

事实上,在阿史那社尔击败薛婆阿那支的同时,龟兹国内已是大为震惊,部分城镇的守将因为害怕唐军大兵压境,而纷纷向西逃窜。但是,身在伊逻卢城的诃黎布失毕却没有乱了方寸,他始终没有向西撤退的打算,在知道唐军已向伊逻卢城进发的消息时,他决定举伊逻卢全城的守军来坚决抵抗唐军。而且这一次为了彰显抵抗的决心,诃黎布失毕决定亲自出征!

当韩威即将走出多褐城地界时,便遇到了诃黎布失毕、宰相那利、羯猎颠率领的5万龟兹大军。

在看到唐军的先锋部队后,诃黎布失毕大为惊喜,他实在没有想到唐军居然只有这么点人,所以诃黎布失毕毫不犹豫地率领数万人马向韩威冲去。

要唐军一千先锋部队PK龟兹数万人马,脑子不是被驴踢了,就是小时候被门挤过,当然韩威还不至于这样。所以在看到龟兹大军杀过来的一瞬间,韩威根本没有接战的意思,而是掉转马头迅速撤退。

说是兵力不足也好,说是诈败而退也罢,总之一句话,眼下不是硬碰硬的时候。

老子后边有人手,有本事的放马过来!

诃黎布失毕真的跟了上去,很快他就看见了曹继叔的3万唐军,这一次唐军已没有丝毫再撤退的意思。

按说诃黎布失毕的5万人马碰到这3万唐军，如果镇定下来，研究好作战方案，双方短兵相接，胜负还真是不好说。

也许是诃黎布失毕追得正是兴起，在看到前边出现了黑压压的一片唐军时，他忽然怔住了，当然这也可以理解，因为他忽然觉得韩威的撤退似乎有些不怀好意。

俗话说得好，火车跑得快，全凭车头带。诃黎布失毕一打愣不要紧，手下的人马立即有些不知所措。

进攻还是撤退，您老人家能不能给个话儿啊？

而韩威则敏锐地发现了诃黎布失毕的这个破绽，所以立即和曹继叔率领数万唐军急速地向龟兹军冲了过来。

当诃黎布失毕反应过来的时候，已经为时已晚，唐军上砍人头，下砍马腿，一顿如急风骤雨般的冲击，龟兹数万人马顿时乱了阵脚。

慌乱之中的诃黎布失毕无奈只能逃回王城，唐军连续向前追赶了80里，斩杀龟兹士兵1万余人。唐军第一次与龟兹正面交锋大获全胜。

阿史那社尔在听到胜利的消息后，心中固然喜悦，但他明白随着不断深入龟兹的腹地，一切都应该谨慎而行。所以在这一战之后，阿史那社尔并没有立即挥军直逼龟兹王城，而是原地进行休整，直到十二月初一，他才率领唐军来到伊逻卢城下。

让阿史那社尔没有想到的是，诃黎布失毕已率领少数轻骑兵与那利、羯猎颠一起向西逃去，白白地让阿史那社尔夺取了王城。

真是踏破铁鞋无觅处，得来全不费功夫！

不过，此时的阿史那社尔依然很理智，只要一天没有抓到诃黎布失毕，征讨龟兹就不算完成任务，所以在短暂的休整过后，阿史那社尔让郭孝恪负责守卫伊逻卢城，曹继叔和韩威负责协防，而他自己则带上沙州刺史苏海政、尚辇奉御薛万备率领三万精锐骑兵向西追击诃黎布失毕。

在追击了六百里后，前方探马忽然来报，说在拨换城（今新疆阿克苏）发现了诃黎布失毕的踪迹。阿史那社尔下令迅速包围拨换城。此时的诃黎布失毕已经成了惊弓之鸟，在听到唐军已包围自己后，他明白想像在伊逻卢城时那样说跑就跑，已经是不可能的事情了。所以他加紧部署城防，在这里他要与阿史那社尔一决高下。

究竟是阿史那社尔的矛利？还是诃黎布失毕的盾坚？其间考验双方的除了

战略战术，还有双方主帅谁具备必胜的信念与坚强的意志！

对于唐军来讲，横跨几千里深入龟兹，到现在已经是创造了奇迹，而对于龟兹军队来讲，拨换城将是他们最后的希望。

最终，还是唐军的意志力占了上风。为什么这么说？因为攻下这座城，唐军整整用了四十天的时间。我相信在接近第四十天的时候，能够支撑唐军继续打下去的绝不是什么打赢后升官发财的许诺，而是一种扬我国威的必胜信念！如果能够取得一个不错的结果，即使花再多的时间也是值得的，唐军艰苦付出的四十天的努力还是很有成效的，他们活捉了诃黎布失毕和羯猎颠。

只是稍稍有些遗憾的是，宰相那利在乱军之中脱身逃走。后来的事实证明，正是这个逃跑的那利，为唐军带来了麻烦！

最后的挣扎

拨换城在唐军的猛攻下终于被攻破。那利是幸运的，在乱军之中带领着五千人马冲出重围，向东逃去。

或许是唐军已经抓到了龟兹王诃黎布失毕的缘故，并没有人太在意那利的逃跑。可是就在阿史那社尔进入拨换城安抚百姓的同时，那利的头脑中已经形成了一个完备的反攻计划。

这个计划就是偷袭伊逻卢城！

那利明白，阿史那社尔是唐军的最高指挥官，现在他正在拨换城中。相信伊逻卢城的防卫一定薄弱，在那利看来，郭孝恪等人此时也许正沉浸在打败龟兹军队的喜悦中，所以此时偷袭伊逻卢城完全有可能。

在作出判断后，这位胆大心细的仁兄带着五千人马，又团结了当地依附于西突厥的少数部落，迅速向伊逻卢城杀回。

那利的判断没有错，当阿史那社尔带领三万唐军刚刚离开伊逻卢城的时候，郭孝恪便率领一千人马驻扎到了南城外，并且让曹继叔率领两千人马驻扎在北城外。守城将领居然不在城中坐镇，实为兵家大忌。当然，我们也要理解郭孝恪，因为唐军远道而来，虽然攻破了龟兹王城，但并不意味着王城周围的地方已经全部降服，郭孝恪之所以走出城外，就是为了提防那些城外的伺机叛乱者。

但是，郭孝恪显然忽略了一个问题，城外的人有可能再次叛乱，那么城内的人呢？

就在郭孝恪刚刚在南城外三十里的地方安营扎寨后，当地的一个龟兹人就向郭孝恪建议，说在唐军到来之前，龟兹最有威望的并不是诃黎布失毕，而是宰相那利。现在那利已经逃亡在外，可这个人是不甘心失败的，而且王城内的人虽然已经投降，但是未必心服，所以让郭孝恪要有所防备。

应该说这个龟兹人的话还是很中肯的，但郭大将军却把这番话当成了耳旁风。很快，他将为自己的轻敌付出惨重的代价。

那利的行军速度是很快的，只用了三天就到达了伊逻卢城西边50里的地方，为了避免惊动城南的郭孝恪和城北的曹继叔，那利下令所有人原地待命，然后派人偷偷地潜进王城与被迫投降唐军的部分龟兹将领接头，互为表里。当一切安排妥当后，在一个月黑风高的夜晚，这些龟兹将领们打开了伊逻卢城的大门，那利利用夜色的掩护，顺利进城。

而此时郭孝恪依然蒙在鼓里，当他知道消息时，距离那利进城已经过去了整整八个时辰。愤怒的郭孝恪立即率领一千人马杀向城门方向，经过了一番厮杀后，郭孝恪终于将城门撞开，杀出一条血路直奔内城而去。此时直觉告诉他，那利一定在龟兹王的宫殿里，可是当他一路杀到那里时，却发现偌大的宫殿空无一人，于是他再一次从西门杀回城外。郭孝恪的思维此时或许有些单一，一心就想抓到那利，除了那利他似乎什么也不在乎，就连自己的性命似乎也不在乎。

就在郭孝恪望眼欲穿地四处寻找那利时，一支冷箭向他射来，只听"嗖"的一声，冷箭射穿了他喉咙，堂堂的安西都护府将军，就这样一命呜呼。由此，郭孝恪也成了此次西征龟兹唯一阵亡的唐军高级将领！

郭孝恪的阵亡，彻底激怒了唐军。在稍稍后退稳住阵脚后，一名骑兵校尉迅速将消息报告给了城北的曹继叔。

当听到郭孝恪阵亡的消息后，曹继叔顿时血灌瞳仁，立即率领手下人马攻城，或许那利此时的全部注意力都在西门，对于曹继叔的进攻，并没有进行有效的防备。当那利知道消息后，曹继叔早已经杀进了城内。

无奈之下，那利和几名亲兵只能再次慌忙逃出城外，迅速向龟兹东部边境逃去。

我还会回来的！当我回来的时候，所有的人都会像郭孝恪的结局一样！

事实证明，那利确实是个很有决心，也很有手段的人。十几天后，这位仁兄不知道又从哪里搞来一万多人，再次攻向伊逻卢城，只是这一次他没有了上次的好运气，因为曹继叔吸取了郭孝恪的教训，当那利刚刚靠近伊逻卢城的时候，曹继叔便率领几万人马迎头痛击，结果那利寡不敌众，准备单骑逃亡西突厥。就在他即将走出龟兹边境时，被当地的龟兹人抓了正着，结果被五花大绑地送到了曹继叔面前。

至此,龟兹国最后一股武装势力完全被唐军消灭,此战唐军一共打下龟兹5个主要城市。为了宣扬“天可汗”的威名,阿史那社尔在抓到诃黎布失毕后,派遣专人前往龟兹的各个城市进行劝降,总共接受了大大小小700多个城市的请降书,避免了因战争给无辜百姓带来的伤害,又立诃黎布失毕的弟弟叶护为王。

唐军远征龟兹的胜利,使西域诸国大为震惊。在闻听唐军占领龟兹后,以西突厥为首的包括于阗、安国等很多国家争先恐后地给唐军馈送骆驼、马匹和军粮。这一战也是贞观时代李世民在西部播撒威名最为遥远的一次。唐军由此深入到了西域纵深地区,控制了葱岭(今帕米尔高原)一带的大片地区,进一步开辟了通往西域的南路要道。

帝国扬威之道在于文治之兴,更在于武功之盛!

贞观二十三年(649年)正月初六,阿史那社尔率领唐军凯旋回到长安,向皇帝李世民献上龟兹王诃黎布失毕和宰相那利等人。李世民征讨龟兹的本意是想求得在西域的利益,所以对于诃黎布失毕和那利等人,李世民并没有过多地为难他们,还封诃黎布失毕为左武卫中郎将职务。

西征龟兹的胜利,让李世民似乎回到了贞观十年以前,他仿佛觉得自己依然是那个叱咤风云的“天可汗”,兴奋之余在他的心中似乎又有一些伤感。

52岁的李世民此时虽然还是中年,但身体似乎一天不如一天,他很想永远地主宰这个帝国,甚至很想永远地活在这个世界上。

但是,在这个世界上没有人能够长生不老,无限江山还是要交给后人主宰。

第十六章
伤　逝

痛失重臣

从贞观十七年之后，李世民仿佛换了一个人，先前的意气风发，似乎变得有些颓然。魏征的逝世让他顿觉缺了什么，两个儿子的明争暗斗让他心力交瘁，帝国的未来他必须费尽心机地做好铺垫，这一切都让李世民耗费了太多的精力。随着年龄的增长，随着对逝去岁月的无限惆怅，李世民内心越发显得苍凉。虽然他当时的年岁按照现在人的年龄来衡量，还处在中年，但是深陷的眼窝、弯弓的脊背、满头的白发，使这位大唐帝国的皇帝看起来像个风烛残年的老人。

在这样的现实窘境中，李世民做过努力，东征高句丽就是为了找回当年的霸气，可惜时运不济，无功而返。就是从此时开始李世民的健康状况逐渐下滑，而随之衍生的猜忌之心，使他将刘洎、张亮、李君羡三位高官处死。这一切不仅没有化解李世民越发深重的猜忌之心，反而让他在一种焦躁不安的状态中，一天天地犹如煎熬。

贞观二十二年，三位重臣的相继离去，再一次让李世民受到强烈的冲击，都说老来丧子是人生最悲痛的事，作为大唐帝国的皇帝，手下的重臣犹如己之子，更何况还是三位重臣的离去。

第一个人：马周。

我们在前边详细介绍过马周的经历，从布衣到宰相颇有些传奇色彩。这么多年来他一直尽心竭力地为大唐帝国默默地奉献着，从不参与宫廷的任何斗争。他知道自己位极人臣有幸运的成分，而归根结底的原因则是他出生在政治开明的贞观时代，碰到了求贤若渴的李世民，所以在马周的心中，始终怀揣一颗感恩的心。

我们看不到马周一生有任何的刁钻经营，看到的只是他认认真真地做事，或许是出于一种报恩的心理，或许本身就有一颗仁爱之心，但无论如何，在我看来，找不出马周任何的失误之处，至于刘洎案件中的保持沉默，我们还是不必过于苛求，因为身在险恶的官场之中，不落井下石已属难能可贵。

贞观二十二年正月初六，常年受消渴症（糖尿病）困扰的马周走完了自己四十八年的人生道路。李世民在知道马周逝世后，不禁失声痛哭，下令全国举哀。李治即位后追赠马周尚书右仆射，高唐县公，垂拱年间配享高宗庙亭。

马周的逝世在当时来讲实在让李世民颇为心痛，可是他又怎会想到在马周逝世的半年后，又有一位重臣永远地离去了。虽然这个人活着的时候，并不受李世民的宠爱，但是当他离去的时候，李世民才知道其实这个人对于自己来讲不亚于魏征。

第二个人：萧瑀。

作为武德年间的老臣，作为李渊的嫡系，萧瑀这些年着实不容易。他因为自己的耿直脾气从贞观初年便被李世民排挤出朝廷中枢机构之外，萧瑀的身份实在有些尴尬。一方面自己不像房玄龄、杜如晦、马周等人拥有实权，另一方面由于他是武德年间的老臣，在朝廷是一等一的老资格，官的品级很高，出于这一点，人们还必须要尊敬他，毕竟大唐建国有人家的 份功劳。其实说句实话，就是两个字——架空。

萧瑀是个急脾气，急脾气的人一般都是耿直之人。之所以说耿直万人嫌，是因为脾气上来让人接受不了，这样一来人际关系肯定紧张，萧瑀的弱点正在于此。所以从贞观初年一直到他逝世为止，总体来讲，萧瑀基本上都是皇帝圈子之外的人。

说起来人真是复杂的动物，虽然萧瑀这么不受待见，但是李世民东征高句丽的时候却将洛阳防务交给了他，这说明对于萧瑀的人品，李世民还是信得过的。如此看来，萧瑀实在有些类似于现代足球场上的后卫队员，脏活、累活、担责任的活都得干，到时前锋进球出风头，而后卫队员则很难惹人注目。

贞观二十二年六月二十四日，74 岁的萧瑀在家中永远地闭上了双眼。他这一生有过辉煌，有过失落，享受过人生顶级的荣华富贵，同样也经历过不受皇帝待见的白眼儿待遇。但我想在萧瑀闭上双眼之前,他可以在心底说上这样一句话:我这一生对皇帝、对国家问心无愧!

萧瑀去世后,针对他的谥号问题,朝廷相关部门进行了认真的研究,太常侍觉得应该定为"德",而尚书省觉得应该定为"肃",从这一点看出,大家对于萧瑀的人品还是肯定的。但是,当两个部门将方案报到李世民那里时,李世民将它们全部否定了。

李世民的理由很简单,谥号应该遵循生前的事迹而定,最终他决定用"贞褊公"为萧瑀的谥号。

有人认为李世民其实是在和萧瑀过不去,因为"褊"是多疑的意思,所以有人说这是个表扬加批评的谥号,可是我并不这样认为,"贞"乃忠贞、庄重之意,"褊"放在"贞"的后边,其实是说明萧瑀这个人实乃骨鲠之臣,对于国家大事不敢有丝毫的大意,即使牺牲自己的利益也在所不惜。

事实上,这是李世民对于萧瑀个人价值的重新认定。虽然这种重新认定对于死去的萧瑀已经没有什么意义,但是朝廷未来需要什么样的人充当顶梁柱带来了启示。

贞观二十二年仅仅过去了半年,就有两位重臣离世,这让李世民更加深刻地感觉到世事无常,人生苦短。但事情远远没有结束,萧瑀逝世的一个多月后,又一位朝廷重量级大臣去世,而这个人的去世标志着贞观时代的一段美妙佳话宣告结束。

这个人是房玄龄。

丹药? 毒药?

"房谋杜断"的佳话在历史上一直流传,事实上贞观四年杜如晦去世后,只有房玄龄一人演绎着这个传奇。在李世民的所有仁政措施中,几乎都有房玄龄的功劳。

论身份,他不如长孙无忌,房玄龄能在李世民的心中占有重要的位置,完全是因为他的能力和兢兢业业。他在贞观时代做了22年的宰相,除了最后一年病重不能理事,总是日复一日处理着繁杂的日常行政事务,让朝廷发挥出强大的作用,支撑起"贞观之治"的日常工作。以至于李世民有时会抱怨他太过细致,但是房玄龄依然无怨无悔。

作为"玄武门之变"的功臣,房玄龄是李世民的嫡系;而作为宰相,"贞观之治”的伟业镌刻着他的名字，但房玄龄从不突出自己，以至于在贞观时代很多人大出风头之时，房玄龄却似乎是个被遗忘的人。魏征以谏诤闻名，他就竭尽全力给他提供机会；李靖、李世勣善于带兵，他就在后方做好后勤保障。每一个官员，他都能让他们在贞观时代淋漓尽致地展示才华。他没有一项拿得出手的“政绩工程”，然而天下人都知道，这个国家少不了他。

可惜的是，人生终是难免一死。贞观二十二年，房玄龄走到了生命的尽头，而同在病中的李世民在闻听房玄龄病危的消息后，让人将房玄龄抬到自己面前，当君臣二人相视而坐时，老泪纵横，却相视无言。

不必有太多的话语，我们之间早已经有了心灵的默契。

克明（房玄龄的字），陪我走完这段路吧，现在的我已经不是那个端坐在高高宝座上的皇帝，我们都已经是即将离开尘世的老朽，其实我知道，我们都很孤独……

李世民的愿望最终还是落空了，七月二十四日，71 岁的房玄龄永远地闭上了双眼。在当时来讲房玄龄算是高寿，对于一个一生已经位极人臣，并且高寿善终的人来讲，房玄龄似乎并没有什么缺憾，但让他在九泉之下不能瞑目的是，七年后他的儿子房遗爱和李世民女儿高阳公主的愚蠢举动，让房氏家族彻底地衰落下去，关于这件事我们在后边还会详细讲述。

但是，这一切依然不能掩盖房玄龄一生的光芒，“群星捧月月隐平，治世夜空灿月明”，这是对他特有的名臣气度、良相风格的绝好赞美之词。

贞观二十二年一年之中连续三位重臣相继离世，点燃了李世民对于人生苦短的慨叹，端坐在宝座上的他明显感觉到朝堂氛围的冷清，有的人依然站在下面，但有的人已经永远不会再看到了。

我知道有一天我也会离开这个世界，无论是辉煌还是平庸，只怕已经到了即将分别的时刻。无限江山由我主宰，怎奈人生短暂，不可能看遍人世间的兴衰循环，只是我不甘心，因为我是这个世界最强大的人，永远都是！

就在这样的一种精神支配下，生命即将走到终点的李世民力图寻遍世界的每一个角落，他要做秦始皇、汉武帝没有做成的事儿——寻找长生不老方。

不过，李世民并没有脱离秦始皇、汉武帝所走的老路，依然以服食丹药为主。现在史料记载李世民最早服食丹药的记录是在高士廉去世时，长孙无忌为了阻止李世民前去奔丧说的一句话：

“陛下饵金石，于方不得临丧，奈何不为宗庙苍生自重。”

这里所说的金石，其实就是丹药。为了让自己长生不老，李世民服食过各式各样的丹药。我们现在都知道其实这种丹药里边含有大量的汞、铅等元素，是名副其实的慢性毒药，但在遥远的一千多年前，人们并不懂得这个道理，而一般进贡丹药的人都是表面看起来具有仙风道骨的道士和术士，他们就是利用皇帝急于长生不老的心理，而借此机会敛财。

在所有进贡丹药的人中，最受李世民信任的，同时也是间接将李世民送往黄泉之路的当数王玄策从印度带回来的术士那罗迩娑婆寐。

术士大忽悠

王玄策在打败印度之后，从那里带回了大量的金银财宝，其中也有自称能研制长生不老药的术士，那罗迩娑婆寐就是其中最为著名的一个。

贞观二十年，李世民开始服食一些丹药，但效果并不明显，相反他的身体却比从前日渐消瘦，而且精神也越来越萎靡不振。李世民并没有认识到这是仙药给他带来的巨大伤害，相反还认为是因为药力不够，导致自己状态不佳。

为了改变这种现状，李世民加紧派人四处寻找术士，以求尽快研制成能让自己长生不老的金丹，而王玄策带领使团出使印度或许就暗含这种目的。

王玄策凯旋回到长安后，将那罗迩娑婆寐献给了李世民。据史书记载，贞观二十二年，那罗迩娑婆寐于金飚门造延年之药。一个刚刚才见到皇帝陛下的外国术士，居然能够在很短的时间内为皇帝陛下制造延年之药，难道真的是外来的和尚会念经？

答案当然是否定的，事实上说他是外来的和尚会吹牛倒是比较贴切。

就在王玄策将那罗迩娑婆寐献给李世民之后，这位外国术士开始了忽悠皇帝之旅，当然那罗迩娑婆寐的忽悠有步骤、讲程序，似乎很有些专业风范。

第一招：自吹自擂。

那罗迩娑婆寐在第一次见到李世民时，就表情故作神秘地告诉这位已经病入膏肓的皇帝，说自己已经两百岁了（估计他貌较老），之所以活了这么大的年龄是因为自己掌握了长生不老的药方，而且自己是个以慈悲为怀的人，愿意与“天可汗”共享这长生不老的秘方。

那罗迩娑婆寐的第一招很有效，李世民的确被他的一番话所忽悠。总结第一招的特点其实就是撑死胆大的，饿死胆小的；不怕不会说，就怕不敢说。

听完那罗迩娑婆寐的话后，李世民大为高兴，于是下令让刑部尚书崔敦礼为本次制药工作的负责人,当然提供技术支持的就是那罗迩娑婆寐。

进入了具体的工作,当然要有相关配方和原材料。为了给最后制成的丹药披上一层神秘的面纱,那罗迩娑婆寐祭出了第二招。

第二招:制造新奇和困难。

先说新奇。

那罗迩娑婆寐的配方在外人看起来的确很奇妙。他告诉崔敦礼要想制成延年之药用日常的饮用水是不行的,必须用畔茶法水。这种畔茶法水出于石臼中,有石人石象守护(氛围神秘),水有七种颜色,有的热有的冷,能够熔化金铁,人手放在里边会立即溃烂。要想成功取出这种水,必须要用死骆驼的头骨转盛到瓦壶中。

那罗迩娑婆寐的这种说法在当时来讲,的确没有人听说过,所以听到他说的人都觉得遇到了神人,其实从那罗迩娑婆寐的描述来看,很可能就是硫酸、硝酸其中的一种。

再说困难。

畔茶法水听起来很新奇,但实际取出来并不算困难,那罗迩娑婆寐接下来所说的采取咀赖罗树的树叶才是真正的困难。

所谓咀赖罗树是一种生长在印度的树,其树叶形状像梨,生长在深山谷中,而且在周围有毒蛇守护洞穴,人是无法靠近的。如果想要成功采摘树叶,只能在一段距离之外,就得用箭射树枝,然后树枝震动树叶随之落下,还得防止有飞鸟过来将树叶衔走。如果遇到这种情况,那就得接着射,直到采摘到叶子为止。

如此看来,真是术士一张嘴,所有人跑断腿!

即使是跑断腿,如果真的有效果,也倒是功夫不负有心人。可是在服用了将近一年时间那罗迩娑婆寐提供的配方后,李世民觉得依然没有效果,最终下令将那罗迩娑婆寐遣返回国。让人有些哭笑不得的是,在李世民的遣返令下发没多久,那罗迩娑婆寐并没能回去,当然并不是他不想回去,而是他死在了长安。谎言终有揭穿的一天,或因人势而迟,但终不误。

李世民依然没有失去信心,他下定决心一定要找到能够让自己长生不老的仙丹,可是当时间到了贞观二十三年(649 年)的五月时,李世民已经不能独立行走了。

我们没有确切的证据证明是那罗迩娑婆寐的丹药最终搞垮了李世民的身

体，但李世民确实是在贞观二十二年到二十三年吃了将近一年他炼制的丹药后，健康状况便明显地恶化。直到此时，李世民才知道自己已经时日无多。

但是，他依然没有放弃活下去的希望，只是这一次他的方式改变了。

最不放心的人

贞观二十三年(649 年)三月十七日，李世民抱病乘坐御辇前往显道门，宣布大赦天下。

在服食了大量的丹药无果后，李世民决定改变方式，通过向上天祈求延年益寿。同时这也是为了向上天显示自己的仁德，因为古人毕竟有着很深的“天人合一”观念。

事实证明：虽然大赦天下对于老百姓来讲的确是一件幸福的事情，但是这一切并没有改变李世民的身体健康状况。

李世民的身体状况依旧每况愈下！

四月初一，李世民前往翠微宫避暑，一同随行的还有太子李治、长孙无忌、褚遂良等人。

身在翠微宫中，李世民远离了夏天的燥热。一生经历了无数的刀光剑影、权谋斗争，现在他终于可以在一个清凉的世界里迎来自己一生中最为宁静的时刻。在一片宁静中，他感觉自己渐渐地走向了人生的终点。

但李世民的心中似乎还有很多事情并不能释怀，最让他放不下的当数这个帝国未来的局面。

从个人素质来讲，太子李治会是个仁孝守成之君，但毕竟年纪幼小，李世民明白在自己离开这个世界之前，必须像当年的刘备一样临终托孤。

从文臣角度而言，长孙无忌一派因为身份特殊，加上都是颇具才能者，李世民坚信他们会成为未来大唐帝国的一班治世文臣，所以他们是李世民的重点托孤对象。

但武将呢？

开国的那些武将不是已经去世，就是已经奄奄一息，而未来大唐帝国要想继续书写“武功”的传奇故事，就需要有能够起到“传、帮、带”作用的、具有崇高威望的人才行。

李道宗固然是个不错的人选，但是他的皇室身份让李世民放心不下。一旦他成为李世民的托孤重臣，而且未来手握兵权，只怕早晚会生出野心。

李世民转而又想到了薛万彻，这个人虽然也具备军事才能，但状态极不稳定。李世民曾经评价过他不是大胜，就是大败，这样的人不适合担任培养新人的重任。

思前想后，也只有李世勣最为合适。

论资历是老资格，论军事才能那就更不在话下，唯一让李世民担心的是，李治由于年轻，而且对于李世勣曾经没有任何的恩情，恐怕未来未必能降得住。虽然在贞观十五年的时候，李世民一纸诏令让已经当了15年并州都督的李世勣回到长安担任兵部尚书，贞观十七年又让他担任东宫的太子詹事兼左卫率，加位特进。但实际上，李世勣并不像长孙无忌那样和李治有过多的接触。

眼下李世勣是最适合托孤的武将，但在李世民看来，李世勣这样的人是不可以像长孙无忌、褚遂良那样，当着他们的面把自己的托孤的意图表达清楚，因为李世勣实在是个精明、有城府的人。

当初李密叛逃，半路被截杀后，李渊将李密的首级送到身在黎阳的李世勣那里，事实上是要看李世勣如何处理。面对如此尴尬的局面，李世勣并没有落井下石，反而对李密进行厚葬，由此获得了好名声。

从这点可以看出，李世勣很高明。当然他这一生也遇到过很多尴尬，不过李世勣总是在别人看起来前面已无路可走的情况下，为自己找一条活路继续走下去，而且处境越尴尬，仿佛李世勣化解得越好，并且总能因此得到附加值，那就是混个好人缘。

对于李世勣我们只能说：兄弟，你太有才了！

现在李世民要将自己的儿子托付于这样一个人，帝国未来的军事事务要完全交给这样一个人去打理，所以李世民需要动一番脑筋。

在经过慎重的思考后，李世民将李治叫来，说了这样一番话："李世勣这个人智勇双全，而你对他没有任何恩情，我恐怕以后你未必能镇得住他，我现在把他贬到偏远地区，如果他在接到诏书后立即去上任，在我死后，你就重新起用他，如果他犹豫不决，你就立即杀掉他。"

李治点了点头，眼神中似乎有些懵懂。

四月十五日，李世民下诏任命李世勣为叠州（今甘肃迭部县）都督。

在李世勣的一生中，有过几次凶险的考验。当年在瓦岗寨李密袭杀翟让后，要不是王伯当、单雄信等人的说情，李世勣恐怕早已经是人头落地，而这一次同样是对他的严峻考验。

对于这个任命，精明的李世勣早已看穿皇帝的心思，所以在接到诏书后，连家都没有回，就立即前往叠州上任了。

在走出长安的时候，李世勣回身凝望着长安城那高大的城墙，不禁思绪万千。他不经意间想起几年前李世民曾经对他说过的话："朕想将太子托付于朝臣，想来想去没有比爱卿更加合适的了，我想爱卿当年没有辜负李密，现在也一定不会辜负我！"

想起这些，李世勣顿时一脸苦笑，他明白对于自己，皇帝是不放心的，与其说是嘱托，不如说是警告。

现在好了，他可以远离朝廷的权力纷争，就像当年在并州任职，从而躲过"玄武门之变"一样，不用整天提心吊胆，更不用思考每天该用什么样的面孔出现在皇帝面前。

想到这里，李世勣笑了，回身打马向叠州飞驰而去。

当然，此刻他想不到，用不了多长时间，他还会回来的。

大幕落下

李世勣走了，李世民长舒了一口气。

但就在他稍微放松之际，传来了一个消息，四月十八日，一代军神李靖去世。李靖戎马一生，为大唐帝国的建立、统一、扬威立下了汗马功劳，正如李世民对他的评价：南定荆扬，北清沙塞，皇威远畅，功业有成。

可是如今这位昔日驰骋于疆场的军神，却在李世民病重期间，悄无声息地离开了这个世界，这对于李世民无异于又是一个沉重的打击。

躺在病床上的李世民，眼角淌下了一丝泪水，这一次他没有痛哭流涕，并不是他不想哭，而是他感觉李靖的去世，很可能是一个前兆，一个自己很快追随李靖而去的前兆。

看来我很快也要与这个世界诀别了。

四月二十六日，李世民病情加重，时而昏迷，时而清醒。

在感觉自己大限将到的情况下，清醒时候的李世民召见了太子李治、长孙无忌、褚遂良等人。

李世民用手抚摸着长孙无忌的面庞，发出了悲叹之声。

他似乎想说些什么，却又无法开口，很长时间之后，他终于用尽全身力气，开口说道："朕现在把以后的事情全部托付给你们了，太子仁慈，好好辅佐他吧！"

说完后，李世民已经是上气不接下气，又过了很长时间，他再一次用尽全力对太子李治说道："只要无忌、遂良还在，你就不必担忧天下大事！"说完后，李世民低下头似乎在思考着什么，忽然间他又对褚遂良说道：无忌对我尽忠，我拥有天下，大多靠他的力量，我死之后，不要让谗人离间他。

说完后，李世民又躺倒在病床上，缓缓地闭上了眼睛。

昏迷之中，他仿佛回到了自己的童年时代，朦胧间，八岁那年母亲带着自己去上香的场景又浮现在他的眼前，李世民的嘴角现出了一丝微笑。可是忽然间，这种甜蜜的场景一下子不见了，进而李世民看到的是玄武门外那一片血流成河的场景。

战场的烽烟，"天可汗"的威名，宫廷的斗争，高高在上的威严，直到这一刻即将化成一片云烟！

开创大唐帝国的盛世，我是无限自豪的，但杀兄逼父的愧疚，我将永远无法释怀！

贞观二十三年四月二十六日，带着一丝无法释怀的遗憾，李世民病逝于翠微宫，享年 52 岁。历史上著名的"贞观之治"，就此大幕落下。

这个伟大的时代虽然结束了，但是我依然还想对它多说几句。

贞观时代政治清明、法律公正、百姓安居乐业，而且中国的版图不断扩大，那个时代唐朝以其开放的胸襟和超级大国的形象，展示在世人面前。可以说，这是迄今为止，每个中国人回首历史上最为魂牵梦萦的时代。只要一提到这个时代，每个中国人都会为之自豪。

我想说的是，这究竟是为什么？

难道仅仅是因为上边提到的几点吗？在我看来，并不是这么简单。我倒是觉得它之所以让人如此憧憬，是因为这个时代具有一种精神。

贞观精神！

贞观精神就是当时上到皇帝李世民，下到地方官吏，所有的人都励精图治、不断进取的精神。这种精神之所以能够拓展和延伸，在很大程度上依赖于贞观时代所养成的诤谏风气。

细数一下贞观时代的诤谏，我们无不为君臣间那许多可歌可泣的诤谏事例所震撼。著名的《贞观政要》就是当时朝廷诤谏之风的产物。

贞观君臣间浓厚的诤谏之风，带来了思想行动的步调统一和行政决策的正确性，直接推动了以朝廷为核心的吏治清明、社会风气清新和政府运作的高效率，从而对其经济、政治及军事乃至于中国历史的发展都产生了深刻的影响，而诤谏之风的形成也足以垂范后世，成为一笔宝贵的精神财富。

中华民族的伟大复兴其实并不遥远，但需要重新找回中华民族的理性和自信。

尾声

贞观二十三年(649 年)四月二十八日，在长孙无忌的指挥下，太子李治、褚遂良等人护送李世民的灵柩回到了长安。在进入长安的时候，并没有惊动太多的人，好像平常一样。

进入皇宫后，将灵柩停放在两仪殿里，同时任命太子左庶子于志宁为侍中，少詹事张行成兼侍中，吏部侍郎高季辅兼任中书令。

四月二十九日，长孙无忌在太极殿主持李世民的丧礼，同时太子李治即位于灵堂之前。

六月十八日，李世民埋葬昭陵，庙号太宗！

值得一提的是，就在李世民的丧礼举办后不久，一辆马车急速地驶出了皇宫，车上坐着一位三十岁年纪上下的女人，面带愁容，眼角还略带一丝泪水。

但是，这一切掩盖不住她内心的坚毅，坐在马车上的她不断地向外望去，前方路途迷茫，她知道不久的将来她还会回来，所以她咬紧牙关，发誓无论怎样也要将这段人生中最孤寂、最困难的时光度过去。当时没有人注意到她，因为她实在是个小人物，在此之前，她只是李世民身边的一个才人。

这个女人的名字叫武曌！

此刻她之所以坐在马车上，是因为她和诸多嫔妃在李世民死后，被朝廷强令入感业寺为尼。

"太子殿下，你要早点来接我！"武曌在心底说道。

一个先皇身边小小的才人，怎么会和太子牵连到一起？当时没有人知道这个秘密，直到很长时间后她重新回到那座久违的皇城内。

……

李治当了皇帝，但最高兴的人并不是他，而是长孙无忌。长孙无忌知道现在的新皇帝还是个毛头小子，在今后很长的时间里，他将是这个帝国的实际主宰者。

看着坐在皇帝宝座上的李治，长孙无忌内心无比喜悦，这是他多年来梦想的格局，作为皇帝的亲舅舅，他比任何人都更具有优势。

那就甩开臂膀去实现自己心中早已筹划好的梦想吧！贞观时代已经大幕落下，但历史的车轮却依然向前！

图书在版编目（CIP）数据

唐朝那些事儿．贰，太宗当政卷 / 冬雪心境著．—
北京：中国工人出版社，2010.12
（历史新阅读丛书）
ISBN 978-7-5008-4922-3

Ⅰ．①唐…　Ⅱ．①冬…　Ⅲ．①中国—古代史—唐代—
通俗读物　Ⅳ．①K242.09

中国版本图书馆CIP数据核字（2010）第262422号

出版发行	中国工人出版社
地　　址	北京市鼓楼外大街45号
邮　　编	100120
电　　话	（010）62350006（总编室）
	（010）82075934（编辑部）
发行热线	（010）62045450　62005042（传真）
网　　址	http://www.wp-china.com
经　　销	新华书店
印　　刷	三河市国英印务有限公司
版　　次	2011年5月第1版　2025年4月第37次印刷
开　　本	700毫米×1000毫米　1/16
字　　数	290千字
印　　张	17
定　　价	28.80元
